Y+4448 Réserve
A.

Ye   304

S'enſuiuēt les vigilles
de la mort du feu roy Charles ſe
ptieſme a neuf pſeaulmes et neuf
leçons contenans la cronique et
les faitz aduenuz durant la vie
dudit feu roy, compoſees par mai
ſtre marcial de paris dit dauuer
gne procureur en parlement

Iehan du pre.

Inuitatorium
Venite nunc et plo-
remus
Pour le trespas
du feu bon roy
Et ses bienffaitz recolemus
Comme conduitz en bon arroy
Sans nous souffrir viure en desroy
Dont le louer bien debemus
Et si gardoit iustice et foy
Venite nunc et ploremus

¶ Quoniam des qͥl vint au regne
Tout le royaume estoit bien bas
Et n'auoit terre ne demaine
Qui ne feust en piteux rabas
Guerres/tensons/noyses/debas
Par tous pays habebamus
Mais il a tout rue au bas
Venite nunc et ploremus

¶ Quoniam tout le populaire
Gens deglise/clergie/noblesse
Si ont porte douleur amaire
De sa mort/et moult grant tristesse
Car quant len pense a la liesse
Et aux ioyes vbi eramus
Durāt sa vie/le cueur nous blesse
Venite nunc et ploremus

¶ Hodie len voyt bien coment
Il nous en a prins et prendra
Auecques le soulaigement
Qui fut/qui sera/et viendra
Dont ne sauons quil auiendra
Las le bon temps suspiramus
Mais se dieu plaist il reuiendra
Venite nunc et ploremus

¶ Quadraginta annis la guerre
A menee par luy et ses gens
Et au iour quil fut mis en terre
Il auoit cinquanteneuf ans
Ainsi a regne en son temps
Victorieux vt vidimus
Entretenant petis et grans
Venite nunc et ploremus

¶ O dieu puissant et glorieux
Qui faitz les roys excellement
Viure et regner victorieux
Selon ta grace et mandement
Plaise receuoir humblement
Lame du quel supplicamus
Car nous a traictez doulcement
Venite nunc et ploremus

Antiphona.
Placebo
Primͥ psalmͥ
Helas/les douleurs
de la mort
Ont bien acoup enuironne
Le bon roy/le bon reconfort
Que dieu nous auoit ordonne
¶ A peine pourroye son nom dire
Ne son tiltre excellent nomer
Tāt ay souffert dueil et martyre
Quant il me le fault exprimer
¶ Non pas pour la durete du nom
Ne quil ne fust congneu a plain
Mais pour le grant bien et renom
Dont le bon seigneur estoit plain
¶ C'est le feu roy charles septiesme
Doulx/piteux/saige/debonnaire
Portant le ceptre et dyademe
De toute louenge et victoire
¶ Le hault et puissant roy de france
Craint et loue des mescreans
Renomme par haulte excellence
Sur tous autres roys crestiens

a ii

Le prince de benignite
Nourissant son peuple en concorde
Soubz crainte & souuerainete
De iustice & misericorde
¶ Le treseureux & fortune
Le confort & secours de france
Au peuple & pays destine
Pour luy donner resiouissance
¶ A ses malueillans secourable
A ses ennemys gracieux
Aux aduersaires piteable
Et tout par tout victorieux
¶ Viuant par conseil & police
Seigneuriant par poteste
Regnant par sa noble iustice
Surmontant par humilite
¶ Militant en aduersite
Conquestãt en temps merueilleux
Triumphant en prosperite
Voire tousiours de bien en mieulx
¶ Bon conseruateur de la foy
Qui fist mettre paix en leglise
Aymant dieu / le peuple / & la loy
Dont de tous auoit grace acquise
¶ Prince tresbegnin florissant
Tousiours en augmentacion
Produisant fruit espartissant
Liesse & consolacion
¶ Protecteur des filles et vefues
Qui a son royaulme en paix garde
Aussi les eslemens & fleuues
Luy ont secouru & aide
¶ Regardons cõme il a vescu
Pensons a ses faitz exaussez
Notons comment il a vaincu
Ses ennemis & repulsez
¶ Qui enquerroit de sa ieunesse
Et de son ntroduction
Oncques roy neut tant de detresse
Quil a eue / ne dafliction

¶ Fortune la bien esprouue
Par trauail & vexacion
Auant quelle layt esleue
Ne donne consolacion

La natiuite du roy

¶ En lan mil quatre cens & deux 1402
Le feu roy fut ne a paris
Dont tout le peuple fut ioyeulx
Et fist len grans chiere & ris
¶ O eureuse natiuite
O tresioyeulx auenement
Par qui depuis france a este
Mise en paix & allegement
¶ O paris excellente ville
Ou a este fait lenfantement
Produisant vng fruit si vtille
Tu en fais a priser grandement
¶ En lan mil quatre cens et trops 1403
Charles dalebret connestable
Si fut guerroier les anglois
En grant compaignie & notable
¶ Et en tirant vers limousin
Ilz ses gens prindrent sur eulx
Le fort chasteau de corbesin
Auec daultres places plusieurs

¶ De ce marcherent en gascongne
Et en guienne sequemment
Ou la firent bien la besongne
Et si porterent grandement
¶ En lan mil quatre cens z quatre
En gienne y eut sept anglops
Qui voulurent en champ combatre
Et deffierent sept francops
¶ Si aduint q ensemble iousteret
En grande puissance z vigueur
Mais les francops si les gaigneret
Et en emporterent lonneur
¶ En lan cinq grant discencion
Entre les princes si seuruint
Touchant ladministracion
Du royaume dont grant mal vint
¶ Le duc dorleans demandoit
En auoir le gouuernement
Le duc de bourgongne y tendoit
Lauoir aussi pareillement
¶ Lun estoit oncle lautre frere
Du roy voulans tous deux regner
Pour les biens qui ne durent guere
Brief chascun vouloit dominer
¶ Sur ce meut entre eulx grât dis
Jusque a fraper z batailler (cord
Mais on fist traictie z accord
Et les gens darmes en aller
¶ Par le moyen de ce traictie
Furent faitz de grans mariages
Pour entretenir lamitie
Du sang de france z les lignaiges
¶ Le filz dorleans espousa
Ysabeau fille aisnee de france
Qui parauant se maria
Au roy richart pour aliance
¶ Loys daulphin duc de guienne
En batissant ceste besongne
Print vne belle crestienne
Fille du duc iehan de bourgongne

¶ Jehan second filz du roy de france
Si fut marie puis arriere
A vne fille dexcellence
Du duc guillaume de bauiere
¶ Le duc de bretaigne desuitte
Pour tousiours croistre lacointâce
Espousa dame marguerite
La seconde fille de france
¶ Et quant est du roy trespasse
A leure nauoit que trops ans
Par quoy ny estoit point brasse
Aussi nestoit venu son temps
¶ Ong peu apres ceste saison
Le duc philippe deceda
Et fut enterre a diton
Es chartreulx lesquelz il fonda
¶ Lors iehan son filz duc de bourgõ
Voulut apres luy gouuerner (gne
Dont orleans eut grant vergõgne
Qui vouloit pardessus regner
¶ La comencasce temps de pleur
La saison de diuision
Dont sensuiuit mal z douleur
Et en fin grant occision
¶ De la vindrent les grãs brouilliz
Les guerres z tempesteries
De quoy la noble fleur de liz
Si en cheut en grans penuries
¶ O tresmauuaise ambicion
Qui iamais de riens ne es contête
Et ne quiers que sedicion
Pour paruenir a ton entente
¶ O damnable presumpcion
Qui par ardeur de seigneurir
Et auoir dominacion
Fais tant de noble gens mourir
¶ Nauons nous pas dabymelet
Qui pour regner en ses grãs cheres
Aualler bonneur comme let
Si en tua ses propres freres

a iii

⸿ Roboan tout pareillement
Pour dominer en tous endroitz
Si en fist des maulx largement
Comme appert ou liure des roys
⸿ Alquinius en murmura
Pour estre prestre de la loy
Menelaus en procura
Par traison lofficeà soy
⸿ Jabin cuidant regner tousiours
Si en tua son vray seigneur
Mais puis ne regna q̃ sept iours
He que vault tel petit honneur
⸿ En oultre par ambicion
Atalie fist grant villenye
Des roys mis a perdicion
Et iason commist cymonye
⸿ Tholome faulsement en eut
Partie du royaume alixandre
Mais au bout de troys iours mou
Las qͥl gardon à le bien prẽdre (rut
⸿ En lan mil quatre cens & six
La royne & orleans menerent
Le duc de gienne hors paris
Mais pas trop guere loig nallerẽt
⸿ Le duc de Bourgongne le sceut
Et tira iusques a giuisy
Et tant fist quil les aconceut
Puis les ramena auec luy
⸿ De cella sortit grant discord
Jusques a bataille rengee
Mais au derrenier y eut accord
Et fut lentreprinse changee
⸿ Apres tous les princes allerent
La royne a vicennes querir
Et a paris len amenerent
A grande lyesse & plaisir
⸿ Les seigneurs estoiẽt autour del
Trestous abillez richement   le
De drap dor & de soy vermeille
Et chascun en point grandement

⸿ Bardes, cheualiers, damoyselles
Menestries, tabouris, trompettes
De boyre si faisoient merueilles
Pour les concordances lors faites
⸿ Aupres de la royne assistoit
Le duc dorleans a la dextre
Et de lautre coste estoit
Le duc de Bourgongne a senestre
⸿ Cestoit belle chose de veoir
Les ioyaulx & la grant richesse
Quon peust ce iour apperceuoir
Auec le train de la noblesse
⸿ Toꝝ les harnoys & les cheuaulx
Estoient de fin argent ferrez
Puis les chariotz & cerceaulx
Des dames par enhault dorez
⸿ France lors estoit en ses saulx
Plaine dauoir & de cheuance
Mais elle eut apres tant de maulx
Quelle cheut en grant indigence
⸿ Durãt ce tẽps se fist grãt chiere
En mengant ensemble souuent
Mais ceste ioye ne dura guere
Car le mal fut pys que deuant
⸿ Toutes & quãtesfoys quõ voit
Faire grans boubans & oultrages
Bien tost apres lon se appercoit
Quil sen ensuit de grans dõmages
⸿ Apres grãs ioustes tournoimẽs
Grans guerres, luxures, & festes
Viẽnẽt les grãs pleurs & tourmẽs
Trahisons, douleurs, & tempestes
⸿ En lan mil quatre cens & sept
Toutes les riuieres gelerent
Et fut lannee du grant puer
Dont maintes gẽs sesmerueillerẽt
⸿ Au degel les glaces rompirent
Maisõs, moulins, arches, bateaulx
Et en oultre si abatirent
Toꝝ les põs de paris moult beaulx

La mort du duc dorleans

C Est an la veille sainct clement
Sur la nupt quon ne voyoit goute
Le duc dorleans chauldement
Eut quatre coupz mortelz de route
Aupres de la porte barbette
Quil ne sen doubtoit nullement
Si fut sa sepulture faicte
Et mourut bien piteusement
C Le lendemain y eut grant dueil
Et fut a paris inhume
En grant seruice et appareil
Ainsi quil est acoustume
C Las que ceste mort a couste
Et celle du duc de bourgongne
Car maint homme la achete
A qui ne touchoit la besongne
C Quantes villes/quantes citez
En ont este du tout destruites
Quans vaillans gens desheritez
Quantes forteresses destruites

Quans chasteaulx et faulxbours bru
quans edifices mis par terre (lez
Quans pays robez et pillez
Par ceste maleureuse guerre
C Quel mal en est il aduenu
Quelle depopulacion
Quel tourment en est il venu
Et quelle grant destruction
C Toutes les plus haultes lignees
Du noble sang royal de france
En ont este diminuees
Tant en personnes quen cheuance
C Seigneurs en ont pdu leurs re
Les laboureurs leurs heritage/tes
Marchans leurs deniers et leurs ve
Chascun sest sentu du dommage/tes
C Le feu roy charles trespasse
Qui du debat ne pouoit mais
En fut mesmes si bas perce
Que roy pourroit estre iamais
C Ne esse pas moult grant pitie
Que a cause du train de la guerre
Qui ne vient que de inimitie
Il faille tant de maulx acquerre
C Femmes deuenir en vefuage
Enfans perdre leur pere et mere
Et les filles leur mariage
Helas quelle douleur amere
C Oser de force et de puissance
Pucelles rauir deflorer
Femmes prendre par violence
Puis tout pillier et deuorer
C Tollir le sien deuant ses yeulx
Estre batu et mutille
Bruller tout le plus et le mieulx
Et de sa maison exille
C Tuer/batre poures cheuaulx
En menant a lartillerie
Et faire cent mille trauaulx
Dont la vengence a dieu crie

a iiii

¶ Viure sur les champs en seruaige
Brigans meurtrir a grans monceaulx
Poures bonnes gens de villaige
Les assommans come pourceaulx
¶ Il nest cueur si tres dur ne fier
qui pour telz grans maulx restraindre
Ne soit tenu de soy ployer
Et a son pouoir guerre estaindre
¶ Roys et princes qui gouuernez
De voz subgetz aiez memoire
Et en paix les entretenez
Car dieu vous en douria victoire
¶ Au besoing ne vous laissera
Et quant aucun bien leur ferez
Il vous le remunerera
Ne iamais mal ne finerez
¶ Regardons come il a ayde
Au feu bon roy victorieux
Que iamais home neust cuide
Estre par tout ainsi eureux
Nayons en nous discencion
Escheuons couroux et vengeance
Faulse enuie et ambicion
Qui est des maulx mere et naissance
¶ En lan mil quatre cens et huit
Les liegoys tellement presserent
Leur euesque quil sen fuyt
Et contre luy se rebellerent
¶ Les ducs de bourgongne et bauie
Estans lors tout dune aliance
y desploierent leur baniere
Et y furent a grant puissance
¶ La y eut fourbiz maintz harnois
Et grans batailles hors la ville
Que lors perdirent les liegoys
Et en mourut bien seize mille
¶ Au retour y eut vne paix
A chartres dentre les seigneurs
de france / mais deux ou trops moys
Ilz furent en plusieurs rumeurs

¶ La paix des hommes na duree
Sans confirmacion de dieu
Ne nest que vne noyse fourree
Qui narreste point en vng lieu
¶ Lan neuf le conte de sauoye
Meut debat au duc de bourbon
Touchant certaine place a voye
Dont depuis y eut accord bon
¶ Durant ce temps et en cel an
Les francoys pour le roy entrerent
Dedens gennes et en millan
Du la grant pays conquesterent
¶ Tellement que le roy de france
A cause de sa seigneurie
De gennes si auoit puissance
Dentrer en grece et tartarie
¶ Mais apres en vng mouuement
Se esleuerent les geneuoys
Et par trayson faulsement
Tuerent grant tas de francoys
¶ Les duc et milleuoys iurerent
De garder pour le roy la ville
Mais nonobstant se rebellerent
Incontinent sur pie sur bille
¶ Lors le grant maistre montagu
A paris fut decapite
Par despit quon auoit conceu
De son bruyt et auctorite
¶ Aussi plusieurs gens de finances
Qui auoient eu gouuernement
Furent a tort et par vengence
Mis hors de court honteusement
¶ Les bonnes gens dient quil est vray
Selon la vulgaire coustume
Que qui mengue de soupe du roy
Cent ans apres en rend la plume
¶ En lan dix les seigneurs de france
Poyr bons amys et daccord estre
Firent paix et vne aliance
Quon nomma la paix de vicestre

1409

ce 17
octob.
1409

1410

1408

¶ Ceste pacificacion
Si ne fut que vne seurceance
De toute preparacion
De guerre et de maliuolance
¶ Lan vnze y eut plusieurs allees
Et des entreprises basties
Forteresses et places pillees
De lune et lautre des parties

La prinse du pont sainct cloud

¶ Cest an le sire de gaucourt
Si print de nuyt par la riuiere
Le pont de sainct cloud et la tour
Soubz grande et subtille maniere
¶ Les bourguignons et les anglops
Tantost apres y affouprent
Et par deux assaultz ou par troys
Firent tant qilz la rescourent
¶ La y eut que tuez que mors
De francoys de neuf cens a mille
Et de vaillans bretons et fors
Sans les prisonniers de la ville

¶ Puis prindrent le chastel destapes
Et fuirent iusque au puiset
Mais la nuyt sans clarte ne lampes
Ne que le iour peu si luyset
¶ Barbazan et ses compaignons
Vindrent fraper sur lauangarde
Desditz anglops et bourguignos
Qui lors ne se donnoient garde
¶ Lors les anglops se retrairent
Et fut ceste desconfiture
Cause que du pays partirent
Sans faire plus grant procedure
¶ En lan douze eut affliction   1412
Du royaume et grant difference
Pour le trouble et discencion
De messeigneurs du sang de frace
¶ Dun le roy si fut assiege
De la le siege a bourges mys
Dont le pays fut dommage
Plus que de guerre dennemys
¶ Pendant vint la mortalite
Qui fist les gens darmes retraire
Et puis tout dune voulente
Se misdrent a vng accord faire
¶ Quant les anglops sceurent lacord
Et que len vouloit paix traicter
Ilz par despit et desconfort
Firent moult de pays gaster
¶ Labbaye de Beau lieu bruleret
Et la ville pareillement
Labbe prisonnier enmenerent
En faisant des maulx largement
¶ Lan mil quatrecens et treze   1413
Bouchiers tueurs et escorcheurs
Par vne entreprinse mauuaise
A paris firent les seigneurs
¶ Et pour venir a leur approche
Prindrent le commun de la ville
Vng nomme symonnet caboche
Et le sire de iaqueuille

La tuerie de paris

¶ Cestoient deux grãs paillars ri
Mouriz dordure et villenye (baulx
houlliers / assõmeurs de pourceaulx
Gens a sang / plains de felonnye
¶ Si furent esleuz cappitaines
Parmy la ville de paris
Et auoient pour leurs cheuetaines
Grant tas de coquins langoriz
¶ Meschans / mallotruz / et opseulx
Gens de basse condiction
Si sallierent auec eulx
Pour faire vne commoction
¶ Brief se habillerẽt et armerent
Et a vng soir oĩ la lanterne
Tous ensemble se trãsporterent
En lostel du duc de gienne
¶ La requisdrent de prime face
Quon baillast ceulx qlz nõmeroient
Ou que autrement sec en la place
Tueroient ceulx qui resisteroient

¶ Pour obuier a leur fureur
Il conuint plusieurs gẽs leur rẽdre
Et baillier a grande douleur
Puis les firent nayer et pendre
¶ Prins furent nobles cheualiers
Officiers / et gens de conseil
Seruiteurs du roy / escuiers
Dont disposerent a leur vueil
¶ Quant telz bouchiers et escor
Se virent en auctorite (cheurs
Ilz vouldrent estre gouuerneurs
Et quon fist a leur voulente
¶ Tellement que nulz si nosoient
Contre eulx parler ne murmurer
Car incontinent les faisoient
Mourir / fraper / et martyrer
¶ Il ne falloit que dire vng mot
Ou auoir quelque bruyt de hayne
Quilz ne vous eussent tout a cop
Fait la mourir de mort soudaine
¶ Aux vngz firẽt coupez les testes
Autres tuer legierement
Et les assomoient cõme bestes
Sans sauoir pour quoy / ne cõment
¶ Prindrent dames et damoiselles
De la royne / et gens de la ville
Bourgoyses / meschines / pucelles
Par vne facon orde et ville
¶ Es maisons pillerent / robberẽt
Misdrent sus tailles impossibles
Et les gens de bien fort greuerent
En faisant exces moult terribles
¶ Ceulx q estoient mors en prison
Si faisoient encores porter
A la iustice sans rayson
Pour tous mors les decapiter
¶ Vifz et mors si menoient ensẽble
Decoller / et mourir a tort
Dõt il nest dur cueur q ne tremble
De veoir le vif aupres du mort

Quelle dure inhumanite
Quelle iustice & iugement
Quelle vengance & cruaulte
Et quel grant esbahissement
¶ Il nest au iourduy tel dangier
Que de meschans gens esleuez
Car ilz ne font que dommagier
Et en sont toutes gens grevez
¶ Tout le plus beau de leurs servi
Cest de flater/bauer/attraire (ces
Oser dr bourdes & blandices
Pour temporiser & complaire
¶ Ces cas furent tant detestables
Et de si grande lesion
Que les seigneurs et gens notables
y donnerent provision
¶ La iustice si sen mesla
Et pour doubte destre pugniz
Sen fouyrent puis ca puis la
Et les nomma len les banniz
¶ Quant le feu roy si nauroit fait
Autre chose que nous garder
De tel iniustice & tort fait
Si en est a recommander
¶ Telz excez nont point pullulé
De son temps en quelque saison
Ains a tout iustice adnullé
Et mis a droit & a rayson
¶ Or est il mort & trespassé
Prions dieu quil lait a mercy
Car il a eu ou temps passé
Pour nous moult de peine et soucy
¶ Puis quon ne le peut racheter
Pour or argent plainte ne larme
Placebo nous fault il chanter
Et prier trestous pour son ame
¶ O vray dieu puissant & glorieux
Ottroiez repoz pardurable
A lame du trespiteable
Le roy charles victorieux

¶ Placebo nous fault il chanter
Et prier trestous pour son ame
Puis quon ne le peut racheter
Pour or argent plainte ne larme

Antiphona
Des roys piteulx
sera memoire
Secūd⁰ psalm⁰
Apres le ioeulx marit
Du feu roy/& de noble fille   (age   1414
Marie danjou prudente & saige
La fille du roy de secille
¶ Lan quatorze charles septiesme
Appelle le roy bien ame
Fut mettre le siege a compieigne
En point/& richement arme
¶ Le duc de guienne son filz
Orleans/bourbon/alencon
Et des contes bien cinq ou six
Estoient tousiours a lenviron
¶ Quant len eut vng peu attendu
Et la fait collocucion
Ledit compieigne fut rendu
Au roy par composicion
¶ De la tirerent a soissons
Qui conquesta la par assault
Bombardes/engins/& canons
Ruez par embas & par hault
¶ Apres bapaumes si fus prins
Et le siege mis a arras
Puis y eut traictie entreprins
Pour escheuer guerre & debaz
¶ Lan quinze le roy dengleterre   1415
Ayant de tous anglois la fleur
Vint descendre & prendre terre
Deuant la ville de arefleur
¶ Le siege y misdrent promptement
Contre les francoys qui estoient
Lesquelz se tindrent longuement
Et tant que plus ilz nen pouoient

La Bataille dazincourt

¶ Si y eut composicion
Qui fut telle que les francoys
Dens certaine assignacion
Deurent combatre les anglois
¶ Et ou cas quilz ne le feroient
La ville & les corps prisonniers
Au roy dengleterre rendroient
Auec grans sommes de deniers
¶ Et fut concluds par ordonnance
Que lon le feroit assauoir
Aux seigneurs & nobles de france
Pour y secourir & pouruoir
¶ Le cry fait & sceuz les nouuelles
Tout chascun qui auoit honneur
Si se mist en point a merueilles
Pour aller seruir son seigneur
¶ La plus part de la seigneurie
Du noble royaume de france
Baronnie & cheualerie
y fut en armes & puissance

¶ Brief les francoys en si grant nõ-
A ceste iournee aruuerent   (bre
Que les vngs si faisoient encombre
En nuysant plus quilz ny aideroent
¶ Plusieurs enfãs de grãt maison
Nourriz souef com grain en paille
Si y laisserent la toison
Car iamais nauoient veu bataille
¶ A guerroyer estoient nouueaux
et leur sembloit pour leurs poulaines
Leurs harnoys, pompes & ioyaulx
Quilz abatroient les gens en haines
¶ Si eut des allees & venues
Dun coste & dautre a lentour
Et puis les batailles tenues
En picardie lez dazincourt
¶ Quãt les frãcoys les ãgloys vi-
& qlz estoiẽt plus queulx beaucoup (rẽt
De leur armee conte ne firent
Ains cuidoient auoir gaigne tout
¶ Si furent tant presumptueulx
Quilz ne tindrent mesure ne ordre
Pensans quon noseroit les yeulx
Contre tant leuer, ne les mordre
¶ Les aucuns alloient pourmener
Leur cheuaulx & faire repaistre
Les autres boyre & desiuner
En laissant leur ost & leur maistre
¶ Quãt les ãgloys o leur charroy
Virent la maniere de faire
Et les francoys en desarroy
Se prindrent a fraper & braire
¶ Si y eut de vaillãs faiz darmes
Que les vngs & autres si firent
Mais les frãcoys p piteux termes
Toute la bataille perdirent
¶ La mourut et plus de cinq mille
Seigneurs, cheualiers, escuiers
Officiers, aussi gens de ville
Sans y compter les prisonniers

⊂Les ducs dorleans & bourbon
Richemont & des chiefz de guerre
Si furent tous mis a rancon
Et puis menez en engleterre
⊂Par oultrage & presumpcion
q̃ les cueurs des orgueilleux aident
Vient toute malediction
Et plusieurs batailles sen perdent
⊂Apres ceste dure iournee
Fut baille par communs accords
Loffice & charge de lespee
Au conte darmignac pour lors
⊂A paris noel ensuiuant
Guienne regent rendit lame
Et fut enterre au deuant
Le grant autel de nostredame
⊂Si fut iehan daulphi tremis gere
Par les seigneurs hastiuement
Affin dentretenir la guerre
Et prendre le gouuernement
⊂Pour estre chief & cheuetaine
De la grant cite de paris
Si fut ordonne capitaine
Le defunct roy quatrieme filz
⊂Lan seize iehan duc de Berry
Aage de quatreuingtz dix ans
Trespassa dont len fut marry
Car plusieurs biens fist en son temps
⊂De noble courage adonne
En ioyaulx habitacions
Large prince & abandonne
A gens de toutes nacions
⊂Ce an le conte darmignac
Pour lors connestable de france
Loys de soigny mareschal
Et autres de leur aliance
⊂En vng assez beau champ grant sec
Aupres de vallemont en caulx
Chasserent le conte dorsec
A belle cource de cheuaulx

⊂Tellement quil se retira
En vng iardin de pal dehors
Ou la des anglops demoura
Quelque enuiron quatre cens mors
⊂La nupt ledit conte & ses gens
Si sen fouyrent par derriere
Et furent si tres diligens
Que au matin sen ne trouua guere
⊂Les francops apres eulx tirerent
En desarroy pour le pillage
Mais lesditz anglops en tuerent
Bien deux cens par leur grant oultrage
⊂Apres si furent desconfiz
Les francops aupres donnefleur
Et eut enuiron cinq ou six
Grans nauires gaignees du leur
⊂Dudit lan seize en la caresme   1416
Mourut iehan daulphin a opteigne
Qui fut vng tres dommage extresme
Pour le port q̃ auoit en allemaigne
⊂Apres succeda en son lieu
Le feu roy dont faisons memoire
Qui estoit lors conte de ponthieu
A lame du quel dieu doint gloire
⊂Lan dixsept vindrent nouuelles   1417
Que aucuns de rouen en vng iour
Sestoient voulu monstrer rebelles
Et tuer leur bailly gaucourt
⊂Et de fait le siege tenoient
Contre les gens darmes du roy
q̃ plusieurs trauaulx leur donnoient
Dont cuida auoir grant effroy
⊂Le feu roy lors daulphin regent
y vint tant quil peut acourir
Bien apoint a toute sa gent
Pour y pouruoir & secourir
⊂Luy arriue ceulx de la ville
Doyans ses gens & sa puissance
Par supplicacion vtille
Requisrent auoir audience

¶ Si remonstrerent en effect
Les grans excez sextorcion
Et le mal quon leur auoit fait
Pour leur iustificacion
¶ Prians quil luy pleust dexcuser
Ceste entreprise par doulceur
Sans prendre vengence ne vser
De pugnicion ou rigueur

¶ Coment le feu roy comenca
son regne par pitie

¶ Le feu roy qui estoit enclin
A pitie et misericorde
Leur dist par vng parler begnin
Mes amys ie le vous accorde
¶ Ainsi leur meffait pardonna
Et telz gens que bon leur sembloit
Pour leur garde si ordonna
Et vez la son premier exploit
¶ Le comencement de son regne
Si fut en doulceur amytie
Et pour sa venue et estraine
Vsa de grace et de pitie

Du monde nest chose qui face
Vng prince tant hault renomme
Que fait misericorde et grace
Et de tout le monde estre ame
¶ Scilla qui estoit roy de rome
Contre ses romains ses contraires
En gaigna la bataille en somme
Et en obtint plusieurs victoires
¶ Pitie fait roys et princes viure
En obeissance et seurete
Et misericorde consuiure
Loz victoire prosperite
¶ Len ne list point de toꝰ les preux
Vaillans gens dont il soit memoire
Quilz nayet este tousiours piteux
Dhumble cueur et de bon affaire
¶ Cesar conquesta par pitie
Maintes villes richesse honneur
Et de pays plus la moitie
Quil ne fist par force et rigueur
¶ Piteux fut merueilleusement
Car quant vid la teste pompee
Et quil haioyt mortellement
Dolent fut quon lauoit couppee
¶ Qui plꝰ est quant on lui vint dire
Que chaton son grant aduersaire
Sestoit mesme tue par ire
Il en eust douleur tresamere
¶ Et combien que cesar tres fort
Le hayst et tout son lignaige
Et quil eust peu apres sa mort
Luy porter rancune et dommaige
¶ Neantmoins il volut q̃ ses biẽs
Feussent baillez a ses enfans
Deffendant quon ne leur fist riẽs
Et si les nourrist par long temps
¶ En oultre en faueur leur pere
Les garda tres songneusement
Les ayma leur fist bonne chiere
Les enrechissant grandement

℄ Quant marcellus print la cite
De cyracuse estant forte
De prisonniers grant quantite
Eut a luy en diuerse sorte
℄ Mais quant il les vid souspirer
Contrister/gemir/& complaindre
Il se print côme eulx a plourer
Par pitie de les oyr plaindre
℄ Les vngs deliura franchement
Aux autres voult sa grace estendre
Et gaigna leurs cueurs tellement
Que pour luy se fussent fait pendre
℄ Pompee print le roy darmenie
Qui estoit son mortel ennemy
Mais quant vid sa face ternye
Et quil se mouroit a demy
℄ Il eut de luy si grant pitie
Que de rechief le couronna
Et son reaume conqueste
Luy restitua & donna
℄ Des roys piteux sera memoire
Jusques au iour du iugement
Et en leur temps auront victoire
Regete tout empeschement
℄ Lan dessus le roy dengleterre
Si vint descendre en normendie
Et les bourguignons prendre terre
En la france & en picardie
℄ Ainsi le feu roy trespasse
Regent pour le peuple deffendre
Fut de toutes pars si presse
Quil ne scauoit auquel entendre
℄ En france diuision grande
A ceste heure sa pullulloit
Chascun seigneur auoit sa bende
Et trestout meschâment alloit
℄ Les anglovs prindrent oudit an
Les villes de sainct lo/Bayeulx
Toucque falaise & dassault caen
Auec dautres places plusieurs

℄ Le duc de Bourgongne sen vint
A vanues & au bourg la royne
Et puis mont le hery si print
Par composicion soudaine
℄ De la tira en gastinoys
En tres grant armee & puissance
Du barbazan & les francoys
Si luy firent grant resistence
℄ Apres si luy fut rendu tours
Et dautres villes a foyson
Du il mist es chasteaulx & tours
De gens darmes grant garnison
℄ Pendant tanegup du chastel
Garny de vaillans compaignons
Print mont le hery le chastel
Que lors tenoiêt les bourguignôs
℄ De fait les gês du roy allerent
Assieger senlis pour le prendre
Mais ceulx de la ville traicterent
En prenât iour pour se leur rendre
℄ Pour seurte bailleret hostaiges
Puis a la ville vint secours
Et les laisserent pour les gaiges
Dont on leur fist finer leurs iours
℄ Au retour len fut a cheureuze
Du les francoys dedens entrerent
Et est la ville dômaigeuse
Mais le chastel lors ne gaignerent
℄ En cest an le prince dorange
Côquist pour le duc de bourgôgne
Languedoc & pays estrange
De la la riuiere dourdongne
℄ Il fut iusques en auignon
Et si print le pont sainct esperist
Et dautres citez denuiron
Que a son obeissance mist
℄ Tout le pays entierement
Fut rendu a luy fors beaucaire
Qui pour le roy tint vaillâment
Et tât quest possible de faire

1415

¶ Lan dixhuit ou moys de may
Que les bourguignõs si entrerent
Dedens paris sans faire esfray
Jusques quau milieu se trouuerent
¶ Si crierent a vne voix
Les conducteurs de la besongne
Mes amys/bonnes gens la paix
En paix serez/viue bourgongne
¶ Adonc plusieurs gens sesbayrẽt
Qui ne sauoient riens de ce la
Et les vngs z autres fouyrent
Es eglises/puis ca/puis la
¶ Le feu roy estant en la ville
Lors par les gens de sa maison
Fut transporte en la bastille
Pour doubte quil ny eust traison
¶ Apres len fist aller son pere
Estant malade z sequestre
Par la ville pour faire acroire
Quon estoit de son gre entre
¶ De la maniere de lentree
Iay fut que le filz dun ferron
Les clefs de la porte dembla
Si print quant il vid son point bon
¶ Comme son pere estoit couchie
Luy vint dire que au lendemain
Les cõpaignons lauoyent presche
Daller iouer a sainct germain
¶ En parlant bellement osta
Du cheuet les clefs de la porte
Et tantost apres les porta
A ceulx qui entendoient la note
¶ Or estoit la saison de may
Que chascun sen alloit iouer
Sans estre en doubte ne esmay
Quon voulsist dun tel tour iouer
¶ Apres ne scay qlz nefs?s gens
Si firent vne pillerie
Aux gens du roy z dorleans
Dont il vint vne grant tuerie

La tuerie dapres lentree
des bourguignons

¶ Len fist par my paris crier
Que ceulx quon doubtoit du party
Si se vinsent iustifier
Pour remede y estre imparty
¶ Les gẽs mucez en leurs maisõs
Cuidans estre ois en iustice
Si se vindrent rendre es prisons
Ou len leur fist grant iniustice
¶ Car cõbien qlz neussẽt meffait
Neantmoins pour les abregier
Et affin dauoir plustost fait
Len les fist tous a mort iugier
¶ O quel cruel appointement
Quelle sentence espouentable
Quel tresdoulourex iugement
Quel mauuais conseil z dãnable
¶ La furent vng tas de bourreaulx
Porteurs de gresue z daffestreure
Qui tuoient gens sur les carreaulx
Par vne mort cruelle z sure

¶ Les ungz sans oppresseurs ne prestres
De belle nuyt portoient noyer
Les autres gettoient des fenestres
Pour acoup les faire tuer
¶ Le conte darmignac/de marle
Pource temps chancelier de france
Furent par ung meurtre enormale
Mis au palays par remembrance
¶ Si en eut que mors que tuez
Officiers & gens de ville
Marchans bourgoys q̃ de nayez
Enuiron trops ou quatre mille
¶ Len venoit lors taster le ventre
Pour veoir son estoit armignac
Et son rougissoit/tantost fendre
Illec la teste/ou lestomac
¶ Helas he que esse de comun
Coment il est tantost tourne
Ades a lautre/ades a lun
Ainsi que le vent est mene
¶ Ia dieu ne plaise droit ou tort
Son peuple ainsi souffrir pugnir
Car il vauldroit mieulx estre mort
Car de veoir tel temps reuenir
¶ Et pour monstrer par exemplaire
Quon se doit de meurtre abstenir
Car mauuaise vie & messaire
Font come meschamment finir
¶ Vray fut que ceste truandaille
Maintes gens brigans de villaige
Coquins & grās tas de herpaille
Qui firent le meurtre & oultraige
¶ Apres leur acomplissement
De la mauldite occision
Moururent trestous meschammēt
En leur damp/& confusion
¶ Les ungz poures a lostel dieu
Priuez de sens & estrangez
Qui ne pouoient estre en ung lieu
Ains couroient comme enragez

¶ Les autres deuindrent poacres
Pugnaiz, impotens, contrefaitz
Querans laumosne comme ladres
En les reputant tous infaitz
¶ Entre eulxmesmes se diuiserēt
Pour le butin & la fināce
Et puis apres sentretuerent
Meurtre requert tousiours vēgance
¶ Il leur mescheut mõlt grādemēt
Et a tous ceulx de leur sequelle
En mourant miserablement
La fin tousiours en est ptelle
¶ Oudit an le feu roy tira
A bourges dela la riuiere
Et la royne si demoura
A paris comme prisonniere
¶ Le conte de foez si alla
Sur les marches de languedoc
Du tant supplia & parla
Que grant armee de gens il ot
¶ Aussi vaillamment se porta
Pour le roy en ceste besongne
Car le pays reconquesta
Sur les gens du duc de bourgōgne
¶ Le prince dorenge chassa
Iusques a la cite de nymes
Et en cest estat tout laissa
Sans en leuer denier ne dismes
¶ Puis le roy si alla tenir
Siege a sully pres orleans
Par ce quon vouloit retenir
Leuesque de clermont leans
¶ Si le rendirent dens deux iours
Et a tant le roy se partit
Pour sen aller assieger tours
Que depuis a soy conuertit
¶ Si y eut grans preparatoires
Et de gens bataille espandue
Mais apres plusieurs cōsistoires
La ville fut au roy rendue

B i

Ses gẽs darmes dedẽs ẽtrerẽt
Sans ce que aucuns des habitans
Prinssent/ne que riens desroberent
De quoy trestous furent contens
¶ Le duc de Bretaigne en ce temps
A paris vint ꜇ seiourna
Ou la supplia/꜇ fist tant
Que la royne au roy ramena

Cõmẽt la ville de coussy fut prise

¶ La ville de coussy fut prinse
Vng iour quon ne se doubtoit guere
Pour le roy par vne entreprinse
Dune meschante chamberiere
¶ Ceste vieille samouracha
Dung prisonnier estant dedens
Et pour ioyr de luy tacha
A le mettre hors de leans
¶ Si embla les clefz de la tour

Cuidant luy ouurir seullement
Mais les prisonniers de sentour
yssirent hors pareillement
¶ Si tuerent le cappitaine
Et dautres anglois belle bille
En gaignant la pour leur estraine
De beaulx escuz cinquante mille
¶ Apres furent faitz cappitaines
La hire ꜇ poton de sentrailles
Qui furent vaillans cheuetaines
Pour le roy en toutes batailles
¶ Eulx deux ꜇ autres compaignons
Tant de pie comme de cheual
Rencontrerent pres de souessons
Le feu sire de longueual
¶ Les deux a quarãte vne lance
Desconfirẽt par beau fait darmes
Ledit seigneur ꜇ sa puissance
De bien quatrecẽs hõmes darmes
¶ Vne autre iournee pres liance
Poton ꜇ la hire trouuerent
Saueuses en belle ordonnance
Sur lequel ꜇ ses gens fraperent
¶ Si y eut rue de beaulx coupz
Mais les frãcois le chãp gaignerẽt
Et la les desconfirent tous
Fors les aucuns qui se sauuerent
¶ En lan dixneuf les anglois 1419
Au point du iour sans faire noyse
A belles eschelles de boys
Prindrent la ville de pontoyse
¶ Puis tous les seigneurs sassẽble˰
Pour traicter la paix au ppuot (rẽt
Et aux vngz ꜇ aux autres parlerẽt
Mais tout ne valut vng cyuot
¶ En ce lan le roy dengleterre
Mist le siege deuant rouen
Ou la il mena grande guerre
Bien lespace de demy an

¶ Comment rouen fut prins par les anglops

¶ Ceulx de la ville si porterent
Pour le feu roy tresgrandement
Ne oncques pour riens ne declinerēt
Ains souffrirent moult de tourmēt
¶ Sept moys tindrēt pour abreger
Sans sauoir ou plus viure prendre
Tant quil fallut les ratzmenger
Auant quilz se voulsissent rendre
¶ En ce lā iehā duc de bourgōgne
Si fut tue a monstereau
Dōt sourdit mauuaise besongne
Vng plus grant debat z nouueau
¶ Lors sō filz par grāt desplaisāce
De la mort de son dit feu pere
Si fist aux anglops aliance
Qui la receurent a grant chere
¶ Et pour plus fermer lacointāce
Fut baille au roy dengleterre

La seur du feu bon roy de france
Affin contre luy mener guerre
¶ Aucuns a ce fort traueillerent
Non estans a paix bien propices
Et le ieune duc conseillerent
Pour auoir soubz luy les offices
¶ Doffices plusieurs maulx adui
Et par les sinistres rappors (ēnēt
Les seruiteurs qui vont z viennēt
Rapporter noyses z discors
¶ Telz gens se mettent en seruice
Pour attendre le vent tourner
Et sont contens pour vng office
Eulx leur maistre z ames dāpner
¶ En oultre par ceste aliance
Si furent baillez aux anglops
Et mis en leur obeissance
Maintz chasteaulx z pays frācops

¶ Paris et bien seize citez
De la couronne et appanaige
Tant quilz tenoient de tous costez
Tout le plusbeau de leritaige
¶ A troies furent les nopces faictes
Du roy et la fille de france
Ou la y eut clerons trompetes
Et plusieurs choses dexcellence
¶ Dances et chieres a merueilles
Dungz et dautres a q mieulx mieulx
Dont le feu roy pour les nouuelles
Getta grosses larmes des yeulx
¶ Pensons aussi lafflictiō
La destresse/couroux/douleur
Et la grant tribulacion
Que le bon seigneur eut au cueur
¶ De veoir lors sō pere et sa mere
Entre les mains des aduersaires
Et puis de luy bailler pour frere
Le chief de ses parties contraires
¶ Bien cause auoit de souspirer
Et dendurer grant desplaisance
Quant ainsi veoit separer
Le sang et royaume de france
¶ Encores se par le traictie
Du point nestoit present ne veu
Il eust eu paix et amittie
Mais il demouroit despourueu
¶ Il nauoit brye ne vermandois
Champaigne/ne aultre nation
Ou a ceste heure les anglois
Si neusseut part et porciō
¶ Et quant au feu roy trespasse
Il nauoit pour tout son demaine
Lieu ou peust estre reconsse
Si non en berry et touraine
¶ Encores pour le resiouir
Onces autres nouuelles ot
Quon ne luy vouloit obeyr
Sur les marches de languedoc

¶ Bien le recōgnoissoient seigneur
Mais quant au proffitz receuoir
Le conte de foez gouuerneur
Les vouloit tous prendre et auoir
¶ Ainsi double maleurete
Venoit touiours en acroissance
Las mal sur mal nest pas sante
Mais tout prenoit en pacience
¶ Pacience comme reueille
Et le fait vertuz acquerir
Pacience touiours trauaille
A aymer dieu pour secourir
¶ Pacience tous maulx soustient
Souffrir si surmonte ennemys
Pacience tous biens contient
Et attrait secours et amys
¶ Quant pacience si domine
Fortune se prent a regner
Et apres grans maulx determine
Aux paciens secours donner
¶ En luy baillant pour recōpence
De tourment quon a supporte
Pour vne heure de desplaisance
Cent iournees de ioyeusete
¶ Fortune est de telle maniere
Que souuent cil quelle a greue
Et degette plus en arriere
Fera le plus hault esleue
¶ De tant q au plus bas elle met
Princes de bonne voulente
Dautant plushault si les remet
En honneur et auctorite
¶ A princes affiert pacience
Pour soustenir dueil et martyre
Car toutes choses a plaisance
Ne viennent ainsi quon desire
¶ Len list dauguste lempereur
Qui fut si saige et pacient
Que couroux/ire/ne fureur
Ne le sceut rendre impacient

¶ Pertes/iniures/villenye
Et des fortunes enduroit
Sans soy courcer par felonnye
Et aussi tousiours prosperoit
¶ Entre les autres empereulx
De noble couraige & escaille
Len ne vid empereur eureulx
Ainsi quil estoit en bataille
¶ Denis le tirant degetta
Ciracusam de son pays
Qui paciemment le porta
Tant quil se recouura depuis
¶ Vertu en la necessite
Si se monstre communement
Ne nul desert prosperite
Si na eu des maulx largement
¶ Les saiges princes anciens
En tous leurs faitz & actions
Ont este trouuez paciens
Pour seurmonter afflictions
¶ Dauid si fut persecute
Par son propre filz absalon
Mais de sa propre voulente
Le souffrit sans estre felon
¶ Sa bonte point nen empira
Ains tresbon gre luy en sceut dieu
Car pour les tors quil endura
Dautres biens luy fist en ce lieu
¶ Socrates philosophe saige
Fut si pacient & estable
Que pour perte ne pour dõmaige
Nestoit ioyeulx ne courroucable
¶ Il auoit deux terribles femmes
Qui luy firent moult de greuance
En luy vsant destranges termes
Mais tout prenoit en pacience
¶ Sãs fin elles ne cessoiẽt de bray-
Pour troubler son sens & quis (re
Et brief silles eust voulu croyre
Il eust fallu vng pont leuis

¶ Pacience debatz apaise
Nourrit paix/et refraint vengence
Produit biens/escheue mezaise
Et de confort donne esperance
¶ Les nouuelles dessus oyes
Le feu roy si delibera
Daller es marches & partyes
De languedoc ou il tira
¶ Luy arriue desappointa
Les officiers a luy contraires
Et ou lieu deulx si en bouta
Dautres propres & necessaires
¶ Puis il mist le siege deuant
Nysmes/& le pont sainct esperit
Et y proceda si auant
Que lesdictes deux villes prit
¶ La y eut de mors et penduz
Plusieurs gens qui se rebellerent
Mais pardons/graces/espanduz
Furent a ceulx qui se humilierent
¶ Le bon seigneur estoit piteulx
Ne pour quelque diuision
Ne vouloit ses persecuteurs
Confondre par occision
¶ O ray dieu puissant & glorieux
Ottroyez repoz pardurable
A lame du tres piteable
Le roy charles victorieux
¶ Des roays piteux sera memoire
Iusques au iour du iugement
Et auront en leur temps victoire
Nonobstant quelque empeschemẽt

Terci9 psalm9
Antiphona
Tous biens vien-
nent dhumilite. &c.

L̃ã mil quatre cẽs
Le roy dẽgleterre mena (& vingt
Le roy descosse qui sen vint
En france laou il lamena

B iii

19

⁌ Ce voyage la fut brasse
Pour attraire les escossoys
Qui seruoient le roy trespasse
Et quilz laissassent les francoys
⁌ Lesditz escossoys riens ne firent
Pour leurs blandices & requestes
Aincoys le feu roy bien seruirent
En ses affaires & conquestes
⁌ En apres le roy dengleterre
Et bourgongne si prindrēt sens
Moret auecques autre terre
Car ilz estoient fors & puissans
⁌ Le siege mirent a monstereau
Du pas grammēt ne demouretēt
Car par vng appointement beau
Les gens de leans sen allerent
⁌ Puis melun firent assieger
Du barbasan & les francoys
Tant que la eurent a menger
Si resisterent aux angloys
⁌ Au derrenier p̄ faulte de viures
Se rendirent / & composerent
Leurs biēs saufz & leurs corps deli-
Et atant partir sen cuiderēt (ures
⁌ Les angloys depuis excepterēt
Barbazan / & autres requis
Qui apres maniere trouuerent
Deschapper par moiens exquis
⁌ Vng mignot du roy dēgleterre
Si leur fist yssue & passaige
Dont eut la teste mise a terre
Nonobstant amour ne auantaige
⁌ Oultre les angloys cōdānerēt
Ceulx dudit melun a paier
Grans finances quilz emporterent
Et a ses murs reedifier
⁌ En ce temps le duc de bauiere
Pour ses vertuz verifier
Enuoya par parolle fiere
Le feu roy charles deffier

⁌ frere estoit du roy dengleterre
Et pource que auoient le dessus
Menassoient le deffunct de guerre
Et luy vouloient tous courir sus
⁌ Apres mirent le siege a meaulx
Du le bon sire de offremont
Y voult mettre des gens nouueaulx
Mais prins fut en allant amont
⁌ Aucuns gens darmes y ētrerēt
Pour a la ville secourir
Et les autres sen retournerent
Affin quon ne les fist mourir
⁌ Si eut faicte composicion
Que les gens darmes sen yroient
Leurs corps mis a saluacion
Excepte deux qui demourerent
⁌ Cestoit le bastard dauaurus
Et vng autre son lieutenant
Que les angloys pendirent sus
Du chemin de paris venant
⁌ Ainsi la ville se rendit
Et de sa le roy dengleterre
A sen retourner si tendit
Pour veoir son pays & sa terre
⁌ En lan quatrecens vingt & vng
Plusieurs grās seigneurs dēgleterre
En point sans en excepter vng
Vindrent en aniou faire guerre
⁌ Si se mirent tous en bataille
Audeuant la ville dangiers
A tous engins / chariotz / pietaille
Pour passer parmy tous dangiers
⁌ De la partit leur assemblee
Et sen allerent hebergier
Au lieu de beaufort en valee
Et ailleurs ou peurent logier
⁌ Si aduint q̄ aucuns des āgloys
Ainsi quilz alloient en fourraige
Prindrent trops poures escossoys
Cuidans en auoir auantaige

Eulx venuz au duc de clerence
frere dudit roy dengleterre
Qui auoit charge & ordonnance
Pour soubz luy conduire la guerre
¶ Si leur demanda en englops
De quel part & lieu ilz venoient
Et combien estoient les francops
Et en quel cartier se tenoient

¶ Coment le duc de clerence fut desconfit au grant baugis

¶ Cela sceu se leua de table
Et commanda quon fist seller
Cheuaulx & mettre hors lestable
Pour contre les francops aller
¶ Et pource qlz estoient grat nobre
Darchiers & de gens a guisermes
Doubtant quilz ne fissent encobre
Si ne print que les homes darmes
¶ Les anglops auoient confiance
Veu quilz estoient dix contre trops
Que sans desployer leur puissance
Vendroient tost a bout des francops

Si vindrent au petit baugys
Du peu de francops lors estoient
Qui eurent effroy sur leur logys
Tant quen leglise se boutoient
¶ Lors de grās coffres & barreaulx
Tant quilz peurent se bastillerent
En gettant pierres & carreaulx
Par quoy les anglops les laisseret
¶ Si tirerent lesditz anglops
Au grant baugys en grant puissāce
Ou ilz trouuerent les francops
Arrengez en belle ordonnance
¶ La en grant pope & seigneurie
Si saillit le duc de clerence
A vng chappeau de pierrerie
Plain de dyamans dexcellence
¶ Il se cuidoit euertuer
Pour monstrer illec sa vaillance
Mais il se fist premier tuer
Et autres de son aliance
¶ En plain champ assez loguemēt
Les vngz & autres combatirent
Mais les francops finēblement
Tous lesditz anglops desconfirēt
¶ Si eut denglops & de leurs ges
Qui furent secouz & batuz
Et en demoura quinze cens
Sur le champ mors & abatuz
¶ La le conte de sombresset
Les sires de roo de hotinton
Et dautres anglops six ou sept
Furent prins & mis a rancon
¶ Les archiers quon auoit laissez
Se prindrent fort a esbayr
Et tantost a leurs arcz troussez
Sen commencerent a fouyr
¶ Si firent vng pot de charettes
Pres du mans en vne riuiere
En disant en ses entrefaictes
Que les francops venoient derriere

b iiii

¶ Tous les francoys gēs de village
Aider estoient diligens
Et leur firent place & passaige
Cuidant quilz feussēt de leurs gēs
¶ A faulses enseignes passerent
Et apres bien cent laboureurs
Qui leur auoient fait le passaige
Misdrēt a mort pour leurs labeurs
¶ Ainsi lesditz anglois perdirent
Ceste iournee pour leur orgueil
Et les autres si sen fuyrent
Dont le roy si eut moult de dueil
¶ Dorgueil si regne & habite
Sourdent guerres/ noyses/ debas
Mais aux orgueilleux dieu resiste
Et les met tousiours au plus bas
¶ Qui fist en mer pharon noyer
Fors orgueil & presumption

Qui fist sathan du ciel tumber
Fors oultraige & ambicion
¶ Aman ney fut il pas pendu
Absalon meschamment tue
Nitancor occis & perdu
Et anthiocus ius rue
¶ Nabugotdonozor aussi
De son siege hors degette
Et voulut dieu quil fust ainsi
En sang de beste translate
¶ En lan quatre cens vingtdeux
Le feu roy & le connestable
A yans foyson gens auec eulx
firent vne assemblee notable
¶ Si tirerent a montmiral
Qui tost se rendirent a bandon
Et en procedant en aual
Si prindrent aussi galardon

Comment le roy dengleterre vint en france

❡ En ce temps le roy dengleterre
Dolent de la desconfiture
De son frere/vint mener guerre
Ou pays de france tresdure
❡ Si mist le siege deuant dreux
Et leut par composicion
Auec autres places & lieux
Dont il print dominacion
❡ De la vindrent deuant vedosme
Baugency/& au passaige
Pour tout acoup frapper en paume
Silz eussent trouue auantaige
❡ Mais les francoys les costioient
En certains lieux auantaigieux
Car a les assaillir doubtoient
Par ce qlz estoient plus fors q̄ eulx
❡ Au derrenier le roy dengleterre
Si fut contraint a sen venir
Voyant que viures & la terre
Ne pouoit son ost soustenir
❡ Ses gēs si mouroient la de faim
Et mengoient les herbes & fueilles
Car neussent sceu finer de pain
Non pas a peine des prunelles
❡ En la beausse print rougemont
Poure chastel ou fist acoup
Pendre le cappitaine amont
Et puis mettre le feu par tout
❡ De beausse sen vint a yonne
Et print ville neufue le roy
Qui est vne place assez bonne
Et ce quil trouua en destroy
❡ En allant leur seuruint famine
Et si tresgrant mortalite
Que sur les lieux ou len chemine
Les angloys mouroient a plante
❡ Bien en trespassa quatre mille
En diuers lieux & separez
Quon trouuoit es champs fil a fille
Illecques mors & enterrez

❡ Cest an le sire de sauonne
Le seigneur de rochebaron
Et des gens du duc de bourgōgne
Jusques huit cens ou enuiron
❡ En auuergne si descendirent
Mais tous les seigneurs du pays
Les gaignerent & desconfirent
Fors aucuns qui prindrent pays
❡ En ce temps les frācoys si mis⸗
A cosne le siege/ou les gens (rēt
De leans rendre se promisdrent
Silz nauoiēt secours en brief tēps
❡ Si partit le roy dengleterre
Pour leuer le siege a veue de oeil
Mais la mort luy vit mener guerre
Et fina ces iours a corbeil
❡ Neantmoins le duc de bethfort
Auecques le duc de bourgongne
A tout son ost cheuaucha fort
Tant quil seruint a sa besongne
❡ Les francoys voyās la puissāce
Et quilz auoient trop lauantaige
Firent de bataille abstinence
Et leur fut rendu leur ostage
❡ Apres lesditz angloys mōterent
En hault pour passer la riuiere
Mais les francoys leur empescheret̄
Les suyuant tousiours a frontiere
❡ Lors par tout lost on rapporta
La mort du roy & la fortune
Par quoy chascun se deporta
Et sen tira a sa chascune
❡ En ce temps aussi trespassa
Le defunct roy charles sixiesme
Et roy de france delaissa
Son filz derrenier charles septiesme
❡ Ledit pere tant debonnaire
Fut en son temps/& bien fame
Quil estoit par le populaire
Appelle le roy bien ame

Le trespas du feu roy charles vi.

¶ Long temps malade auoit este
Et puis trespassa a paris
Dont il fut mene ⁊ porte
Pour enterrer a sainct denis
¶ A ceste heure lysle de france
Sans faire aucune exception
Si estoit en lobeissance
Dangleterre ⁊ subiection
¶ Et quant vint a lenterrement
Angloys en grant chaleuary
Cryerent sur le monument
Noel. Viue le roy henry
¶ Si y eut de bonnes gens lors
Aymant le roy ⁊ son lignaige
Gettans grans regretz ⁊ remors
De veoir publier tel langaige
¶ Grans mysteres a lenterrer
Furent tenuz par piteulx termes
Et ne fut pas lors sans plorer
Et iecter des yeulx grosses lermes

¶ Las bien y auoit lors matiere
De veoir le filz retrograder
Et apres la mort de son pere
Ung autre voulant succeder
¶ Depuis ledit enterrement
Les angloys par force ⁊ puissance
Voulurent prendre iniustement
Le nom ⁊ les armes de france
¶ De fait firent intituler
Cuidant en france tiltre acquerre
Henry ieune enfant sans parler
Pour roy de france ⁊ dengleterre
¶ Les armes de france deffaire
Statuz muer de toutes pars
Les seaulx ⁊ les monnoyes reffaire
A fleurs de lis ⁊ a lyepars
¶ Du feu roy dernier trespasse
Si ne tenoient conte en substance
Ains leur sembloit tant abesse
Quil nauoit pouoir ne puissance
¶ Le bon seigneur en pacience
Tous maulx portoit ⁊ enduroit
Soubz ung confort ⁊ esperance
Que dieu apres luy aideroit
¶ Pour fortune qui aduenoit
Il ne sen effroioit de rien
Et par conseil se gouuernoit
Dont ne luy en prenoit que bien
¶ Enuers tous si se humilioit
Et estoit de si bon affaire
Que sa bonte les gens lyoit
A le secourir ⁊ bien faire
¶ Estoit ce pas grant benefice
Que de toutes pars sans mander
Gens si venoient en son seruice
Voyre sans argent demander
¶ Son accueil ⁊ benignite
A ungz ⁊ autres agreoit
Sa doulceur ⁊ humilite
Tous les cueurs des gens attiroit

℣ Toꝰ biens viēnent de humilite
Et donne a lomme congnoiſſance
De ſa miſere ⁊ pourete
En acquerant beniuolance.
℣ Et le fait guerres eſcheuer
Impetrer graces enuers dieu
Biens acquerir/⁊ eſleuer
Lomme de bas en bien hault lieu
℣ Ceſt vne vertu moult louable
Plaine de charite parfonde
Nil neſt choſe plus aggreable
Pour complaire a dieu ⁊ au monde
℣ Noſtre ſeigneur la tant aymee
Que ceulx en eſtans decorez
Les a par haulte renommee
fort exaucez ⁊ honnorez
℣ Salmon en eut apres ſon pere
Le royaume quil poſſidoit
Combien que adonias ſon frere
fuſt plus ancien quil neſtoit
℣ Pour eſtre humblez p̄ ce chemin
Eut la beneyſſon ſouueraine
Manaſſes deuant eſtrayn
Et ſi eſtoit de luy plus ieune
℣ Dauid voyāt deſcendre lire
Sur ſon peuple ſe condēpna
Se humiliant enuers ſon ſire
Et tantoſt dieu luy pardonna
℣ Oultre par ceſte humilite
Tout ſon peuple fut preſerue
De vengence ⁊ auerſite
Dont il euſt lors eſte greue
℣ Nabugodonoſor auſſi
Par ſon humble peticion
Obtint de dieu grace ⁊ mercy
Et du ſien reſtitucion
℣ Ezechie par humilite
Impetra don de tel eſſence
Quil nauroit point de hoſtillite
Ne ſur ſon peuple peſtilence

℣ Pour parler par hūble maniere
Jacob ayant en dieu confort
Rapaiſa eſau ſon frere
Lequel ſe vouloit mettre a mort
℣ Saul ⁊ dauid gardoiēt es boys
Les beufz ⁊ brebiz a plante
Et touteſuoyes dieu les fiſt roys
Pour leur grace ⁊ humilite
℣ Ainſi dieu exaulſe touſiours
Les faitz des gens hūbles de cueur
Et ne faillent point en leurs iours
De paruenir a grant honneur
℣ En lan quatre cēs vingt ⁊ deux
Les anglops furent abazas
Du ſeuruindrent encontre deulx
des ſeigneurs de frāce vng grāt tas
℣ Si eut entre eulx prinſe iournee
De combatre en champ ⁊ deffendre
Mais le roy ny peut faire armee
Par quoy conuint la place rendre

℣ La iournee de creuent gaignee
par les anglops

¶ Là mil quatre cēs vingt ꝗ trops
Le feu roy trāsmist en champaigne
Vaillans cappitaines francoys
Pour conquester soubz sō enseigne
¶ Adonc le conte salleby
Messire iehan du luxembourc
Saillirent sur eulx en grant cry
Et les chasserent bien de court
¶ Pour leur ayder on enuoya
Boucam connestable descosse
Qui a y venir se employa
Auec des gēs darmes grant force
¶ Mais comme passoit par gyen
Aucuns si luy firent mander
Quil sen vint bien tost a creuen
Pour illec aux francoys ayder
¶ Si luy fut donne a entendre
Que la tour si estoit francoyse
Et que pour vng petit attendre
Il prendroit la ville a son ayse
¶ La si amusa longuement
Tenant siege deuant la ville
Et lors les anglops chaudement
Si vindrent sur luy pie sur bille
¶ Le feu roy voulant conforter
Ses gens tenāt illec piedz fermes
y fist aller ꝗ transporter
Quatre cens espaignoulx gēs dar/
¶ Puis le cōte de vatadour mes
Les sires de bellay fontaines
Se troůuerent lec alentour
Auecques autres cappitaines
¶ Les bourguignons ꝗ les āglops
Contes de salbery suffort
Si gaignerent les gastinoys
Et y acoururent a fort
¶ Si eut des coups ꝗ horions
A lassaillie qui fut donnee
Mais les anglops ꝗ bourguignōs
Si gaignerent ceste iournee

¶ La eut vne desconfiture
Des francoys dont alors mourut
Environ mille a la bature
Sans les prisonniers quil y eut
¶ Lesditz connestable descosse
Dentadour/gamasches/bellay
Se rendirent ꝗ leur fut force
Eulx mettre a rancon sans delay

¶ Cōment les anglops furēt
desconfitz au mayne

¶ Apres la iournee de creuan
Les anglops si furent au maine
En ceste saison ꝗ mesme an
Cuidans acroistre leur demaine
¶ Alors vint le conte dammalle
Fraper sur eulx ꝗ sur leur gens
De telle facon ꝗ sonalle
Quil en mourut la bien sept cens
¶ Barro baron de normendie
y vint ferir destoc ꝗ de taille
A belle compaignie hardie
De quoy fut gaigne la bataille

¶ La fut pris le seigneur de poulle
frere du conte de suffort
Et dautres anglois a la foulle
Qui dargent racheterent mort
¶ Lan mil quatrecēs vingtquatre
Quelque quatremil escossois
Vindrent en france pour combatre
Et donner secours aux francois
¶ Pareillement des millennois
Six cēs lāces mille hōmes darmes
Descendirent en niuernois
Ou le feu roy estoit en armes
¶ Si fut mis le siege a cussy
A la guyarche / & autres lieux
Qui se rendirent a mercy
Au feu bon roy victorieux
¶ En ce tēps les āglois si misdrēt
Le siege au chastel de gaillon
Le quel finablement ilz prindrent
Par belle composicion
¶ Puis de la vindrent en grāt cry
Mettre & ficher leur baniere
Au chastel & ville dIury
Que tenoit girault de palliere
¶ Si eut traictie de prime face
Que ou cas qͥl ne viendroit secours
Aux francois / ilz rendroiēt la place
Dedens certains limitez iours
¶ Les nouuelles au roy venues
fut conclud & determine
Par grandes assemblees tenues
Que secours leur seroit donne
¶ Les āglois estoiēt puissās fors
Tenans les champs et bouleuars
Et pource le roy manda lors
Nobles / & gens de toutes pars
¶ Si y vint le duc dalencon
Nerbonne / damnalle / fayete
Et autres grans gens de facon
Pour y faire vaillant amplecte.

¶ Les frācois si fort cheuaucherēt
Quarriuerent deuant Verneil
Ou les gens dedens les bouterent
Sans resistence ne traueil
¶ Quant le duc de Betfort le sceut
Il fault dist il quon les assaille
Et fist tant quil les aconceut
Pour les receuoir en bataille
¶ De fait vint deuant la iustice
Et le gibet dudit Verneil
Ou il mist ses gens en police
Selon son ordonnance & vueil
¶ Les francois tous pareillemēt
Leurs batailles si diuiserent
Pour combatre en chāp vaillāmēt
Et leurs gens tresbien appointerēt
¶ Len mist les esles dun coste
Et dautre / ainsi que len vouloit
En ayant de gens a plante
Plus lamoitie quil ney failloit
¶ Dr auoit il este conclu
Que les anglois len ne assauldroit
Mais que de pie coy resolu
La en place les attendroit
¶ Le conseil tenu nonobstant
Le viconte lors de narbonne
Alla fraper dessus batant
Sans attendre chief ne personne
¶ Les autres francois desmarche
Et tāt qͥlz peurēt le suiuirent
Mais auant quen lost arriuerent
Leur ordre & alaine perdirent
¶ Les āglois estoient en leurs tē/
Sās ce q̄ nul feust desmarche (tes
Par quoy vindrent a leurs entētes
Et de lost eurent grant marche
¶ Main a main en chāp cōbatirēt
Si vaillāment quon pourroit faire
Mais les anglois les desconfirent
Et eurent ce iour la victoire

27

¶Quant les combats les pages vi
Des ãglops soupz a puissãce (rēt
Tantost apres eulx si sourrent
En delaissant leur ordonnance
¶Chascun alloit a lauenture
Comme a vne chose esperdue
Sans garder ordre ne mesure
Dont la bataille fut perdue
¶Y la mourut de vaillans gens
Tant de gascons que descossops
Jusque a quatre mille cinq cens
Bretons/daulphinops/et francops
¶Les contes damalle danglas
Et des seigneurs de grāt lignaige
Le connestable/vng grant tas
Y moururent/dont fut dommaige
¶La fut prins le duc dallencon
Fayete/r des seigneurs descosse
Qui furent tous mis a rencon
Car de passer par la fut force
¶Les lombars au retour des paix
Cuidās auoir bien besongne (ges
Vindrēt au chāp de grās couraiges
Esperans auoir tout gaigne
¶Si virent la les francops mors
Dont se prindrent a esbayr
Et puis sans guerre arrester lors
Si commencerent a soupr
¶Chascun tascha a se retraire
En passant bien tost la riuiere
Et si ne sceurent si tost faire
Quil ny en demourast derriere
¶Les anglops apres si tirerent
A verneul sans dilacion
Ou les gens de dedens traicterent
Et eurent composicion
¶Qui fut telle/quilz sen proient
toſleurs biēs saufz auec leurs corps
Et aussi les anglops auroient
Bagues r biēs des seigneurs mors

¶Apres fut esleu connestable
Artus conte de richemont
vaillant seigneur/doulx/amiable
Qui a fait a son temps biens mont

¶Comment le conte de sallebrÿ
mist le siege au mans

¶Depuis le conte de sallebry
Pour les anglops si fut au mans
Mettre siege tandis au bry
Dengins r grans abillemens
¶Et de fait bombardes getterent
Et tant de muraille abatirent
Que ceulx de dedens composerent
Et ladicte ville rendirent
¶De la en tirant a lescart
La ville de saincte suzanne
Prindrent/r la ferte benart
Auec le chastel de varanne
¶Brief le roy en ceste saison
Pour seigneurie r grant puissance
ſſauoit que celles r vieron
Ou il eust pleine obeissance

¶ De lennuy & maleurete
Tant que homme pourroit auoir
Si eut/& de la pourete
Quil nest ia mestier de sauoir
¶ Ong iour que la hyre & poton
Le vindrent veoir pour festoiemēt
Nauoit que vne queue de mouton
Et deux pouilletz tant seulement
¶ Las cela est bien au rebours
Des viandes delicieuses
Et des metz quon a tous les iours
En despenses trop somptueuses
¶ En vng moyen estat reigle
Tout bien eur & puissance aduient
Mais en vng hostel desreigle
Len ne scet que tout y deuient
¶ Fortune de tous les costez
Luy bailloit dessoubz pour dessus
En doublant ses aduersitez
Dont tout chascun luy couroit sus
¶ Les anglops a tout leurs crops
Doyans lors sa cōfusion (rouges
Lappellerent le roy de bourges
Par forme de derision
¶ Pource quil nauoit nul pays
Ou adonc il se peust retraire
Car trestous estoient enuays
Et tenuz de partie contraire
¶ Au bon seigneur il ney challoit
De leurs parolles & langaige
Ains saiges gens accumuloit
Pour recouurer son heritaige
¶ Helas depuis luy prosperant
Et ayant sur eulx la maistrise
Leur a pour iniure inferant
Rendu doulceur & courtoysie
¶ Doulx termes si leur a tenu
Quant ilz ont eu de luy affaire
Faitz des biens ou nestoit tenu
En soy monstrant roy debonnaire

29

¶ Mesmes quant talebot partit
Pour faire son voiage a romme
De ses biens si luy departit
Par vng couraige de noble homme
¶ Offrit se faire conuoyer
Se par son royaume eust passe
En rendant a celluy loyer
Qui lauoit beaucoup oppresse
¶ Les princes qui furent iadiz
Esleuez en auctorite
Ont este en faitz & en ditz
Courtoys/plains de bonnairete
¶ Et quant cest venu a iniures
Du durs langaiges supporter
Ny ōt pas mis grātmēt leurs cures
Car len ne sy doit point arrester
¶ Len vint a alixandre dire
Quil nestoit digne de regner
Et a ses yeulx de luy mesdire
Mais tantost leur voult pardōner
¶ Et a ce quon luy iniurioit
Daymer trop charnelle plaisance
Respondit quil se amenderoit
En prenant tout en pacience
¶ Aussi a tulius cesar
Qui fust si vaillant empereur
Len luy dist quil estoit couart
En parlant contre son honneur
¶ Ong autre lappella tirant
Et luy vint blasmer son lignaige
Mais sans vengance requerant
Il dissimula comme saige
¶ Oultre en son blasmer excusāt
Respondit dhumble courtoisie
Se iestoye dist il mal faisant
Ie croy que ne le diriez mye
¶ Senecque en pareil cas raconte
Que vne foiz antigonus roy
Aupres dun licvort vng conte
Des gens qui mesdisoient de soy

¶ Et quant ilz eurent bien baue
Disant de luy des maulx par voye
Il dist eulx ayans acheue
Gardez que le roy ne vous oye
¶ Tous se prindrent a esbahyr
Doyans quil sauoit leur secret
Mais pourtant ne les voult hayr
Ains se monstra saige & discret
¶ A phistarus lors duc dathaines
Ung sien subiect par felonnie
Luy fist des oultraiges & peines
En disant de luy villenie
¶ Le prince se fut deportant
Mais le subiect de mal couraige
Ne se voulut tenir a tant
Ains luy vint crachier au visaige
¶ Les enfans du duc sen vengier
Voulurent & le mettre a mort
Mais le pere fist enchargier
Que pour tant len ne luy fist tort
¶ Depuis quãt au subiect souuit
Quil auoit fait cas de mourir
Ung desespoir en luy souruint
Soy voulant tuer & perir
¶ Mais le prince len destourna
Disant questoit mal aduise
Et son meffait luy pardonna
Dont il fut de chascun prise
¶ Et au regard de pourete
Seuruenãt a prince ou grãt maistre
Il est souuent necessite
Den auoir pour soy recongnoistre
¶ Une personne estant nourrye
Selon desir & volupte
Si est incontinent tarye
Sans faire fruict de grant seurte
¶ Princes qui ont de la misere
Si sont plus enclins la moitie
De soulxeiger le populaire
Et en ont plus grande pitie

¶ La paour quon a dy retourner
Si fait souuent escheuer guerre
Nourrir paix & bien gouuerner
Et garder seurement sa terre
¶ Quant pourete regnoit a rõme
Chascun auoit le cueur entier
Mais quant richesse y vint / tout hõ
Si deuint orgueilleux & fier (me
¶ Nul ne vouloit estre tout ung
Ains auoit propre mestaierie
En delaissant le bien commun
Dont perdirent leur seigneurie
¶ Quãt aux prices vient pourete
Et du mal au commencement
Cest signe de bieneurete
Et dauoir des biens largement
¶ Las gens q ont de la misaire
Nen sont pourtant a despriser
Car nostre saueur debonnaire
A voulu les poures priser
¶ Ce sont ceulx quil a exaulcez
En lumiere de foy parfonde
Ce sont ceulx quil a auancez
Et faiz les plus grãs gẽs du mõde
¶ Ces apostres poures pescheurs
De simple vie & debonnaire
Dauid & les autres pasteurs
Auoient a viure bien afaire
¶ Nous lisons mesmes de moyse
Qui garda les bestes aux champs
Fut pasteur du peuple & leglise
Et eut moult de biẽs en son temps
¶ Jacob si gardoit les brebis
Et dormoit en lieu doreiller
Sur vng caillou de marbre bis
Sans auoir guet pour le veiller
¶ De pourete communement
Vient doulceur & humilite
Dont len paruient finablement
A victoire & prosperite

¶ Le feu roy roy tres debonnaire
Estoit tant humble z amiable
Que chascun tachoit a luy plaire
Et a se rendre seruiable

¶ Drap dieu puissant z glorieulx
Ottroyez repoz pardurable
A lame du trespiteable
Le roy charles victorieux
Antiphona
¶ Tous biens viennēt dhumilite
Et donne a lomme congnoissance
De sa misere z pourete
En acquerant beniuolence

¶ Uersus prime lectionis

¶ Benoist repaire
Celeste gloire
Es parties haultes
Dieu si luy doint

Et luy pardoint
Toutes ses faultes

¶ La premiere lecon chantee par france

France iadiz de trope diriuee
Et issue de la haulte ligne e
Des vaillans preux et princes de noblesse
France iadiz premierement nommee
Dauoir par sang z armes redimee
La seruitute/et tribut de rudesse
Que les rommains par leur grande haultesse
Souloient leuer et receuoir sans cesse
Sur les francoys par forme de truaige
Dont dieu mercy/z leur noble prouesse
Affranchie suys z demouree mestresse
Nil nest prince plain dauoir ou richesse
Empereur/roy/conte/ou duc de haultesse
Quil nayt besoing de moy z mon lignaige
¶ Si est verite que depuis ma naissance
Et que dieu voult quen terre prinsse essence

c i

Jay eu des roys et enffans largement
Dauctorite/de nom/et de vaillance
Qui ont conquis par leurs faitz excellēce
Loz et honneur perpetuellement
Dont renommee fuit generallement
Par tout pays vniuerselement
Pour leurs vertuz et grās faiz de noblesse
A la louenge de dieu premierement
Du sang royal de france entierement
Qui est yssu/et party de ladresse
¶ Le premier filz que ie euz roy crestien
Ce fut clouis saige et grant terrien
Que dieu ayma moult merueilleusement
Car par sa grace et son bon moien
Sur les almans si fut victorien
Puis luy transmist miraculeusement
Vng beau couson du ciel et firmament
Qui apporta lampoulle et longnement
Dont sōt sacrez trestous les roys de frāce
Noble iopau et digne sacrement
Apres conquist lorraine entierement
Et de pays grant nombre et abondance
¶ Le roy pepin moult de terre acquesta
Lombars destruit/et en exil bouta
Et vuanifer pour lors duc dacquitaine
Plusieurs ducz print/et la vie leur osta
Puis eut vng filz le vaillāt charlemaigne
Qui conquesta iusques a la montaigne
De thiberye/germanye/et espaigne
Le ryn/pauonne/et par de la almaigne
Pape leon en son lieu rebouta
Empereur fut/le peuple bien traicta
Brief tout chascun le craignit et doubta
Oncques depuis roy si hault ne monta
Qui en ses faitz obtint telle victoire
Eglises fist/les sainctz lieux visita
Et si tresbien en son temps se porta
Que tousioursmais il en sera memoire
¶ Philippe auguste fort me honnora
Et le royaume grandement decora

En soubzmettant a sa subiection
Angloys/flamens/sur lesquelz prospera
Puis tous les iuifz rechassa et tira
Hors de france/et de ma nacion
Otto empereur/mist a destruction
Conquist bourgongne/& mainte nacion
Paris si fist tout pauer de carreaulx
Cloyre les murs pour la tuicion
Aux gens deglise grande dominacion
Et dautres faiz moult excellens & beaulx
¶ Puis sainct loys si eut victoire bonne
Des sarrazins/& fut saincte personne
Seruant bien dieu/& viuant sainctement
Tāt q̄ es sainctz cieulx le bruit si en resōne
Du il est sainct/& porte la couronne
Des fleurs de liz en grant exaulcement
Qui est honneur perpetuellement
Pour ceulx du sang/& moy consequēment
Qui en ay fait honnorable portee
Aussi ses hoirs regnerent vaillahment
Et conquesterent des pays largement
En decorant grandement sa lignee
¶ Oultre depuis ie euz philippe de valois
Charles le quint/& dautres vaillans roys
Qui mont donne grant consolacion
Pour leurs vertuz & honnorables faitz
Desquelz tousiours sera renom & voix
fort redondante a exultacion
Du royaume de france & nation
Dont de la mort & separation
Jay eu douleur innumerable a croire
Car leur vertu & operation
Par grant pitie & desolation
Me reuenoit tousiours a la memoire
¶ Comme mere de tous iay eu grāt dueil
Destresse/ennuy/& tourment non pareil
Mais a la mort du feu roy trespasse
Charles septiesme plain de noble conseil
Victorieux/doulx/piteulx a merueil
Il mest aduis quon ma le cueur persse

c ii

Couraige/corps/& trestout transperse
Considerant le mauuais temps passe
Et que depuis par sa noble victoire
Mon nom auoit sur tous autres exausse
Et le pays en iustice dresse
Dont tout chascun viuoit en paix & gloire
¶ Pour belle entree et bon comencement
Le bon seigneur a son aduenement
Trouua le peuple en grande pourete
Et le royaume aussi semblablement
En misere & angoisseux tourment
Tout diuise plain de captiuite
Et neust len pas a quatre lieues este
Parmy france sans estre mal traictie
Prins ou robbe a destre & a senestre
Chascun pilloit dun & dautre coste
Qui estoit cruel/auoit auctorite
En ce temps la/le plus fort estoit le maistre
¶ Tout le iardin des nobles fleurs de lis
Estoit seme de debatz & broullis
Gettant odeur de desolacion
Les fleurs portoient pleurs & piteux feullis
Car les anglois y tenoient leur pallis
Leur demeure & habitacion
En vsurpant la domination
Et ne couroit que persecution
Dont le peuple si estoit fort greue
Mais le feu roy a son intencion
Les a conquis/mis a subiection
Et le pays redduict & recouure

¶ Jestoye en grant douleur
Et moult trouble en cueur
Quant ainsi ie voyoye
La couronne & la fleur
Du franc lis de doulceur
Estre bannye de ioye
Puis quant iaperceuoye
Vng autre auoir la propre
Du lieu du feu bon roy

Fort ie me garmentoye
Et souuent lamentoye
En piteux desarroy
¶ Lors chascun me hayoit
Noblesse me fuioit
Pour ma grant pourete
Le peuple si crioit
Le clergie se plaignoit
Labour dautre coste
De la maleurete

Et longue aduersite
Sourdant plus quoncques mays
Dont iauoye a plante
Au cueur de la deurte
Et si ney pouoye mays
¶ Las au commencement
Tout mon habillement
Dont iestoye repparee
Portoit piteusement
Lermes pour parement
Comme mere esgaree
Dennuy emparee
De ioye separee
Comble de martyre
A pensee serree
De poure duree
Et ne sosoye dire
¶ O gouuerneur des cieulx
Puissant dieu vertueux
Misericordieux
Bien sen vous doit louer
Quant par faitz merueilleux
Ung roy faictes eureux
Et plus victorieux
Quon neust ose prier
En vous se fault fier
Car len a bon loyer
Si vous vueil mercier
De voz dons gracieux
Et oultre supplier
Quil vous plaise hebergier
Et son ame logier
Du trosne glorieux
¶ Jay eu du desconfort
Desplaisir de sa mort
Non sans cause y atort
Et le cueur ennuyeulx
Car sestoit mon confort
Mon reffuge y apport
Qui ma secouru fort

Et mon espoir ioyeulx
Il estoit gracieulx
Du peuple curieux
A paix labourieux
Dont sa bonte remort
A tous ieunes z vieulx
Qui en pleureront des yeulx
Helas iamasse mieulx
Que si tost ne fust mort
¶ Iauoye intencion
Par sa promotion
Et operaction
Dauoir en engleterre
Grant domination
Pour reparation
De la destruction
Quilz ont fait en ma terre
Tousiours mont mene guerre
Trop fort tenu en serre
Pillee iusques au ferre
Sans droit ne action
Par quoy de ceste terre
Len pouoit bien conquerre
Du par mer ou par terre
Toute leur nation
¶ Ma terre ont detenue
Et longuement tenue
Jusques a la venue
De mon filz trespasse
Que iestoye toute nue
De ayde despourueue
Comme vne beste mue
Ayant pouoir casse
Mais tout achasse
Anglois repulsse
Et tant pourchasse
Quil nest soubz la nue
Royaume dresse
Plus hault exausse
Ne mieulx polisse

Dieu le y continue
ℭ Quant le feu roy viuoit
Industrie auoit
De contenter gens
Chascun le supuoyt
Et y arriuoyt
Pour auoir bon temps
Nobles soustenoit
Ducz entretenoit
Contes maintenoit
Les barons aymoit
Et les reclamoit
Cheualiers prisoit
Escuiers duisoit
Gens darmes tenoit
Et les mignonnoit
A tous si donnoit
Subiectz doulx traictoit
Leglise portoit
Et la supportoit
Dont bien luy prenoit
Raison dominoit
Conseil gouuernoit

Justice regnoit
Par quoy conquestoit
ℭ Marchans si alloient
Par tout ou vouloient
Bourgoys acquestoient
Clercz prisez estoient
Prestres celebroient
Moynes dieu prioient
Laboureurs plantoient
Vignes rapportoient
Ouuriers besongnoient
Toutes gens gaignoient
Telle vie nestoit
Estrangiers venoient
Le pays peuploient
Biens y affluoient
Pelerins passoient
Les bergiers danssoient
Pastoureaulx fleustoient
Les oyseaulx chantoient
Et dieu mercioient
Pour la paix qui estoit

ℭ Les respons chātez p le peuple de frāce

ℭ Qui daniel de la fosse aux lyons
Deliurastes par tresgrant amittie
Nous le peuple du feu roy vous prions
Et dhumble cueur cherement supplions
Que vous vueillez de lame auoir pitie
ℭ Las sire dieu a vous nous assuyons
Des biens a faitz / maintenāt les voyds
Soyez luy doulx / il se nous a este
ℭ Qui daniel de la fosse aux lyons
Deliurastes par tresgrant amittie
Nous le peuple du feu roy vous prions
Et dhumble cueur cherement supplions
Que vous vueillez de lame auoir pitie

La deufiefme lecon chantee par nobleffe

Long temps ya q̄ en la
maison de france
Ay demoure ⁊ prinse
congnoissance
Aussi nourrye y ay este denffance
En y faisant tousiours mon grant repaire
Car cest hostel de ioye ⁊ de plaisance
Daccueil/de honneur/de iustice/prudence
De paix doulceur/plain de toute excellēce
Et dautres biēs q̄ a peīe on pourroit croire
Iamais ne oy en cronique ne hystoire
Que len ayt veu recouurer ou retraire
Tant de pays par si noble victoire
En si brief temps/⁊ petite distance
Comme ia fist le feu roy debonnaire
Sans grant meurdre ne occision faire
Qui est moult grāt loz/⁊ digne de medire
Pour le deffunct/⁊ de tous ceulx de france
c iiii

¶ Oncqs on ne vid plus belle seigneurie
Si noble arroy/telle chevallerie
Quil maintenoit/ne compaignie plus nette
Harnois luysans combles dorfaverie
Gens habillez en grant triumpherie
Ou ne failloit ung seul fer daguilette
Puis quant venoit au son de la trompette
Pour assaillir ou faire quelque amplette
Vous eussiez veu les gens darmes courir
Et tout acoup une entreprise faitte
Tantost estoit executee complette
En eulx batant pour les premiers ferir
¶ Quant est dengins canons artillerie
De bombardes & telle droguerie
Moult largement en eussiez veu finer
Pour desmollir & faire effondrerie
De murs catneaulx & grant tempesterie
Tant quon neust pas oy du ciel tonner
Dont les villes sans gueres seiourner
Venoient traictier composer moienner
En eulx rendant & sans le coup attendre
Ne ne failloit pas les gens pourmener
Car gens darmes ne quoient que glaner
Et assaillir pour places dassault prendre
¶ Moy noblesse peuz publier & dire
Que du vivant du feu roy le bon sire
Len ma peu veoir en la plusgrant haultesse
De honneurs de biens q len sauroit eslire
Sur tous pays & regions reluyre
En science & vertuz de noblesse
Habitz/ioyaulx/or/argent/a largesse
Paige ny avoit de si petite adresse
Qui ne portast sur luy satin ou soye
Le peuple avoit souffisante richesse
Chascun vivoit en paix & en liesse
Nil nestoit point au monde dautre ioye
¶ Las le deffunct ie ne puis oblier
Et sont nobles tenuz pour luy prier
Car les cheoit & aymoit chierement
Ne neust souffert iamais les beziller

A son pouoir/ne loing les exiller
Si les eust peu secourir bonnement
Il leur faisoit bailler habillement
Pour deffendre son peuple de tourment
Et silz mouroient en la guerre ou dehors
Si vouloit il que len fist leur payement
A leurs veufues et hoyrs entierement
Pour eulx aider et prier pour les mors
¶ Se a ung assault fust aduenu fortune
A qui que soit par cas de deffortune
Perte de membre ou autre penurie
Il leur faisoit donner argent pecune
Pour les guerir selon ce lopportune
Aucunesfois vne garneterie
Vne office de cappitainerie
Aux bons seruans sa main nestoit tarie
Aussi chascun desiroit son seruice
Ne nil failloit vser de ioncherie
Car congnoissoit ceulx la sans flaterie
A qui le bien estoit deu et propice
¶ Il estoit fort piteulx et debonnaire
Humble/courtoys/et de si bon affaire
Questoit prise des anglois ennemys
Car prisonniers prins de partys contraire
Ou dautres gens q auoient de luy affaire
Les deffendoit et gardoit com amys
Leur tenoit foy/promesse/et compromis
Par ses subiectz sans souffrir estre mis
En trop durs lieux ne faire desraison
Ains de tous cas exceptez delitz commis
Vouloit quon feust a iustice soubzmis
Pour auoir droit/et de chascun raison
¶ O vous anglois regardez le plaisir
Quon vous a fait/mais en lieu desplaisir
Vous auez fait/et de cas merueilleux
Contre francoys sans grain vo[us] rassaisir
Este piteulx/ne a nulluy gracieux
Les prisonniers francoys faisiez gesir
En sers fosses pour les faire moisir
Les poures gens prendre piller saisir

Bouter le feu tressouuent en leglise
Quant nen pouyez faire vostre desir
Et dautres maulx tãt quon sauroit choisir
Sans lueil auoir a pitie ne franchise
¶ Parler ne fault ia de vostre proesse
Quant au regard du fait de la noblesse
De france en soy/bien vnye et entiere
Se au temps iadiz y auez eu haultesse
Et seigneurie/ce a este par adresse
Dun entredeux/len scet bien la maniere
Et reliqua.sur la lecon premiere
Ny venez plus/cest vostre cymistiere
Tant en viendra/tant y en demourra
Soyez contens destre en vostre taniere
Viuez en paix/len ne vous assault guiere
france tousiours a son seigneur sera
¶ Dire ne fault que par vostre puissance
Solennez faitz/ou excellent vaillance
y ayez eu/ce que auez conqueste
Mais seullement pour la grãt discordance
Du sang royal qui estoit en difference
Orgueil/pechez lors regnans a plante
Dont le royaume a este tourmente
Et le peuple tresfort persecute
Par vostre main qui en ce cas a lieu
Comme flagel a cela deppute
Pour le pays mettre en captiuite
Si notez bien quel hõneur vous fait dieu
¶ Quant le peuple cest amende congneu
Humilie et son dieu recongneu
Vous ny auez aussi gueres arreste
Car le pays est apres reuenu
A son signeur dont il estoit tenu
Qui vous en a vaillamment hors boute
De vous vanter dauoir suppedite
Et comparer la souuerainete
Dengleterre a france quoy quon die
Nest pas tout vng/ains aduersite
Car vng seul duc si vous a conqueste
Ce fut guillaume lors duc de normendie

¶ Heüs moy noblesse
Auoye grant lyesse
Le feu roy viuant
De veoir la haultesse
Noble gentillesse
Qui malloit suyuant
Jestoye mise auant
Et alloye deuant
Pour la grant conqueste
Que faisoye souuent
Nil nestoit viuant
Quil ne me fist feste
¶ Chascun me honnoroit
Et me reueroit
Pour les grãs faitz darmes
Quapeine on creroit
Qui ne le verroit
Des vaillãs gens darmes
Il ny auoit guisarmes
Tours carneaulx a rames
Que guere doubtassent
Ne que sur murs fermes
Par rigoureux termes
Sus pie ne montassent
¶ Vaillans cheualliers
Nobles escuiers
Si faisoient merueilles
A tout leurs destriers
Et leurs beaulx courtiers
Garniz de grans scelles
Escarmouches belles
Entreprinses telles
Quil en prenoit bien
Et que les nouuelles
Venoient aux oreilles
De pays moult loing
¶ Alors conquestoye
En mes saultz estoye
Et ne craignoye rien
Plusauant tiroye

Et mieulx prosperoye
Trestout estoit bien
Danglops ne leur train
Ne me challoit grain
Ains les renuoyoye
En pays loingtain
La rongier leur frain
Et hors de ma voye
¶ Mon dieu qua ce este
De lauctorite
Et prosperite
Ou a leure estoye
En quel maieste
Haulte poteste
Grant felicite
Dun lieu ie partoye
Se a cheual montoye
Tout espouentoye
Dauoir amontoye
De gens a plante
Quauec moy menoye
Souef ie fringoye
Et lors triumphoye
A ma voulente
¶ De mener la guerre
Pour rauoir la terre
De france i conquerre
Tous y traueilloient
y venans grant erre
Sans les allez querre
Prier ne requerre
Car bien le vouloient
Nobles fassembloient
De cueur y alloient
Comme silz voloient
Pour honneur auoir
Les vngz assailloient
Autres bataillotent
Et si employoient
En moult grant deuoir

Se par souspirer
Gemir ou plorer
Le defunct pouoye
En vye retirer
Faire vigorer
Je my emploiroye
Et ne cesseroye
Jusques ie lauroye
Quoy quil deust couster
Car tant ie laymoye
Que pour luy vouldroye
Bien la mort porter
☞ O mort doloreuse
Felonne oultrageuse
Despite orguilleuse
He quastu gaigne
Destre rigoureuse
Aspre furieuse
De cil enuieuse
Quauoye espargne
Si bien enseigne
Quauoit eslongne
Et tost regaigne
Lentree espineuse
Du pas foruoye
Anglope reauoye
Et tout nettoye
Dont viuoye ioyeuse
☞ Tu es bien maleureuse
Tres pernicieuse
Qui loseroit dire
Fort ambicieuse
De legier fumeuse
En faitz merueilleuse
Pour chascun destruire
Ton cueur ne desire
Qua faire martyre
Couroux ?ire
Et tout mal pour bien
Mais pour contredire

Tu en as le pire
Len ta beau maudire
Tu nen feras rien
Sil estoit possible
Que feusses visible
A toy len proit
Tu es bien terrible
Et inconuincible
Mais len tassauldroit
Chascun y fuyroit
Et sen vengeroit
Doubter il nen fault
Len te combatroit
Et trop quon tauroit
Par force ou assault
☞ Pourneant me debaz
Et en vain combaz
Je ne lauray mye
Obstant son trespas
Mais ne sera pas
Quen pitie loblie
Car ma en sa vie
Recueillie
Embellie
Sur tous autres estas
Esleuee de bas
Si sont mes esbas
Festes & sabbas
Tournez en rabbas
Dont dieu remercye
Oultre ie luy prye
Et supplie
Et a nostre dame
Quel luy soit amye
Et de sa partye
Pour aider a lame

☞ Les respons chantez par
les nobles de france

¶ Se pour faire vaillãs faitz dar/
Aps batailles assaulx fermes/ mes
Len peust le feu roy recourir
Nous nobles y ferions mourir
Car il nous a tenuz bons termes
¶ Ʋray dieu plaise le secourir
Et garder lame de perir
Nous len prios a chaudes lermes
¶ Se pour faire vaillãs faitz dar/
Aps batailles assaulx fermes, mes
Len peust le defunct recourir
Nous nobles y ferions mourir
Car il nous a tenuz bons termes

La tropsiesme lecõ chãtee p labour

Et pooye mõ labour conduire
Sans estre greue ne blesse
Dõt ma douleur tousiours empire
¶ Les eschallartz aloye auaindre
Fouyr/tercer/faire vng fosse
Les prouins reuer (et ceindre
Jusques le fruict si fust dresse
Et puis mon ouuraige cesse
Ne me falloit point reconduire
Nauoir paour destre destrousse
Dõt ma douleur tousiours ẽpire
¶ Autant le grant petit qui maindre
Auoit desia fort amasse
Pour deffricher/labourer/raimbre/
Le pays desert delaisse
Qui par paix estoit redresse
Et alloit on iouer (et rire
Mais ce bon temps la est passe
Dont ma douleur tousiours ẽpire
¶ Chascun viuoit ioyeusement
Selon son estat (et mesnaige
Len pouoit par tout seurement
Labourer en son heritaige
Et si hardy que nul oultraige
Euft ose faire en place ou voye
Sur peine dencourir dommaige
Helas le bon temps que iauoye
¶ Lors estoye en la sauluegarde
De paix (et de tranquillite
De mal ou dangier nauoye garde
Justice auoit auctorite
Le poure estoit autant porte
Que le riche plain de monnoye
Bledz (et vins croyssoient a plante
Helas le bon temps que iauoye
¶ Je ignoroye que cestoit de guet
Et daller le iour a la porte
Car nous faisions lariereguet
Es champs (et vignes dautre sorte
Chascun auoit la belle botte

 t se chascun se veult
complaindre
De la mort du roy
trespasse
Je men doy bien douloir et plaindre
Comme le premier oppresse
Car soubz luy mestoye engresse

Daulx farciz/du lart et du foye
Et puis len dormoit sur la botte
Helas le bon temps que iauoye
¶ Il nestoit en ceste saison
De logier par fourrier nouuelles
Ne es hostelz mettre garnison
Mais de faire chere a merueilles
Boire a deux mains a grans bouteil
Le gras fourmaige par la voye (les
Quon mengeoit a grosses rouelles
Helas le bon temps que iauoye
¶ He cuidez vous quil faisoit bon
En ces beaulx pres a table ronde
Et auoir le beau gras iambon
Lescuelle de poreaulx parfonde
Diuiser de margot la blonde
Et puis dansser soubz la saussoye
Il nestoit autre ioye au monde
Helas le bon temps que iauoye
¶ Du temps du feu roy trespasse
Ne doubtoye brigans dun festu
Je fusse passe rapesse
Mal abille ou bien vestu
Quon ne meust pas dit dou viens tu
Ne demande que ie portoye
Chemin estoit de gens batu
Helas le bon temps que iauoye
¶ Mais est il possible de veoir
Meilleur temps quon auoit a leure
Ne de penser et conceuoir
La seurte/la paix/et demeure
Quant vng bon laboureur labeure
Ou il est a son repoz ou ioye
Il nest chose au monde meilleure
Helas le bon temps que iauoye
¶ Len comencoit fort es villaiges
Faire maisons hostelleries
Venir gens et nouueaulx mesnaiges
Garniz de biens/tappiceries
Bledz/Vins/Viures/espiceries

Vesselle dargent par la voye
Larrecins ostez et pilleries
Helas le bon temps que iauoye
¶ Quant les gens darmes si pas
Par les villaiges pour logier soient
Au moins quilz pouoient se passoient
De poures gens endommager
Nil neussent ose fourragier
Oultre ce que rayson en veult
Ains paioient leur boyre et mengier
Len ne sent le mal iusques il deult
¶ Se despee ou iaueline
Eussent voulu frapper blesser
Et prendre poulaille ou geline
Il ne se falloit que dresser
A leur chief qui eust fait redresser
Et rendre acoup tretout ou mieulx
Et si nous plaignons sans cesser
Len ne sent le mal iusques il deult
¶ Lesditz gens darmes doulx pars
Et taschoient fort a soulagier (soient
Toutes gens et les saluoient
Sans iniurier ne oultragier
Il nauoit pasteur ou bergier
A qui ne feussent gracieulx
Mais en effect pour abregier
Len ne sent le mal iusques il deult
¶ Labour est a fauoriser
Sur toutes choses quon scet dire
Et ne se peult len trop priser
Car cest celluy qui fait produire
Moyennant la grace du sire
Fruitz/pain et vin/sain et deliure
Parquoy le deuons tous conduire
Car sans labour len ne peut viure
¶ Trestout ainsi comme le corps
Sans piedz aller si ne pourroit
Ainsi les gens deuiendroient mors
Qui aux champs ne laboureroit
Nature se departiroit

Ne ne pourroit plus le corps suiure
Ainsi tout chascun periroit
Car sans labour on ne peut viure
¶ Terre ne peut pas apporter
Ne rendre le pain & substance
Dont nous deuons alimenter
Si non par peine & diligence
De labour & la soustenance
Qui le fruict si en fait ensuiure
Par quoy sayons en reuerence
Car sans labour on ne peut viure
¶ Cest vne euure moult autentiq̄
Ou chascun y doit lueil tenir
Aussi touche le bien publique
Le temps present & aduenir
Si fault donc labour maintenir
Comme cellup qui la vie liure
Et ses laboureurs maintenir
Car sans labour on ne peut viure
¶ La vie des poures & seigneurs
Ou dautres estaz quon peut peser
Si gist es mains des laboureurs
Et ne se peut len deulx passer
Apres chanter rire dansser
Conuient mengier auoir a viure
Et les grains de terre amasser
Car sans labour on ne peut viure
¶ Dieu pardoint au bon roy iadiz
Charles saige victorieux
Pour luy disons de profundis
Tous les iours le plus & le mieulx
Recongnoissans le temps ioyeulx
Quil nous auoit volu poursuiure
Princes gardez les laboureurs
Car sans labour on ne peut viure
¶ Lors nauoye soucy que de rire
Dont ma douleur tousiours empire
En paix & seurement viuoye
Helas le bon temps que iauoye
Tousiours nouuellettez on veult

Len ne sent le mal iusques il deult
Et si fault tousiours son train suiure
Car sans labeur on ne peut viure
¶ Du temps du feu roy
Nestoye en esmoy
Qui me greuast guere
Ialoye tout par moy
Donner le beau moy
A quelque bergiere
Ioyeuse & entiere
De belle maniere
Du prin temps & gay
Et puis en derriere
Faisions bonne chiere
Sans mener grant glay
¶ Doulces chanconnettes
Plaisans bergerettes
Toutes nouuellettes
Pas ne si celoient
Boucquetz de violettes
A brins damourettes
Et fleurs ioliettes
Y la si voloient
Oyseaulx garouilloient
Qui nous reueilloient
Et rossignoloient
Comme allouettes
Baisiers se bailloient
Cueurs samolloient
Et puis se accolloient
En ses entrefaictes
¶ Il nest tel plaisir
Que destre & gesir
Parmy les beaulx champs
Lerbe verd choisir
Iouer qui a loisir
Et prendre bon temps
Doyre a toutes gens
Bourgoys ou marchans
Pour eulx rassaisir

Car petitz ꝑ grans
En viuent plus dans
Selon leur desir
¶ Iadiz labouroye
A parmoy houoye
Et seulet plantoye
En ses terres fermes
De riens paour nauoye
Brigans ne voyoye
Ne point ie noyoye
Le bruyt des gens darmes
Lances ou guisarmes
Mais moynes ou carmes
Bourgoyses ou dames
Tousiours rencontroye
Las bon temps auoye
Dont ades lermoye
A moult chauldes lermes
¶ A tout ma houlette
Et cornemusette
Sur la belle herbette
Ie me gogoye
Auec bergerette
Plaisant iolïette
Besant la bouchette
Si doulce que soye
Les tetins pinsoye
Puis la renuersoye
Dessoubz la saulsoye
Tastant la fossette
Las dieu scet quelle ioye
En lair ie saultoye
Et chancons chantoye
Comme vne alouette
¶ En lieu de moustier
Pour nous festoier
Auions beau sentier
Tout couuert de fueille
Sentant lesglentier
Le iambon entier

La trippe ꝑ saultier
Au verius dozeille
Le pain soubz lesselle
La belle bouteille
Fourmaige en foisselle
Vie du franc gontier
Point nen est ditelle
Auec la sequelle
Puis faisions la vielle
Quant estoit mestier
¶ Mieulx vault la liesse
Laccueil ꝑ adresse
Lamour ꝑ simplesse
De bergiers pasteurs
Quauoir a largesse
Dr̄ argent/richesse
Ne la gentillesse
De ses grans seigneurs
Car ilz ont douleurs
Et des maulx greigneurs
Mais pour noz labeurs
Nous auons sans cesse
Les beaulx prez ꝑ fleurs
Fruitaiges/odeurs
Et ioye a noz cueurs
Sans mal qui nous blesse
¶ Viuent pastoureaulx
Brebiz ꝑ aigneaulx
Moutons a troppeaux
Bergiers pastourelles
A tout leurs gasteaulx
Farciz de beaulx aulx
Pastez de naueaulx
Au lart ꝑ groiselles
Cornez chalumelles
Dansses sauterelles
Filles ꝑ pucelles
Prenez voz chappeaulx
De roses vermeilles
Et ses beaulx rainceaulx

Tous plains de prunelles
Faictes tournebouelles
Sur prez & sur treilles
Au chant des oyseaulx
℃ Depuis quarante ans
L'en ne vist les champs
Tellement fleurir
Regner si bon temps
Entre toutes gens
Quon a veu avoir
Sans moins de perir
Jusques au mourir
Du roy trespassé
Qui pour resiouir
Et nous secourir
A maint mal passé
℃ Se pour peine prendre
Beufz & brebiz vendre
Rauoir je pouoye
Le feu roy de cendre
Et sur piedz le rendre
Tout le mien vendroye
Et ne cesseroye
Jusques luy auroye
La vie retournee
Pour sa doulce voye
Le bien & la joye
Quil nous a donnee
℃ Las le bon seigneur
Nous a fait donneur
Plus greigneur
Quil ne nous appartenoit
Ca este nostre pasteur
Protecteur
Gouuerneur
Qui tousiours nous soustenoit
Quelque part que l'ost menoit
Du venoit
Ordonnoit
Que l'en souleigast labeur

Souuent du sien nous donnoit   47
Maintenoit
Et tenoit
En toute paix & doulceur
℃ A tout mon pain bis
Mes telz quelz habitz
Gardant les brebiz
Pour luy dieu priray
Et ses fleurs de lis
Le precieulx lis
Si noble & iolis
Tant que ie viuray
Je l'onnoreray
Priseray
Et loueray
D'humble pensee &c.
Point ne l'oubliray
Tousiours l'aymeray
Du bien en diray
Du scauray
Et pourray
Sa bonté my lye.
℃ Pour tous les biens faitz
Et ottroys parfaitz
A nous faitz
En ditz ou en faitz
Durant sa vie
Trestous ses meffaitz
Pechez/charges/faitz
Du forfaitz
Luy soient deffaitz
Joye assouuye
De biens remplye
Exent d'ennuye
Si ait tousdis
Oultre dieu supplie
Que l'ame seruie
Si soit & rauie
Du siecle de vie
En son paradis

48

¶ Les respons chantez par les
laboureurs & bergiers

¶ Tout ainsi que le cerf desire
Venir a leaue de la fontaine
Ainsi nostre cueur si souspire
Pour lame du roy nostre sire
Luy desirant ioye souueraine
¶ Il a pour nous prins tãt de peine
Mis ou royaume paix certaine
Helas dieu aidez luy beausire
¶ Tout ainsi que le cerf desire
Venir a leaue de la fontaine
Ainsi nostre cueur si souspire
Pour lame du roy nostre sire
Luy desirant ioye souueraine

Antiphona
En peu dheure
dieu labeure.
Quart9 psalm9
cõtinuat nr̃e matie

1425

Lan vingtcinq le deffunct roy (re
fut a saumur faire grant chiere
Et y eut grant feste & conuoy
¶ Illecques le duc de bretaigne
Auec plusieurs de grant lignaige
Nobles barons soubz son enseigne
Luy firent la foy & hommaige
¶ Promettans de corps & cheuãce
Seruir le roy entierement
A son recouurement de france
Cõme ilz ont fait & vaillamment
¶ Ilz en sont a recommander
Et dignes de louenge bonne
Car tousiours ont voulu garder
Et fort soustenir la couronne
¶ Au retour de ceste assemblee
Grãt pour le gouuernement
Au point du iour fut prins demblee
Et nazy tout soudainement

¶ La enuiron ceste saison
Richemont pour lors connestable
Si fist abatre ponthorson
Estant aux francoys dõmageable

¶ Cõme le siege fut mis a mont
targis par les anglois

¶ Lan mil quatre cens vingtsix
Les anglois asseoir si vindrent
Le siege deuant montargis
Ou la plus de trois moys le tindrẽt
¶ Les contes de vuaruic suffort
Et dautres anglois vng grãt tas
Suruindrent depuis au confort
De leurs gens traueillez & las
¶ Contre la ville si gettoient
Canons bombardes a puissance
Tellement que ceulx qui y estoient
Auoient bon besoing dalleagance
¶ Alors les sires de dunoys
Doual/grauille/de gaucourt
Et dautres vaillans gens francoys
Leuerent le siege de court

1426

❡ Si frapperent si roiddement
Du coste devers le chastel
Que les anglovs finablement
y laisserent lors a la pel
❡ Les autres qui estoient acouste
Quant les nouvelles si ouyrent
Le soir quilz eurent consulte
Sen allerent & departirent
❡ Ainsi les francoys si leverent
Ledit siege de montargis
Et en ce faisant amenerent
De bons prisonniers au logis
❡ Si firent grant chere en la ville
Ne fault pas demander comment
En rompant tandis & bastille
Des anglovs moult legierement
❡ Ung peu apres ceste saison
En la ville de Bourges entrerent
Senz, la marche, Boussac, Bourbon
Et la grosse tour assiegerent
❡ La dedens si estoit retraict
Laborde & le sire de pype
Qui fut illec tue dung traict
Ainsi quon faisoit la saillye
❡ Le feu roy y vint en personne
Auquel lonneur si demoura
Et atant par amictie bonne
Chascun en son pays tira
❡ Lan mil quatre cens vingt sept
Les francoys si prindrent le mans
Et se bouterent ou chastel
Les anglovs qui estoient leans
❡ Si fut lors de ceste entreprinse
Conducteur le sire dorval
Mais quant talebot sceut la prinse
y vint a course de cheval
❡ Du chastel en la ville entra
A tout bien trovs cens combatans
Ou la trouva & rencontra
Les francoys non eulx en doubtans

❡ Les vngz dormoient en litz & cou
Sans guet ne preparacion   (ches
Davoir fait travers ou aprouches
Du chastel pour salvacion
❡ Si les chassa hors de la ville
Bien viste & moult diligemment
Et de francoys eut belle bille
De mors & de prins largement
❡ De la procedant en laval
Talebot print subsequemment
La ville & cite de laual
Ou il y gaigna grandement
❡ Ladicte ville estoit peuplee
De gens & dargent a largesse
Mais elle estoit toute pillee
Dont talbot eut grant richesse
❡ Ceulx en la ville de tournay
Et habitans entierement
Dirent quilz ne seroient pour vray
Que au feu roy charles seullement
❡ De fait trestous de noble cueur
Se reduisirent & tournerent
A leur vray souverain seigneur
De quoy plusieurs gens les priseret
❡ Len auoit eu assez de peine
De les mettre en party contraire
Mais en tenant la voye certaine
Sen vouldrent partir & retraire
❡ Lan mil quatre cens vingtbuit   1428
Les anglovs prindrent panuille
Melun, gergeau, baugency, sully
Et entre mainte bonne ville
❡ Puis assiegerent orleans
Les contes de sallebry suffort
Talbot & autres leurs gens
Qui y travaillerent moult fort
Et la firent de grant bastilles
Du coste de beausse & soulongne
Les nomans londdres come villes
Et choses dexcellent besongne

d   ii

¶ Comment le siege fut mis a orleans par les anglops

¶ L'en ne pouoit par ce moyen
Viures en la ville chargier
Aller passer ne faire rien
Quon neust este en leur dangier
¶ Le feu roy pour reconforter
La ville et garder de meschief
Vne armee si fist aprester
Dont le duc de bourbon fut chief
¶ Seuart connestable descosse
Le sire dozual et la hire
Auec dautres francoys grant force
Furent commis a la conduite
¶ Si sceurent entre eulx de verite
Que les anglops faisoient venir
De paris grande quantite
De viures pour les soustenir

¶ Et pource fut delibere
Que len proit a la rencontre
Les enclorre et mettre en serre
Pour frapper dessus a lencontre
¶ Si aduint q les anglops vidrēt
En la beausse pres dun vilaige
Du enclos et fermez se tindrent
De leur charroy plain de bagaige
¶ Adonc les francoys descendirēt
Sur eulx impetueusement
Et lors ensemble combatirent
De ca et de la vaillamment
¶ Au derrenier les ānglois gaignerēt
Les frācoys/dont mourut deux cēs
Et les autres se retirerent
Tant quilz peurent vers orleans

¶ Ainsi lesditz anglops passerent
A tout leurs viures z leurs gens
Et apres la iournee nommerent
De la rencontre des harens
¶ De caresme estoit la saison
Et menoient en lost du haren
Par quoy fut la cause ou raison
Quainsi la iournee nomma len
¶ La mourut ledit connestable
Drual z dautres vaillans gens
De loz z renom plus louable
Qui vesquiret point en leur temps
¶ Si eurēt les āglops gros cueur
A cause de ceste iournee
En tenant la ville pour leur
Comme se ia leussent gaignee
¶ Lors firēt de grās escarmouches
Sans cesser presque tous les iours
Bastilles bolleuers approuches
Affin quil ny entrast secours
¶ Le siege bien sept mops dura
En grant frayeur z asprete
Dont la ville si endura
Moult de tourment z pourete
¶ Dunops, boussac, poton, la hire
Gaucourt, le sire de villars
Si vaillament quon pourroit dire
Se y porterent de toutes pars
¶ Chailly cōmandeur de giresme
Et autres vaillans gens de guerre
y faisoient diligence extresme
Pour ayder par eaue z par terre
¶ Ung iour le conte de sallebzy
Estant dedens vne bastille
Comme il se mestoit a labzy
Pour regarder dessus la ville
¶ Si luy vint dire vng de ses gēs
Monseigneur vous pouez a plain
Veoir vostre ville dorleans
Comme si la tint en sa main

¶ Et tout a coup soudainement
Vng canon si vint lors ferir
Ledit conte si reddement
Que tost apres le fist mourir
¶ Quant la ville sceut les nouuel
De la mort qui ainsi aduint (les
Len sen esbahyt a merueilles
Car len ne sceut dont ce la vint
¶ Qui le canon vers luy ietta
Len ne peut scauoir ne congnoistre
Mais quoy qpil en feust prouffita
Car cestoit le grant caem z maistre
¶ Ia pour la mort ne le trespas
Dudit conte qui estoit le chief
Les anglops nembougerent pas
Ains sentretindrent de rechief
¶ Talbot le gouuernement
De lost print auecques suffort
Qui les francops incessamment
De plus en plus assailloit fort
¶ Eulx voyās qlz nen pouoiēt pl9
Poton fut au dc̄ de bourgongne
Pour cuider par luy au surplus
Trouuer accord en la besongne
¶ Bourgōgne en rescript aux āglois
Qui respondirent dun gros cueur
Quilz nabatroient pas le bops
Dont les autres auroient lonneur
¶ Le feu roy oyes les nouuelles
Voyant quil auoit eu du pire
En fut tant dolent a merueilles
Quil ne sauoit que faire ou dire
¶ Et dist on que alors pria dieu
Quil le ostast de ceste misere
Et quil eust pitie en ce lieu
De son royaume z populaire
¶ Il desiroit mieulx a mourir
Que de veoir ceste pestilence
Et tant de gens de bien perir
Pour luy z pour son aliance

d iii

¶ Comment la pucelle vint devers le roy

¶ Tost apres en ceste douleur
Vint au roy vne bergerette
Du vilaige dit Vaucouleur
Quon nommoit iehanne la pucelle
¶ Cestoit vne poure bergiere
Qui gardoit les brebiz es champs
Dune doulce & humble maniere
De laage de dixhuit ans
¶ Devant le roy on la mena
Ung ou deux de sa congnoissance
Et alors elle senclina
En luy faisant la reuerence
¶ Le roy par ieu si alla dire
A ma mye ce ne suis ie pas
A quoy elle respondit sire
Cestez vous/ne ie ne fauls pas

¶ Du nom de dieu si disoit elle
Gentil roy ie vous meneray
Couronner a reins qui que vueille
Et siege dorleans leueray
¶ Le feu roy sans soy esmouuoir
Clercs & docteurs si fist eslire
Pour linterroguer & scauoir
Qui la mouuoit de cela dire
¶ A chynon fut questionnee
Dungs & dautres bien grandement
Ausquelz par raison assignee
Elle respondit saigement
¶ Chascun delle sesmerueilla
Et pour a la verite venir
De plusieurs grans choses parla
Quoy a veues depuis aduenir

⸿ Elle dist tout publiquement
Que le feu roy recouureroit
Tout son royaume entierement
Et que dieu si luy aideroit
⸿ finitz lesquelz verbes et termes
Requist au roy (et) a ses gens
Quon luy baillast harnoiz (et) armes
Pour sen aller a orleans
⸿ Ladicte supplication
Fut ottroyee sans contredire
Et par deliberacion
Eut gens darmes pour la coduire
⸿ Lore (et) autres gens de guerre
Si sen emmenerent a blops
Du de la print chemin (et) terre
Pour aller dessus les anglops
⸿ Viures et biens furent chargez
Pour mener dedens orleans
Et les francops la nupt couchez
En soulongne parmy les champs
⸿ Le lendemain vindrent sarrer
Pres dune bastille aigrement
Tant quen firent desemparer
Les anglops moult legierement
⸿ Nonobstant toute resistence
La pucelle (et) francops passerent
A tous leurs viures (et) puissance
Dont la ville fort conforterent
⸿ Depuis eulx retournez a blops
Elle pria quon allast querre
Dedens leglise de firbops
Une espee pour elle de guerre
⸿ Len y enuoya sans desdit
Et fut trouue ladicte espee
Tout ainsi comme elle auoit dit
Et apres luy fut apportee
⸿ Dunops alors vint arriuer
Priant chascun quon fist deuoit
Daller ledit siege leuer
Du tout estoit perdu pour veoir

⸿ La veille de lascension
En lan quatre cens vingtneuf   1429
Tous si prindrent affection
Dy aller (et) couratge neuf
⸿ Si partirent en bel arrop
Ayant desir de y traueiller
La menant viures (et) charrop
Pour les francops auitailler
⸿ Icelle pucelle fist dire
Aux anglops comme que ce feust
Quilz sen allassent belle tire
Silz ne vouloiet (que) leur mescheust
⸿ Par despit (et) pour eulx vengier
Atacherent de toutes pars
Cestuy herault (et) messaigier
Voulant quil fust brusle (et) ars
⸿ Si enuoyerent a paris
Pour sur ce eulx conseiller adoncqs
Mais ce pendant furent peris
Et neut ledit herault mal oncques
⸿ Les fracops des la ville ytreret
Sleurs viures (et) estandart
Presens les anglops qui noserent
Lore partir de leur boulleuart
⸿ Enuiron trops heures apres
Les chiefz de guerre (et) gens de ville
La pucelle estant au plus pres
Si gaignerent vne bastille
⸿ La bien mourut soixate anglois
Et de leurs gens (et) personniers
Renduz au conte de dunops
Quelque vingtdeux prisonniers
⸿ Le soir passerent la riuiere
Les francops deuers la soulongne
Pour assaillir en la maniere
Quon auoit empris la besongne
⸿ Les anglops estans es bastilles
De la beausse (et) des augustins
Ne firent ce iour grans castilles
Et ny eut grans coups ne tatins

d iiii

¶ Mais qͭ les frācoys sur le tart
Les assaulx vouldroient repasser
Anglovs saillirent a lescart
Les cuidans tuer q̃ blesser
¶ Sur quoy pie ferme si leur tindrēt
Et apres moult grosse castille
Francoys firent tant qͤlz y perdirent
Et gaignerent vne bastille
¶ Ong samedi le lendemain
Si eurent de la peine moult
En combatant de main en main
Contre la bastille du pont
¶ Chascun frappoit a lestourdy
Pour cuider gaigner le fosse
Et dire a lassault puis midy
Jusques au soleil rescousse
¶ La pucelle si eut vng coup
Dun trait qui sur elle glissa
Mais nonobstant le mal tout
Oncques lost si nen delaissa
¶ Tout chascun de cueur q̃ courai
y traueilloit a grāt puissance (ge
Et eust on lors veu faire raige
De faitz darmes q̃ de vaillance
¶ Si aduit quen vng mouuemēt
Les francoys dens la ville entrerēt
Et que par armes vaillamment
Lesdictes bastilles gaignerent
¶ La y eut maintz anglovs tuez
En cest assault cōme on peut croyre
Et les autres furent nayez
Par leur pont qui fondit en oyre
¶ En la ville sceues les nouuelles
Toutes les cloches si sonnerent
En faisant grant feste a merueilles
Et partout Te deum chanterent
¶ Et la le conte de dunoys
Ladmiral poton q̃ la hire
Saucourt q̃ autres chiefz francoys
Firent grant vaillance a veoir dire

¶ Talbot ou dimenche matin
Ledit siege desempara
Et print son voiage q̃ chemin
Vers mehun sur loire ou il tira
¶ Comme talbot si sen alloit
Ung augustin son confesseur
Ung francoys prisonnier vouloit
Amener apres son seigneur
¶ Mais ledit francoys enferre
Par lauguſtin deuant les gens
Se fist porter bon gre maugre
Sur son col dedens orleans
¶ Apres le conte de suffort
A tout cinq cens lances danglovs
Vint gergeau fortifier fort
Pour la resister aux francoys
¶ Ledit gergeau fut assailly
Ou les anglois treffort se tindrent
Monstrās non auoir cueur failly
Mais les frācoys dassault la prin-
¶ A la prinse dudit gergeau (drēt
y eut quelque cinq cens anglovs
Qui la si laisserent la peau
Sans les prisonniers des frācoys
¶ Aussi le conte de suffort
Fut soubz le pont prins prisonnier
Et son frere naye ou mort
Qui fait auoient deuoir entier
¶ De la les francoys q̃ pucelle
Si vindrent deuant baugency
Dont les āglovs eurēt paour telle
Que tous se mirent a mercy
¶ Auant lassault se composerent
Aussi leur en estoit besoing
Et atant dillec sen allerent
Ung chascun le baston au poing
¶ Enuiron deux heures apres
Vindrent nouuelles en la ville
Que talebot marchoit la pres
Et danglovs bien q̃lque cinq mille

¶ Le sire descalles fascot
Auec eulx arriuez estoient
Pour secourir a talebot
Dont les anglops gros se porterẽt
¶ Lors les chiefz ⁊ seigneurs de frã
Qui auoient este a orleans   (ce
Si se misrent en ordonnance
Pour les aller combatre es champs
¶ Oultre richemont connestable
Auec dalbret dalencon
Y vint en compaignie notable
Et en armee de grant facon
¶ Chascune des parties tira
Qui mieulx mieulx en tresbel arroy
Tãt que gueres ne demoura
Quilz se trouuerent a patay
¶ Les ãglops aupres dun vilaige
estoient en bataille attendans
Et lors les francops de couraige
Si frapperent sur piedz dedens
¶ La pucelle poton la hire
Chargerent sur eulx de cheual
Tellement quilz les firent fuyre
En abatant plusieurs aual
¶ Puis les batailles sassemblerẽt
Et combatirent grandement
Mais les frãcois le chãp gaignerẽt
Et la victoire vaillamment
¶ Illec danglops ⁊ de leurs gens
Si mourut par nombre conte
Quelque enuiron vingt trops cẽs
Et deux cens prins dautre coste
¶ Le sire descalles fascot
Et dautres furent prisonniers
Et aussi ledit talbot
Puis mis a rancon de deniers
¶ La iournee dapres aduenant
Melun/panuille/laferte
Se rendirent incontient
Et dautres villes a plante

¶ Or notons cy lgrande merueille 1429
Les faitz de dieu ⁊ les vertuz
Quant a la voix dune pucelle
Les anglops furent abatuz
¶ One chose de dieu venue
Ong ange de dieu amyable
Dequoy toutesuops la venue
Fut au royaume proffitable
¶ Nostreseigneur communement
Na point acoustume de ouurer
Ne de donner allegement
Quant ailleurs on le peut trouuer
¶ Mais ou nature ⁊ les humains
Nont plus de pouoir ⁊ puissance
Cest alors quil y met les mains
Et quil fait sa grace ⁊ clemence
¶ Ou moys de iuing dicelluy an
Le roy fist a tous assigner
Quilz se rendissent a gyen
Pour aller a reins couronner
¶ Si eut tantost grãde assemblee
Des barons ⁊ nobles de france
Qui tous vindrent a ceste armee
De cueur en toute diligence
¶ La furent les ducs de bourbon
Allencon/vendosme/dunops
Richemont/la hire/poton
Et tous les vaillãs chiefz frãcops
¶ Plusieurs autres sãs les mãder
Si y vindrent pareillement
Pour seruir le roy ⁊ le aider
Au fait de son couronnement
¶ Or sur ce point est a noter
Que reis troes chaalõs lauxerrops
Du il failloit se transporter
Si estoient tenuz des anglops
¶ Toute champaigne picardie
Brye/gastinops/lisle de france
Et le pays de normendie
Estoit en leur obeissance

¶ Le roy pour son pays conquerre
Nonobstant son chemin tira
Droit devers la ville dauxerre
Ou son ost troys iours demoura
¶ Si luy fut faicte obeissance
Et entree par les habitans
Qui eurent une surceance
Dont plusieurs ne furent contens
¶ De cest appointement y la
Tremouille si fut blasme fort
Et puis richemont sen alla
Car entre eulx y avoit discort
¶ Le roy en lost si fist crier
Que les gens darmes si allassent
Avec leurs chiefz sans delayer
Et sans ce que riens samusassent
¶ Ladicte pucelle en allant
Si rencontra devant sa veue
Deux fillettes et ung galant
Qui la menoient vie dissolue
¶ Si frappa dessus ruddement
Tant quelle peut de son espee
Et sur gens darmes tellement
Quelle fut en deux pars couppee
¶ De les batre nestoit que bon
Et luy fut dit par lassemblee
Que devoit frapper dun baton
Sans despecer sa bonne espee
¶ Le roy lendemain au matin
Si mist en son obeissance
La ville de sainct florentin
Qui luy fist grande reverence
¶ De la chemina devant troyes
Ou les bourguignons et anglois
Saillirent dehors a montioye
Pour faire en aller les francois
¶ Si demoura illec larmee
Quelque environ six ou sept iours
La gent estant toute affamee
Par faulte de pain et secours

¶ Les gens darmes mouroient de fain
Et estoit chascun descrepy
Car ilz ne mengoient que le grain
De ble qui croissoit en lespy
¶ Les bourgoys de troes bien vouloient
Eulx redre au roy etierement
Mais les anglois les empeschoient
Tant quilz pouoient incessamment
¶ Si fut tenu conseil serre
Par le roy quon avoit affaire
Ou fut dit et delibere
Quil valloit mieulx de se retraire
¶ Les ungz assignoient la raison
Par ce quilz navoient dequoy vivre
Et quen si tresbriefue saison
Lé nest peu telle oeuvre poursuivre
¶ Dautre part la ville estoit forte
Non ainsi de legier a prendre
Veu lassemblee et la cohorte
De tant danglois a la deffendre
¶ Oultre ny avoit artillerie
A souffisance ne autrement
Pour rompre ou faire abaterie
Nargent a faire le paiement
¶ Loppinion daucuns fut telle
Mais ung entre autre alla dire
Quon devoit ouyr la pucelle
Pour la conclusion eslire
¶ Si fut envoyee querre en lost
Et apres quelle fut venue
Len luy raconta aussi tost
Loppinion dessus tenue
¶ Si dist quon ne devoit ce faire
Enhortant chascun de pener
Et a lentreprinse parfaire
Pour aller le roy couronner
¶ Ou nom de dieu se disoit elle
Gétil roy dens deux iours entieres
Dens vostre ville de troes belle
Et par force ou amour laurez

¶ Qui en seroit dist le chancelier
Sur dedens dix/on attendroit
Mais de riens faire & trauailler
Point dapparence ny auroit
¶ Toutesfoyes apres ce langaige
Tous les francoys finablement
Prindrent en eulx cueur & couraige
De proceder oultre amplement
¶ Ce la conclud/elle monta
sur vng beau grãt coursier en main
Et en lost si se transporta
A tout vng baston en sa main
¶ Y la fist dresser & porter
Tables fagotz huys & cheurons
Pour faire tandis agetter
Une bombarde & deux canons
¶ Quãt ceulx de la ville de troyes
Si virent ceste diligence
Ilz requisdrent par toutes voyes
Par lamenter & surceance
¶ Puis vindrẽt prẽdre appointemẽt
Auecques le feu roy de france
En luy rendant entierement
La ville en son obeissance
¶ Mais il fut dit que les angloys
Et gens de guerre sen proient
Auecques leurs biens & harnoys
Et leurs prisonniers emmeneroiẽt
¶ Ainsi le lendemain le roy
Entra en sa ville de troye
En belle ordonnance & arroy
Et la fut receu a grant ioye
¶ Les enfans noel si crierent
Feuz & esbaz la furent faitz
Et luy & ses gens festoierent
Dont ilz furent trestous refaitz
¶ Les angloys vouloiẽt au partir
Leurs prisonniers francoys mener
Mais la pucelle consentir
Ny voult ne souffrir emmener

¶ Elle mesme vint a la porte
Esmains des angloys leur oster
En leur disant de bonne sorte
Que ne les lairroit transporter
¶ Les francoys si saggenouillerent
Luy priant quelle leur aidast
Et sa grace la implorerent
Affin que de ce les gardast
¶ Les angloys vouldrẽt soustenir
Que cestoit grant fraulde et malice
De contre le traictie venir
Requerant quon leur feist iustice
¶ Le roy qui en sceut la nouuelle
Si commenca a soy sourire
Du debat & de la querelle
Et en fut ioyeulx a vray dire
¶ Brief cõuint pour les prisõniers
Quil paiast aux angloys content
Tout leur rancon de ses deniers
Ainsi chascun si fut content
¶ Quãt les angloys selon laccord
Eurent leur argent & rancon
Ilz louerent le feu roy fort
Lappellant prince de facon
¶ Il fut prise par sa iustice
Quil gardoit a ses ennemys
Et qui auoit lieu en lexercice
De son ost/tous abuz postmis
¶ Quans en ya qui eussent dit
Les vilains sont plusque paiez
Saufz sen voisent sans contredit
Ou quilz soient penduz ou nayez
¶ Ha dea ce nest pas la la forme
De gens payer & les guider
Aincoys conuient a chascũ hõme
Son droit & la rayson garder
¶ Puis le roy le iour ensuiuant
Se mist sur les champs a puissãce
Du ceulx de chaalons au deuant
Luy vindrent faire obeissance

¶ Leuesque & bourgoys lemenerēt
Dens la ville honnorablement
Et le soir tous le festoierent
Moult richement & grandement
¶ Le lendemain vint deuāt reins
Du quant les bourgoys si le virēt
Comme de ioye remplis & plains
Toutes les portes luy ouurirent
¶ La fut sacre & couronne
En la maniere acoustumee
Et fut ce iour la ordonne
A faire chiere inestimee
¶ Larcheuesque lors chancelier
Si fist loffice de la messe
Du auoit des gens ung millier
Menant grande feste & liesse
¶ Les ducs de Bar & de lorraine
Commercy & de grans seigneurs
Vindrent a son seruice & regne
Eulx offrir & dautres plusieurs
¶ Tous messeigneurs du sāg de frā
Qui furent au couronnement (ce
Si y acquirent excellence
Los & honneur moult largement
¶ Aussi les barons cheualiers
Nobles qui y vindrent aider
Cappitaines gens escuiers
En furent a recommander
¶ Nobles vindrēt ieunes & vieulx
De tout le royaume de france
Dont plusieurs si furent ioyeulx
Pour estre en son obeissance
¶ Notons ycy comment fortune
Gouuernee par le vueil de dieu
Apres grant mal & desfortune
Si donne grant ioye en ce lieu
¶ Qui eust cuide ne espere
Quen si trespetit mouuement
Le roy eust ainsi prospere
Ne venu au couronnement

¶ Veu le cas & empeschement
La chose nestoit pas facille
Dy auenir si promptement
Mais a dieu riens nest difficille
¶ Ce ql veult pmettre est tost fait
Sans ce que nul y puisse nuyre
Et cest son ouuraige parfait
Du len ne treuue que redire
¶ Se fortune communement
Si donne persecution
Cest pour apres plus haultement
Ottroyer consolacion
¶ Boece dit bien en son tiers liure
Que fortune aduerse est plus seure
Pour congnoistre dieu & bien viure
Et preuue que cest la meilleure
¶ Elle impartist humilite
Elle soustient tous aspres deulx
Et apres par prosperite
Vng seul bien si fait valoit deux
¶ Elle instruit conseille & auise
La nuyt fait tourner en clarte
Muer seruitude en franchise
Et maleur en prosperite
¶ Par souffrir et congnoistre dieu
Le bien seruir & honnorer
Fortune si change son lieu
Pour le seruant remunerer
¶ Plusieurs au mōde se cōplaignēt
De fortune & maleurete
Disans que les maulx q aduiēnēt
Resident en sa faculte
¶ Et comme selle feust maistresse
Du monde & du gouuernement
Maintenant que ioye ou tristesse
Procedent delle seullement
¶ Et sil aduient perdition
De quelque bataille ou iournee
Dient que cest constellacion
De fortune predestinee

¶ Cela si est fort a congnoistre
Quāt luy sen loue lautre sen deult
Mais p̄ dessus dieu q̄ est le maistre
Si donne la victoire ou veult
¶ Le feu roy charles trespasse
Eut de grans hurt t terriblement
Et se trouua fort bas persse
Sans nul espoir dallegement
¶ Il auint mesmes en vng an
Quil perdit a dommaige t dueil
Le sieg̃ t iournee de creuan
Et la bataille de verneil
¶ Et puis au siege dorleans
Du tout deuoit estre conclus
La iournee nommee des harans
Et par ainsi nen pouoit plus
¶ Depuis fortune acop tourna
Pour au residu luy pourueoir
Et dieu la victoire donna
A cil qui la deuoit auoir
¶ Les francoys lors se rallierent
En prenant couraige terrible
Et de plus en plus prospererent
Ne riens leur estoit impossible
¶ Ne feust ce pas moult grāt merueille
Dauoir reueille tāt de gēs
Au bruit dune simple pucelle
Et bergiere nourrie es champs
¶ Las en peu dheure dieu labeure
Naubesoing iamais ne deffault
La chose quil veult faire est seure
Et scet bien tousiours q̃l nous fault
¶ Apres ledit couronnement
Le roy auec sa compaignie
De reius vint logier droictement
A sainct maclou dedens labbaye
¶ La sur luy fut fait grant seruice
Et des ordres moult solennelles
Car au moyen du sacrifice
Le roy garist des escrouelles

¶ Dillecques sen vint a velly
Du il demoura tout le iour
Et se reduisoient a luy
Les lieux t pays dalentour
¶ Apres a laon si tresmist
Vng herault aux armes de frāce
Et tantost la ville se mist
En sa planiere obeissance
¶ Si fut la receu a grant ioye
Et fist la ville graut deuoir
Puis le roy si tira sa voye
Vers soessons pour entree auoir
¶ Mais tout ainsi pareillement
Luy firent plaine obeissance
En le festoiant grandement
Et tous ceulx de son aliance
¶ A luy se rendirent aussi
Tout acop en vng mouuement
Chateauthierry/prouins/cressy
Et dautres villes largement
¶ Si vindrent nouuelles en lost
Que le duc de bethfort venoit
Et quil arriueroit tantost
A douze mille quamenoit
¶ Adonc le roy fist en bataille
Mettre ses gens t bien empoint
Pour fraper destoc t de taille
Mais les angloys ny vindrēt point
¶ Apres le roy vint a crecy
Et sceut de vray que les angloys
Si estoient venuz a mittry
Pour lors combatre les francoys
¶ La les batailles se dresserent
Tant dun coste comme de lautre
Et si pres t auant marcherent
Quilz sentreueoiēt bien lun lautre
¶ Les escharmoucheurs t coureux
Si venoient courir a puissance
En vng villaige nomme thieux
Ioignant dudit mittry en france

¶ La aududant dudit village
Se tindrent ung iour tout parfait
Sans frapper ne porter dommaige
Et ne firent riens en effect
¶ Le duc de Bethfort se tira
A senllis et y vint logier
Et le feu roy se retira
A crespy pour soy hebergier
¶ Le lendemain vint a compieigne
Et y entra en grant puissance
A tout la baniere et enseigne
Des nobles fleurs de lis de france
¶ Ceulx de la ville de senlys
Luy firent apres assauoir
Qui desiroient les fleurs de lys
En offrant de le receuoir
¶ La ville tresbien y ouura
Et y entra le roy ioyeulx
Puis dela beauuays recouura
Damalle et plusieurs autres lieux
¶ Le duc de Bethfort qui le sceut
Tantost a rouen sen alla
Pour doubte quon sen ne sesmeut
Et mist garnison ca et la
¶ Puis le roy vint a sainct denis
Qui luy rendit obeissance
Laigny auec le plat pays
De ppendences et lacence
¶ Oultre en procedant plusauant
Son ost tira a la chapelle
Et de la au moulin a vent
Ou y eut escharmouche belle
¶ Les anglois qui estoient a paris
Tous ensemble se retirerent
Affin quilz ne feussent peris
Et les murs si fortiffierent
¶ Le lendemain grant compaignie
De lost des francoys a monceaulx
Sen vindrent faire ung assaillie
Iusques au marche des pourceaulx

¶ Soubz la montaigne sembucherent
Pour illec estre a couuert
Et de la gaigner sen allerent
Dassault ung petit bolleuert
¶ Dun coste et dautre canons
Et colleuurines si ruoient
Et ne voyoit on quempanons
De flesches qui en lair tiroient
¶ Adoncques iehanne la pucelle
Se mist dens larriere fosse
Ou fist de besongner merueille
Dun couraige en ardeur dresse
¶ Ung vireton que len tira
La vint en la iambe assener
Et si point nen desempara
Ne ne sen voult oncques tourner
¶ Boys huys fagotz faisoit geter
Et ce qui estoit possible au monde
Pour cuider sur les murs monter
Mais leaue y estoit trop parfonde
¶ Les seigneurs et gens de facon
Luy manderent sen reuenir
Et y fut le duc dalencon
Pour la contraindre a sen venir
¶ Lors a sainct denis retourna
Ou par humbles et deuotz termes
Elle offrit laissa et donna
Le harnoiz dont auoit fait armes
¶ A tant le roy se departit
Et es pays redduitz ca et la
Mist de ses gens et puis partist
Vers berry ou lors sen alla
¶ Ung peu apres son partement
Plusieurs anglois se assemblerent
Pour eulx tirer diligemment
A sainct denis ou ilz entrerent
¶ Les armures de la pucelle
y la vindrent prendre et saisir
Par vne vengance cruelle
Et en fisrent a leur plaisir

☞ Dillec a lagny si tirerent
En faisant dassiegier maniere
Mais les francoys les reculerent
Et naprocherent la barriere
☞ Messire ambroise de lorre
foucault deux vaillās hōmes darmes
Tousiours leur tindrent pie ferie
¶ la firēt maintz beaulx faitz darmes
☞ En lan dudit couronnement
Gaucourt pour le roy gouuerneur
Du daulphine fist vaillamment
Et y acquist vng grant honneur
☞ Illecques en pays estrange
Il ¶ ses gens si desconfirent
Vaillamment le prince dorenge
Et le daulphine rescourent
☞ La y eut mors ¶ prisonniers
Des bourguingōs bien largemēt
En quoy frācoys maintz bōs denī¶
y gaignerent finablement   (ers
☞ En puer ceulx de la cite
De sens au roy si reddiusirent
Et tous de bonne voulente
Leur cappitaine āglois hors misrēt
☞ Ainsi que les anglois vng iour
Estoient allez courir au bestail
Ilz trouuerent a leur retour
Les portes fermes au varrail
☞ Pareillement ceulx de melun
Les clefz du cappitaine osterent
Et dun bon vouloir dun chascun
Les francoys leans si bouterent
☞ Les anglois venans du pays
Qui auoient le vent poupe lors
Se trouuerent moult esbays
Quant on leur dist. Nescio vos
☞ Au retour du sacre a gien
Le roy si voulut enuoier
La pucelle deuant rouen
Pour congnoistre ¶ besongner

☞ Tremoille ¶ autres oppinerent
Quil ney estoit point de mestier
Ains dallebret ¶ elle enuoierent
Deuant saint pierre le moustier
☞ Illa deuant la ville furent
En belle ordonnance ¶ arroy
feisans si grant deuoir quilz eurēt
Et quelle fut rendue au roy
☞ Apres a la charite vindrent
Affin de lassieger ¶ prendre
Ou lespace dung moys se tindrent
Sans sauoir ou la faire rendre
☞ En lan mil quatre cens ¶ trente
La ville de laual reprinse
fut par vne facon bien gente
Dun musnier guidant lentreprinse
☞ Par vng matin que les āglois
Si ne faisoient grant garde et guet
y bouta dedens les francoys
Auec le sire du haumet
☞ Lors enuiron ceste saison
Lore foucault auec leurs gens
Rencontrerent danglois foison
Pres de louures en my les champs
☞ Si se serrerent ¶ frapperent
De couraige si asprement
Que bien deux cens āglois tuerēt
A force darmes vaillamment
☞ Le lendemain pour leur estraine
Deuant paris vindrent courir
Et iusqs aux murs sainct āthoine
Pour leur auantaige querir
☞ Cest an du pays de berry
Si se departist la pucelle
Pour venir secourir laigny
Et dautres gens auecques elle
☞ Lors estoit bruyt que les āglois
Le vouloient venir assegier
Et leussent fait se les francoys
Ne les eussent fait desloger

¶ Si vint apres a congnoissance
Que quelzque trops cens cõbatans
Danglois estoient en la france
Le pays pillans & gastans
¶ Adonc elle/lore/foucault
En vng autre nomme perrette
Les chercherent par bas & hault
Pour parler bien a leur barrette
¶ Si aduint quilz se rencontrerẽt
Et que les francois desconfirent
Les anglois dont plusieurs tuerẽt
Et les autres si sen fouyrent
¶ Les Bourguignons & les ãglois
Dudit an a tout leur enseigne
Vindrent assiegir les francois
A soissy aupres de compiegne
¶ Les contes darondel suffort
Messire iehan de luxembourc
Si y trauaillerent moult fort
En mettant le siege a lentour
¶ Lors poton & ses gens passerent
Leaue entre le pont & soissons
Et des anglois plusieurs tuerent
Parmy les boys & les buissons
¶ Durant ledit siege la hire
Si passa seine sur le tart
Et deschelles print sans mot dire
La place de chasteau gaillard
¶ Elle est a sept lieues de rouen
Et fut la trouue enferre
Dens vne fosse barbazan
Qui neuf ans auoit demoure
¶ De sa deliurance ioyeulx
Fut le roy merueilleusement
Car il estoit vaillant & preux
Et laymoit chascun grandement
¶ Ledit soissy se deffendit
Assez & puis soudainement
Le cappitaine se vendit
Aux anglois deshonnestement

¶ Par le moyen de la besongne
Luy fut promis grant auantaige
Et grãs dõs du duc de Bourgõgne
Par les conducteurs de louuraige
¶ De la Bourguignons et ãglois
Si vindrent compiegne assieger
Ou la pucelle & les francois
y ariuerent sans targier
¶ La y eut cources/ escarmouches
Et saillyes qui assez durerent
Si aduint qua vnes approuches
Les francois tresffort reculerent
¶ Lors au conflict & par surprise
Comme chascun tiroit arriere
Ladicte pucelle fut prinse
Par vng picart pres la barriere
¶ Ledit picart si la bailla
A luxembourc lec assistant
Qui la vendit & rebailla
Aux anglois pour argent contant
¶ Si en firẽt apres leurs mõstres
Comme ayans tresfort besongne
Et ne leussent donnee pour lõdres
Car cuidoient auoir tout gaigne
¶ Chascun delle si fut marry
Depuis poton a son enseigne
Se partit de chateauthierry
Pour de la venir a compiegne
¶ Boussac lors mareschal de frãce
Vendosme & des autres seigneurs
Au siege vindrent a puissance
Aeuc dautres francois plusieurs
¶ Ladicte ville si endura
Moult dafflictions & de peines
Car le siege deuant dura
Plus de troys moys & six semaines
¶ Si firent tant lesditz francois
Quilz gaignerent vng grant fosse
Quauoient fait faire les anglois
Affin que homme ny seust passe

Ce la fait dꝛes les champs entrerent
Entre la forest et ung lieu
Auprès du quel ilz rencontrerent
Les anglois estans a beaulieu
¶ Lors poton pres de la iustice
Ayant auec luy six vingtz lances
Si mist ses gens en excercice
Pour combatre et faire vaillances
¶ Quant ceulx de la ville si virent
Que cestoit a bon essient
Tous en ung mouuement saillirent
Pour ioindre aux francois ꝗt et quant
¶ Si vindrent a vne bastille
Danglois et de portingalois

Ou la en mourut belle bille
Car de cent nen eschappa trops
¶ Les gens de poton aussi vindrent
A vne bastille a charniers
La quelle par assault ilz prindrent
Auecques plusieurs prisonniers
¶ Les anglois voyans acoste
La perte desdictes bastilles
Si se mirent a sauluette
Et tantost tirerent leur quilles
¶ Les bourguignons si sen allerent
En leur pays semblablement
Et ainsi les francois leuerent
Ledit siege honnorablement

¶ Comment les anglois amenerent la pucelle a rouen / et la firent mourir

¶ A tant les anglois sen alerent
Non pas en ioyeuse maniere

Et a rouen en emmenerent
La pucelle pour prisonniere

¶ Elle estoit tresdoulce amiable
Moutonne sans orgueil ne enuie
Gracieuse moult seruiable
Et qui menoit bien belle vie
¶ Tressouuent elle se confessoit
Pour auoir dieu en protecteur
Ne gaire feste se passoit
Que ne receust son createur
¶ Mais ce nonobstant les anglois
Aux vertuz et biens ne penserent
Aincoys en haine des francoys
Tresdurement si la traicterent
¶ Apres plusieurs griefz et excez
Inferez en maintes parties
Luy firent vng tel quel proces
Dont les iuges estoient parties
¶ Puis au derrenier la condanerēt
A mourir douloureusement
Et brief lardirent et brullerent
A rouen tout publiquement
¶ Ainsi de la le iugement
Et la sentence bien cruelle
Qui fut donnee trop asprement
Contre icelle poure pucelle
¶ Si firent mal ou autrement
Il sen fault a dieu rapporter
Qui de telz cas peult seulement
Lassus congnoistre et discuter
¶ Toutesuoyes auāt son trespas
Dist aux anglois q̄ vng tēps viendroit
Dun pie en france nauroient pas
Et que on les dehors chasseroit
¶ Que le feu roy prospereroit
Et que au derrenier sans contredit
Son royaume recouureroit
Et atant lesperit rendit
¶ Brief plusieurs choses si narra
Quon a veu depuis aduenir
Tout ainsi quel les declara
Dont a aucuns peut souuenir

¶ Long temps apres ce iugement
La mere aussi les freres delle
Requirent au roy vengement
De la mort et sentence telle
¶ Le bon seigneur consideront
Quy auoit este en son seruice
Et fait beaucoup en lonnorant
Si remist le cas en iustice
¶ De fait enuoya le proces
A romme deuers le saint pere
Ou la sans faueur ne aces
Fut bien veue au long la matiere
¶ Ce fait il bailla mandement
Pour lors citer les commissaires
A soustenir leur iugement
Et appeller parties contraires
¶ Les anglois furent appellez
Et les parties solennement
Examens faitz et recollez
Sur la vie delle entierement
¶ Iuuenel de reims archeuesque
Grans gens de iustice et de bien
Chartier de paris lors euesque
Et autres y ouurerent bien
¶ A rouen si se transporterent
Ou le iugement estoit fait
Et gens de bien examinerent
Pour scauoir la verite du fait
¶ Apres le proces fut porte
Au sainct pere et aux cardinaulx
Et fut bien veu et visite
En grans diligences et trauaulx
¶ Et le tout veu finablement
Fut dit par sentence autentique
Le proces et le iugement
Faitz contre la pucelle inique
¶ Estre abusif defectueux
Et qua tort si fut condennee
Par iuges tressuspectueux
Disant leur sentence erronnee

¶ Du proces de ceste innocente
pa des choses singulieres
Et est vne grande plaisance
De veoir tous les deux matieres
¶ Ledit proces est enchesne
En la librarie nostre dame
De paris/⁊ fut la donne
Par leuesque/dont dieu ayt lame
¶ Lan que dessus quatre cēs trēte
A sens arriua le feu roy
Qui dilec sans grant attente
Sieut villeneufue le roy
¶ Durant ce que le capitaine
En ses affaires besongnoit
Len entra leans par vng moyne
Qui cest ouuraige conduisoit
¶ Puis le sire de barbazan
fut au siege de pont sur seine
Et le print par vng bon moyen
De composicion soudaine
¶ Vng peu apres le cardinal
De saincte croix vint a auxerre
Pour la traictier la paix final
De france/bourgōgne/angleterre
¶ Plusieurs grās gēs des trois co
Parlamenterent ⁊ ouurirent (stez
Les debaz ⁊ difficultez
Mais pour ceste heure riēs ne firēt
¶ Chascun se disoit roy de france
Et tous fors sās ployer se tindrent
Parquoy ny eut quelque accordāce
Et en cest estat sen reuindrent
¶ Depuis en iceluy mesmes an
Plusieurs francoys delibererent
Deulx transporter deuant rouen
Et pres de beauuays se assēblerent
¶ Mais ainsi qlz vouloiēt partir
Les contes de buerich suffort
Pour les trouuer au departir
Cheuaucherent nuyt ⁊ iour fort

¶ Si aduint quilz se rencontrerēt
A vne lieue pres de beauuais
Du luy a lautre presenterent
La bataille pour entremays
¶ Cōment poton fut prins par les
angloys/⁊ ses gens desconfiz

1430

¶ Les angloys estans en valee
Si gaignerent vne montaigne
Ou fut leur bataille appareillee
En y affichant leur enseigne
¶ Lors les francoys delibererent
Que len combatroit a cheual
Dont poton ⁊ ses gens allerent
A coste pour frayer aual
¶ Si que ledit poton cuidant
Que lors le mareschal de france
De lautre part lui feust aidant
Frappa dedans ⁊ sa puissance
¶ Le mareschal lors ny vint point
Ne les autres francoys ny furent
Et fut poton prins par ce point
Et tous ses gens y la moururent

e ii

¶ Ce fut a luy grant hardement
De venir a vingtcinq lances
Frapper si vigoreusement
Contre danglois bien mille lances
¶ Prisonnier fut de talbot
Et fut aussi prins audit lieu
Ung ieune enfant bergier tout sot
Soy disant enuoye de dieu
¶ Pour lamour de la feue pucelle
Quon auoit veu ainsi conquerre
Chascun vouloit faire comme elle
Et sentremettre de la guerre
¶ Lan mil quatre cens trente vng
Les anglois montargis si prindrēt
Par le pac & accord commun
De deux gens q̄ dedens les mistrēt
¶ Messire francoys ragonnoys
Si estoit lors chief de la prinse
Et conduisoit pour les anglois
Lexecucion de lemprise
¶ Et pour la facon declarer
Villars qui la garde en auoit
Auoit vng sien varlet barbier
Qui estoit leans & le seruoit
¶ Ledit barbier si saccointa
Lors dune ieune damoyselle
Qui le pressa & enhorta
Destre de sa bende & cordelle
¶ Or auoit ledit ragonnoys
Vng seruant qui la maintenoit
Qui luy promist par plusieurs foys
Lespouser se le cas aduenoit
¶ Cestassauoir q̄lle peust tāt faire
Enuers sondit amy barbier
Quil voulsist les anglois retraire
Sur les murs & laisser entrer
¶ Ainsi ladicte damoiselle
Tant le prescha par doulx parler
Quil fut consentant auecques elle
De trahir la ville & baillier.

¶ Moiennant que ledit barbier
La somme de deux mille auroit
Pour sallaire peine & loier
Quant sur les murs leȳ monteroit
¶ Cela conclud & appointte
Ledit barbier & damoyselle
De nupt se mirent a coste
Du chastel & de lostel delle
¶ Par la les anglois escheleȓent
Ledit chastel, maison, logis
Et tant que par ainsi entrerent
Eulx & leurs gens dens mōtargis
¶ Or depuis ce cas la aduint
Que cellup qui la damoiselle
Promist espouser ne la print
Et se mocquoit encores delle
¶ Et au regard dudit barbier
Qui bailla la ville en leur main
Il nen eut maille ne denier
Et moururent tous deux de faim
¶ Traison est de telle nature
Que len ne sen scauroit repaistre
Et sil en meschiet de quelque heure
Barat decoyt tousiours sō maistre
¶ Telles gens sont a despriser
De trahir ainsi vne ville
Et sans iamais estre a priser
Et fissent ilz des biens cent mille
¶ Aussi gens de noble couraige
Si les doiuent hayr & fuyre
Car par traison & dommaige
Souuent font le peuple destruire
¶ Len list duȳ vaillāt duc rōmain
Camolles qui menoit grant guerre
Contre philistes soir & main
Pour sa cite prendre & conquerre
¶ Les vngz & autres combatoient
Tous les iours merueilleusement
Et tellement quilz souhaidoient
Destruire lun lautre asprement

℟ Si eut lors ung maistre descolle
Qui pour dons z honneur auoir
Si fist vne entreprinse folle
Dicelle cite dece puoir
℟ De fait vng iour si amena
Tous ses eſſās pour les instruire
En certains lieux ou il ordonna
Les bailler a partie contraire
℟ Les petiz enffans qui nauoient
Science de ce la congnoistre
Alloient apres z le suiuoient
Comēt font les enffans le maistre
℟ Or estoient filz des grans sei-
Les plus riches de la cite (gneurs
Et des principaulx gouuerneurs
Ayans port z auctorite
℟ Si sçauoit ledit maistre bien
Que leurs peres ne les lairroient
Demourer prisonniers pour rien
Mais auant la cite rendroient
℟ Ainsi ledit maistre si dist
Audit auersaire que auoit
Par ses enffans sans contredit
La cite z quon luy rendroit
℟ Le duc voyant la trahison
Que ledit maistre vouloit faire
Nen fist pas trop grant achoison
Et ne luy voult en riens complaire
℟ Aincoys dist de noble courage
Quil ny consentiroit iamais
Et ne feroit aucun dommaige
Aux enffans qui nen pouoiēt mais
℟ Et pour pugnir la faulcete
Que ledit maistre auoit commise
Lenuoya lye garrote
Aux peres deulx nud en chemise
℟ Quant les peres z meres virēt
Sa grant courtoisie z bonte
Audit duc les portes ouurirent
Et luy rendirent la cite

℟ Ainsi il gaigna pour bien faire
Et ledit maistre fut pugny
Pour vouloir trahir z meffaire
Peche iamais nest impugny
℟ Oultre on list dun phisicien
Du roy pierre qui voult trahir
Pour son ennemy ancien
Son maistre z le faire mourir
℟ De fait vit vng iour sermōner
A fabrice son aduersaire
Luy promettant demprisonner
Ledit roy si le vouloit croire
℟ Si luy demanda de grans dons
Pour faire icelle trahyson
Mais pour ses loyers z guerdons
Il le fist lors mettre en prison
℟ Puis le renuoya au roy pierre
Qui voyant sa grant loyaulte
Se vint a le louer z dire
Quil estoit prince de bonte

℟ Comment le roy henry fut
couronne a paris de deux couronnes
par les angloys

e iii

¶ En lan cy dessus declaire
Henry ieune roy dengleterre
En paris si vint empare
De plusieurs seigneurs de sa terre
¶ Lors le cardinal de vicestre
Duruich/le duc de bethfort
Et autres anglois pour accroistre
Lonneur deulx y la bruirent fort
¶ Therouenne le chancelier
Vint au deuant le receuoir
Et dautres quil fist habillier
Pour faire comme luy deuoir
¶ Au matin vint a nostre dame
Ou len fist de grans eschaffaulx
Affin quil ny eust homme ne feme
Qui ne veist les mysteres haulx
¶ Ledit roy fut bien hault monte
Et en chayre de soye assiz
Puis des seigneurs dautre coste
Anglois principaulx cinq ou six
¶ Le roy ainsi enuironne
A la veue de mille personnes
Fut du cardinal couronne
Publiquement de deux couronnes
¶ Lune demoura sur la teste
Et lautre fut mise empres luy
Et dieu scet la chiere z la feste
Quanglois si firent/z quel huy
¶ Ce la monstroit signifiance
Que ledit henry se portoit
Pour roy dangleterre z de france
Et que roy deux foiz il estoit
¶ Or ymaginons vng peu cy
Comment le feu roy a merueilles
Fut en grande peine z soucy
Dovr publier ces nouuelles
¶ Cestoit vng grãt dueil z oultrai
De veoir vne tierce personne (ge
Venir en autruy heritaige
Prendre le nom z la couronne

¶ Ce bruyt gueres ne leur dura
Et fut vng trespiteux honneur
Car puis la ville se tira
Au feu roy souuerain seigneur
¶ Ceste ioye en douleur tourna
Au temps de la reduction
Et en pleurs z lermes fina
Cest la fin de vsurpacion
¶ En ceste saison z mesme an
Le chastel de chappes pres troyes
Feut assiege par barbazan
De toutes pars sentiers z voyes
¶ Lors les bourguignõs sassẽble/
En grãde multitude z nõbre (rẽt
Et pres dillecques arriuerent
Pour leuer le siege a lencontre
¶ Aupres du lieu de la croisette
Tretous se misdrent en bataille
Et puis a beau son de trompette
Frapperent destoc z destaille
¶ Les vngz z autres combatirent
Grandement et bien vaillamment
Mais les francoys les desconfirẽt
Et en prindrent moult largement
¶ Ledit chastel par ce moien
Si se rendit incontinent
Audit sire de barbazan
Et luy fist len le bien venant
¶ Vng peu apres si se meut guerre
Par le conte de vaudesmont
Et le duc de bar pour leur terre
Dont en auint dommaige moult
¶ Ledit conte en ceste besongne
Si vint lors confort demander
Et secours au duc de bourgongne
Qui luy promist de luy aider
¶ Si que luy fist tantost finance
De flamens picars sauoisiens
Et dautres gens grant abondance
Pour combatre et tenir les champs

¶ Le duc de Bar pareillement
Requist a Barbazan secours
Qui si employa tellement
Quil y mourut deuant sesi ours
¶ Le duc se partit de sa ville
De nanxy/ et puis apres vint
En vng lieu nomme bellemulle
Ou ses gens en bataille tint
¶ Quāt le cōte et bourguignōs vi-
Son ost ses gens et son arroy (rēt
Derriere vne eaue se encloirent
De grans fosses et de charroy
¶ La tous ensemble se rengerent
Affin des autres recueillir
Et si bien se fortiffierent
Quon ne les pouoit assaillir
¶ Neantmoins le duc ordonna
Que len yroit frapper dessus
Mais barbazan conseil donna
Quon ne leur deuoit courir sus
¶ Si dist la raison et maniere
Du dangier qui estoit celle part
Mais ie ne scay qui par derriere
Luy dist quil estoit trop couert
¶ Lors dist que le premier yroit
Et que personne de la feste
Son cheual bouter noseroit
On mettroit la queue de sa beste
¶ A tant dillecques sen partirent
Pour frapper dessus chauldement
Mais les bourguignons si saillirēt
Sur eulx moult vertueusement
¶ Vaillāment et fort combatirent
Et au derrenier finablement
Les bourguignons si desconfirēt
Le duc et ses gens nettement
¶ Ledit duc de Bar la fut prins
Leuesque de mestz rossemac
Et dautres grās seigneurs seurpris
Dedens leur dicte place et parc

¶ A ceste iournee si moururent
Douze cens lorrains et barroys
Auec plusieurs gens qui y furent
Tant dallemans cōme francois
¶ Ainsi fut tue a lapproche
Ledit barbazan noble et saige
Vaillant cheuaillier sans reproche
De la mort du quel fut dommaige
¶ Dudit an le duc de Bethfort
Vint mettre le siege a laigny
Lequel il assaillit moult fort
Par plus de troys moys et demy
¶ Les anglois iettoiēt coulleurines
Bombardes pour murailles fēdre
Tous les iours canons serpētines
Cuidans les francoys faire rendre
¶ En ce messire iehan foucault
Qui en estoit le cappitaine
Si porta vaillant bas et hault
Et y fut bonne cheuetaine
¶ Le roy sceue la necessite
De la ville presque affamee
Qui plus nen pouoit de verite
Si y enuoya son armee
¶ Lors le connestable dunoys
Rieux cullant poton et la hire
Rodigues et autres francoys
Si y vindrent de belle tire
¶ De brye conte robert partirent
Et vindrent iusques a la riuiere
Dempres laigny ou y la firent
Desployer amont leur baniere
¶ Les angloys sec auoiēt fait faire
Vng pōt par dessus leaue de marne
Pour passer aller et retraire
De la au siege et en leur cerne
¶ Si que par ledit pont passerent
Et vindrent a celle riuiere
Ou les francoys si aborderent
Les cuidans reculler arriere

e iiii

¶ Mais ilz leur tindrent bons piedz fer
Pour garder de passer par la (mes
En faisans illec de grans armes
Des deux partiez ça et de la
¶ Quant les anglois au derrenier vi
Qu'ilz neussent peu par la passer (rent
En leur case se retrairent
Doulans le chemin rebourser
¶ Adonc les francois hault monterent
Et firent si grant diligence
Que dens ledit saigny entrerent
Malgre eulx et leur grant puissance
¶ Si y eut lors des coupz ruez
Ainsi quon alloit traversant
Et y eut que mors que tuez
Quelque trente anglois en passant
¶ Ce fait les anglois sen tournerent
Bien acoup a chere marrye
Et ainsi les francoys gaignerent
Le siege et leur artillerie
¶ He fusse pas moult grant noblesse
Pour tout temps aux vaillans francois
Dauoir tenu telle fortresse
Contre environ dix mille anglois
¶ Pour siege ne pour destourbier
Si ne la peurent iamais prendre
Et si nest fors que vng coustobier
A bien la ville en soy comprendre
¶ La ville de chartres fut prinse
Du caresme sur les anglois
Par vne tresgrande entreprinse
Que fist le conte de dunoys
¶ Environ la saison de pasques
Vindrent bien matin deux chartiers
A tout leur charroy plain de caques
Illec esueiller les portiers
¶ Si les passerent et leur disdrent
Que cestoient necessaires choses
Et pour ouurir acoup promisdrent
Donner au portier trops alosez

¶ Ainsi pour mengier du poisson
Ilz se penerent et hasterent
Dont furent prins a lamesson
Car lors ceulx de lebusche entrerent
¶ Le conte de dunoys gaucourt
Les anglois de dedens chasserent
Et les poursuiurent si de court
Quon tua ceulx qui rebellerent
¶ Tantost apres ceulx de la ville
Leur vindrent faire obeissance
Pour le feu roy et sa famille
A grant ioye et resiouissance
¶ Ceulx dalentour sceues les nou
Pareillement sen reiouirent (uelles
Et y eut dautres places belles
Qui incontinent se rendirent
¶ Tout le monde prenoit couraige
De cueur et corps a luy aider
A reauoir son droit heritaige
Et les anglois faire vuider
¶ Aussi recongnoissoit il bien
Ses seruans dont nauoit nez vng
A qui apres ne fist du bien
Et estoit ayme dun chascun
¶ Vray dieu puissant et glorieux
Ottropez repos pardurable
A lame du trespiteable
Le roy charles victorieux
        Antiphona
¶ Las en peu dheure dieu labeure
Ne iamais au besoing ne fault
La chose quil veult faire est seure
Et scet bien tousiours quil nous fault
        Antiphona
liberalite confermee
Quintus psalmus
an mil quatre cens
trente deux
Vng premier iour du moys de may
Vindrent aucuns anglois coureux

Planter a sainct celerin le may
Ce la firent expressement
Affin que les francoys si vinssent
Leur en donner pareillement
Et que par embusche les prinssent
¶ Messire ambroise de lore
fist faire une embusche a couuert
Et apres quil fut prepare
Leur enuoya ung beau may verd
¶ Adonc les anglois assouurent
Contre ceulx qui le presentoient
Et lors les francoys si saillirent
Dun lieu ou musses si estoient
¶ Si eut grande crierie et glay
Tant que plusieurs anglois tuerent
Sans emporter herbe ne may
Et les autres sen retournerent
¶ Oudit an le feu roy remist
En obeissance sa ville
De montargis/et y commist
Les sires guiton et grauille
¶ La se tindrent bien cinq semaines
Et puis tout acoup sen allerent
Sans laisser gens ne cheuetaines
Dont les anglois y retournerent
¶ De la vindrent en gastinoys
Ou ilz ardirent et brullerent
Milly/le moustier/et le Boys
Ne quelque chose ny laisserent
¶ En ceste saison eut le bont
Tremoulle pour lauctorite
Quil vouloit entreprendre moult
Et regner a sa voulente
¶ A gyac lauoit fait donner
Ainsi en va puis dun puis dautre
fortune fait le vent tourner
En tel cas/ung barbier rens lautre
¶ Lan que dessus fut assiege
Le chastel de sainct celerin
Du lost des anglois fut logie
Et occupoient tout le chemin

¶ Alors le sire de Bueil
Si manda certains chiefz de guerre
Qui a son mandement et vueil
Vindrent a Vibain de cest erre
¶ Quant les anglois leur venue sceu
Tout a coup pays trauerssans (vent
Arriuerent la et fermerent
Sur les francoys lors repaissans
¶ Si se prindrent fort a combatre
Et tuerent plusieurs francoys
Et puis se misdrent a debatre
Pour le butin dentre eulx anglois
¶ Mais lors le sire de Bueil
A tout trente ou cinquante lances
Ayant de la rencontre dueil
Vint frapper dessus a oultrances
¶ Si que les anglois reculerent
Ung petit de leur auantaige
Et les prisonniers sescha pperent
Qui eurent apres grant couraige
¶ Ce fait tous ensemble aspremēt
Lesditz anglois tant combatirent
Quilz les gaignerent vaillamment
Et au derrenier les desconfirent
¶ A la rencontre de ce iour
Eut danglois tant de prins q̄ mors
Mil et cinq cens ou a lentour
Et les autres fouyrent hors
¶ Quant scalles et Vuiltbry
Eurent au siege ses nouuelles
Tantost firent ung aliby
Car pas nestoient bōnes ne belles
¶ Lan mil quatre cens trentetroys 1433
De rechief au mayne reuindrent
Mettre le siege les anglois
A sainct celerin et le prindrent
¶ De la sen vindrent assiegier
Ville le guillaume aspreme nt
Tant quil fallut pour abreger
Prendre auec eulx appointement

¶ Qui fut tel q̃ des certain temps
Les francoys rendroient la place
Se les pluffors nestoient es cha͠ps
Pour la combatre face a face
¶ Si fut le lieu sur ce ordonne
A certain orme z̃ champ de paille
Auquel lieu z̃ iour assigne
Les francoys furent en bataille
¶ La y vint le duc dalencon
Charles daniou conte du mayne
Richemont z̃ gens de facon
En ordonnance souueraine
¶ Les mareschaulx de rez z̃ rieux
Loheac grauille z̃ bueil
Et des chiefz de guerre auec eulx
Conduisant bien lost a merueil
¶ Le conte darondel anglovs
Vint du coste dune riuiere
Mais quant vid larroy des fra͠cois
Il ne sen aproucha lors guere
¶ Lesditz seigneurs la demoureren̄t
Tout le iour au cha͠p bien en point
Et leurs ostaiges recouurerent
Car les anglovs ny vindrent point
¶ Mais depuis le lendemain fure͠t
Prendre ledit ville dassault
Et enoultre prindrent z̃ eurent
Beaumont le vicomte plus hault
¶ De la se tirerent au mans
Du certain temps la demourerent
Puis se misdrent dessus les champs
Et atant lors sen retournerent
¶ Lan mil quatre cens tre͠tequatre
Vindrent vers le roy a Vienne
Les cardinaulx de chippre z̃ darlere
Touchant leglise galicanne
¶ Le roy les receut grandement
En leur donnant responce vtille
Dont sen allerent liement
A basle ou estoit le concille

¶ Illec les conte de clermont
De foestz, richemout connestable
Dunoys, z̃ dautres seigneurs mo͠t
Firent au roy racueil louable
¶ Aussi vint en icelle ville
Acompaignee de damoiselles
La noble royne de secille
A qui sen fist chiere a merueilles
¶ A cause dicelle venue
Chascun apres souper dansa
Et fut la grant feste tenue
Dungz z̃ dautres/puis la puis ca
¶ Les seigneurs dames damoisel-
Sesbatirent fort z̃ danserent (les
En eulx resiouissant entre elles
Iusques atant quilz sen allerent
¶ Puis quant il conuint sen aller
Au roy furent faitz grans seruices
Et vint cleremont le vin bailler
Et richemont seruit despices
¶ Audit Vienne le roy tint
Ses trovs estaz pour son affaire
Puis de la a Lyon sen vint
Et ailleurs ou auoit a faire
¶ Depuis en icelluy mesme an
Richemont poton z̃ dunovs
Si prindrent la ville de ham
Qui est situee en vermandovs
¶ Pour recouurer icelle ville
Le duc de bourgongne bailla
De saluz dor cinquante mille
Quilz gaignerent en ce fait la
¶ Ung peu apres ceste saison
Les comunes de normendie
Si esmeurent oultre raison
Par vne maniere estourdie
¶ Contre les anglovs sesleuerent
Eulx efforcaas de rebeller
Mais les anglovs moult en tuere͠t
Et les firent tost desmesler

¶ Oudit an le duc de bourgongne
Vint ou pays de beauiolops
Du il print en ceste besongne
p la des villes deux ou troys
¶ Alors charles duc de bourbon
fist damps et de gens finance
Et depuis par vng traictie bon
Entre eulx eut paix et aliance
¶ Oultre la fut fait accordance
De en la ville darras venir
Pour la paix de bourgongne et france
Et la guerre du tout finir
¶ Lan trente cinq poton la hire
Et autres gens du feu bon roy
Si sen allerent belle tire
En la ville de gerberoy
¶ Le conte darondel le sceut
Et les poursuit diligemment
Tellement quil les aconceut
Pour les surprendre cautement
¶ La place nestoit defensable
Riens ne auoit dedens a mengier
Dont estoit de legier prenable
Et furent tous en grant dangier
¶ Les anglops arriuez estoient
La quelque mille combatans
Et les francops dedens nestoient
Plus hault de troys a quatre cens
¶ Quant poton et hire apperceurent
Quilz nen eussent peu eschapper
Ilz oppinereut et conclurent
Daller sur les anglops frapper
¶ Adoncques chauldement la hire
Se vint fourrer contre eulx batant
Et poton a pie tire a tire
Si le suiuoit en combatant
¶ La cstrillerent et batirent
Lesditz anglops de randonnee
Tellement quilz les desconfirent
Et gaignerent ceste iournee

¶ y la danglops et de leurs gens
Si moururent bien a veoir dire
Quelque enuiron six a sept cens
Et les autres sauues a fuire
¶ En oultre y fut prins prisonnier
Icelluy conte darondel
Don deuille monterollier
Et de la menez au chastel
¶ Ledit conte si fut feru
Au pied dun coup de coulleurine
Dont ne peut estre secouru
Ains mourut dedens la sepmaine
¶ En son viuant fut couraigeulx
Et en eurent anglops disette
Car en ses faitz estoit eureulx
Et fist mainte vaillant amplette
¶ Ondit an fut prins sainct denis
De par le conte de dunoys
Du ses gens a ce la commis
Qui bouterent hors les anglops
¶ Oultre furent prins en cest an
Par dunoys sans dilacion
La ville et chastel de houdam
Moiennant composicion
¶ A sainct denis sen vint de la
Du il enuoya tantost querre
Poton la hire ca et la
flaupt et autres chiefz de guerre
¶ Si sassemblerent et partirent
En grant compagnie et puissance
Et par eaue et terre si misdrent
Le siege au pont saincte mexance
¶ La ietterent engins volans
Et bombardes contre la place
Canons ribauldequins coulans
Tant quon neust ose monstrer face
¶ Quāt les anglops de leans virēt
Les assaulx de si grant rudesse
Par composicion rendirent
Aux francops le pont et forteresse

¶ Ce fait tantost desemparerent
Et retournerent quatre et quatre
Mais en venant ilz rencontrerent
Talbot qui les voulut combatre
¶ Lors tença fort la compaignie
Et le chief nommé de lensac
En leur disant de villenye
Plus qui ney pourroit en ung sac
¶ Puis les frācois le siege misdrēt
Devant orville a leur retour
Que les anglops rendre pmisdrēt
Silz nauoiēt secours dēs vng iour
¶ Si firent amastz a puissance
Dont les francoys le bruit oyrent
Non ayant gens pour resistence
Et atant de la sen partirent
¶ Puis sen vindrent a saint denis
Et coururent a sainct ouyn
A sainct ladre deuant paris
En se tenant sur le chemin
¶ Si eut des destrouss̄es et prinses
Faictes des deux parties a leure
Mais il ny eut point dentreprinses
Ou eust quelque desconfiture
¶ Auretour du siege doruille
Les anglops enuoient dresser
Dedens vne ysle grant bastille
Ou les francoys deuoient passer
¶ Si se trouuerent bien soixante
Francoys passez a la naselle
Et lors apperceurent la tente
Des anglops et de leur sequelle
¶ Puis biē sixvingtz dētre eulx sail
En frappāt ruddemēt dessus lirēt
Mais les francos se y deffendirent
Le mieulx quilz peurent ius et sus
¶ Ilz estoient entre deux riuieres
Sans pouoir auoir secours lors
Par quoy tindrent fieres manieres
Doyans quaussi bien estoiēt mors

¶ Brief tellement se reuencherent
Et firent si grande castille
Que la quarante anglops tuerent
Et si gaignerent la bastille
¶ Dedens icelle ysle et Boucquet
Estoit des francoys cappitaine
Ung vaillant escuier flocquet
Qui eut en ce fait grande peine
¶ Ainsi le conte de dunoys
y fist mener cuues nasselles
Pour secourir ausditz francoys
Dōt ilz leur prit bien a merueilles
¶ Puis apres len leur fist sauoir
Que les anglops de gens garniz
Et de grant puissance pour voir
Denoient assieger sainct denis
¶ Pour faire le siege leuer
Dunops alla en normendie
Mais ne sen vouldrent releuer
Ne ny furent les anglops nye
¶ Pendant icelluy siege aduint
Que pierre iaillet cappitaine
La ville de meulent si print
Par vne facon bien haultaine
¶ Enuiron leure de matines
Deux pescheurs la ville escheleret̄
Par vnes priuees et latrines
Dōt les frācoys es murs mōterēt
¶ Quant dedent furent belle bille
Ilz commencerent a crier
Viue sainct denis et la ville
Lors si se vint humilier
¶ Depuis les āglops biē fourniz
De canons et dartillerie
Assaillirent sainct denis
Et fisdrent grande baterie
¶ Les francoys qui dedens estoiēt
Si les seruirent au contraire
Et tous les iours leurs resistoient
Autant quest possible de faire

¶ Adonc si fist dunoys finance
De francoys quelque quatre mille
Et y voult venir a puissance
Affin de secourir la ville
¶ Mais auant quil fust ariue
Ceulx de dedens q nen pouoiēt pl?
Auoient appointement trouue
De rendre la ville au seurplus
¶ Ainsi les angloys si entrerent
Tantost apres dens sainct denis
Et les francoys si sen allerent
De leurs biens & harnoiz garniz
¶ Ung petit parauant de bueil
Et loshehac oyrent dire
Que matago & lyriel
Venoient a sainct denis de tire
¶ Si sen allerent embuscher
Sur le chemin par ou passerent
Et sur la nuyt au desjucher
En frappant sainct denis crierent
¶ Les angloys furent esbahys
Et cuidans estre du tout mors
Fouyrent & prindrent pais
Mais matago y fut prins lors
¶ En ce temps fut faicte assēblee
En la ville & cite darras
Du de gens auoit grant meslee
Et des seigneurs de tous estaz
¶ La fut fait en ceste besongne
Le traicte de paix & laccord
Du roy & du duc de bourgongne
Dont le peuple sesiouyt fort
¶ Oudit arras les angloys furēt
Pour traictier a ce tour la prins
Mais accorder point ne voulurent
Ne oudit traictie estre comprins
¶ Le feu roy pour la paix acquerre
Et son peuple ung peu restorer
Qui estoit tant oppresse de guerre
Que plus nen pouoit endurer

¶ Offrit aux angloys normendie
En perpetuel heritaige
Et de guienne vne partie
Reserue seulement lommaige
¶ Et leur requist qlz delaissassent
Paris & les autres fortresses
Et que a leur pays viure allassent
Sans plus faire tant de rudesses
¶ Loffre ne vouldrent accepter
Ains de fier cueur la reffuserent
Eulx vantans de tout conquester
Et tresmal contens sen allerent
¶ Mais par vng puerbe quō pose
Qui fuit raison/raison luy fuit
Lomme propose & dieu dispose
Tel chiet bien bas q a eu grāt bruit
¶ Helas pensons icy au bien
Et de la debonnairette
Du feu roy qui offrit du sien
Pour nous mettre en paix et seurte
¶ Ce la nest point a oublier
Ains procedoit de bon couraige
Par quoy chascun si doit prier
Dieu pour luy & pour son lignaige
¶ Ung peu apres par entreprinse
Que fist lors charles des marestz
La ville de diepe fut prinse
Du moult gaignerent les frācoys
¶ Maintz āgloys y auoiēt retraict
Vne partie de leur cheuance
Mais tout ce la fut pris dun traict
Et en fist len chiere a puissance
¶ En ce temps du feu roy la mere
Dame ysabeau royne de france
Fut portee enterrer en biere
Au moustier sainct denis en france
¶ Elle trespassa a paris
Du les angloys grant apareil
Nen firent/comme non marris
Et nen menerent pas grant dueil

⁋ Si ny eut au conuoy du corps
Que troys faisans dueil seulemēt
En la faisant mener dehors
En vng basteau secretement
⁋ Apres quel dueil et qlle douleur
Aux nobles fleurs de liz de france
De veoir faire si poure honneur
A telle dame dexcellence
⁋ En son temps fut fort piteable
Eslargissant aumosne maincte
Au peuple doulce z amiable
Parquoy fut moult ploree z plaincte
⁋ En ce tēps les gēs des cōmunes
Du pays de caulx se leuerent
Et par entreprinses aucunes
Auec les francoys sallierent
⁋ Eulx voyās quoy auoit traictie
Ceulx de dieppe bien doulcement
Se redduirent par amitie
Au feu roy liberallement
⁋ De fait a vng iour se assēblerēt
Auec le mareschal de rieux
Poton z brusac qui allerent
Et dautres chiefz frācois plusieurs
⁋ Si firent si grant diligence
Quilz prindrent feycan et arresleur
Les mettant en lobeissance
Du roy leur souuerain seigneur
⁋ Oultre si prindrent longueuille
Et des forteresses vng grant tas
Du pays de caulx tancaruille
Ensemble lisle de boucas
⁋ En ce tēps vindrēt en chāpaigne
Quelque quatre mille brigueurs
Robans le monde oultre lenseigne
Et sappelloient les escorcheurs
⁋ Le roy tantost y enuoya
Le connestable pour les prendre
Qui bien tost les en enuoya
Faisant les vngz nayer z pendre

⁋ Ong iour de caresmeprenant
Ceulx de la ville de pontoyse
Voyans leur cappitaine absent
Sassemblerent sans faire noyse
⁋ Ce la fait tantost deliurerent
La ville au feu roy leur seigneur
Et les anglpys dehors bouterent
En quoy acquirent grant honneur
⁋ Cest ay espernay se rendit
Corbueil/brye conte robert
Et autres pays sans desdit
Qui pour le roy fut recouuert
⁋ Apres si fut prins le donion
Du chastel du boys de vincennes
Par le moyen dun compaignon
Qui dargēt eut bonnes estraines
⁋ Lan mil quatre cens trente six   1436
Le feu connestable z dunoys
Vouldrent emparer saint denis
Et bouter dedens les francoys
⁋ De pontoyse si arriueērent
A vng lieu nomme espinay
Du six cens anglois rencontererent
Bien ēpointz/z menans grant glay
⁋ Ilz estoient partiz de paris
En grande triumphe z caquet
Portans soubz grans chieres z ryz
En liuree/tire le locquet
⁋ Quant les frācois y la les virēt
Ilz se misdrent en ordonnance
Et aussi les anglpys le firent
Pour frapper z courir la lance
⁋ Si se prindrent fort a combatre
Les vngz z autres a puissance
Et eust len veu cheuaulx abatre
Et la faire mainte vaillance
⁋ Tresasprement la se batirent
Mais les francoys finablement
Tous lesditz anglois desconfirent
Et en tuerent largement

¶ Si en eut danglois trespassez
Quatre cens cinquante q periz
Et les autres furent chassez
Jusques es portes de paris
¶ Les anglois noserent depuis
Auoir ne leuer leur caquet
Car a ceste heure on ferma luys
Et lors perdirent leur locquet
¶ Tantost apres le connestable
Dunops q autres vaillans gens
En belle compaignie notable
Deuant paris tindrent les champs
¶ Les anglois qui dedens estoiēt
De les veoir furent esbahyz
Car touſiours craingnoient q doub
De ce q leur aduint depuis (toiēt
¶ Ilz tenoient en ladicte ville
Danglois gens darmes qbatans
Bien de seize cens a deux mille
Pour subiuguer les habitans
¶ Neātmoins les nobles bourgois
Et marchās qui grougner nosoiēt
Estans en cueur loyaulx francois
Conclurent quilz y pouruoiroient
¶ De fait lors firent assauoir
Au connestable quilz mettroient
Dens paris les frācois pour veoir
Et que au roy la ville rendroient
¶ Si fut la tournee sur ce prinse
A vng vendredi dapres pasques
Et estoit lembusche entreprinse
Entre les chartreux q saint iacques
¶ Or aduint il au point du iour
Que les bōs bourgois sassēblerēt
Et carrefours q alentour
Et viue saint denis crioient
¶ Lors tout le peuple de paris
Si commenca a sesmouuoir
Dont āglois furent moult marris
Voyans qlz ny pouoient pouruoir

¶ Neātmoins vouldrēt par puissā-
Gaigner la porte sainct denis (ce
Mais la trouuerent resistence
Et gens foyson de trait garnis
¶ Depuis sen vindrēt par la ville
Pour francois cuider suborner
Mais lon les fist sur pie sur bille
Bien tost beder q retourner
¶ Les chesnes si estoient tendues
Et iettoit lon a grans mouceaulx
Des fenestres parmy les rues
Grosses busches tables tresteaulx
¶ Ainsi quant lesditz āglois virēt
Contre eulx le peuple de la ville
Tantost apres se retrayrent
Eulx q leurs gens dens la bastille
¶ Therouenne le chancelier
Mostier q autres vrays anglois
Si se cuiderent beziller
Dainsi veoir crier les francois
¶ Or auoit ledit theroenne
Les clefz de la porte sainct iacques
Parquoy len rompit la posterne
A force de haches q macques
¶ Lors par icelle porte entrerent
Ledit connestable q dunops
Et parmy la ville passerent
Armez a blanc de tous harnops
¶ Leurs gēs aps leurs espees trai
Si venoiēt en belle ordōnāce (tes
En criant en ces entrefaictes
Viue le noble roy de france
¶ Les anglois dedens la bastille
Furent moult piteulx q cammus
Quant oyrent parmy la ville
Sonner Te deum laudamus
¶ Lē fist feux q chiere a merueilles
Et seiouissoit tout le monde
Apportans pastez q bouteilles
Affin de tenir table ronde

La feste si dura troys iours
Ou les enfans noel crioient
Parmy les rues & carrefours
De la ioye que les gens auoient
A lentrée neut effusion
Faicte de sang en quelque lieu
Ains aduint sans occision
Qui fut grant miracle de dieu
Laisser/cendres/de la fontaine
Pigache/bergeres/couuiers
De lentree si eurent grant peine
Et commencerent les premiers
Les autres bourgoys y aideret̃
Et si y fist chascun son deuoir
Tant que les choses bien allerent
Ainsi quon peust apperceuoir
Apres lentree dicelle ville
Si fut mis sans dilacion
Le siege deuant la bastille
Quon eut par composicion
Qui fut telle que les angloys
Estans dedens si sen proient
A tout leurs biens & leurs harnoys
En leur pays ou ilz vouldroient
Mais ou estoiet̃ lors escharfaulx
Des angloys & leurs deux couronnes
Les princes & mysteres haulx
Iouez deuant tant de personnes
De telle grant ioye excessiue
Si aduient grãt dueil bien souuent
Chascun en paix sur le sien viue
Petite pluye abat grant vent
De la print on a charenton
Le preuost de paris mohier
Qui fut prisonnier a rancon
Et le vindrent ses gens baillier
A saint denis pour chose nulle
Ne vouloient croire lentree
Iusque atant quilz vissent la mulle
Dudit preuost qui y fut menee

Adonc quant les angloys la virẽt
Et quilz en sceurent la verite
Par despit tantost sen fouyrent
Et fut chascun bien effrete
En procedant tout dune voye
Et conq̃stant tousiours en mieulx
Se rendit sainct germain en laye
Auec dautres places & lieux
En cest an le duc de bourgõgne
Si alla calays assiegier
Et pour conduire la besongne
Fist grant artillerie chargier
Si assembla moult de noblesse
De ses pays & des communes
Auecques viures a largesse
Et autres choses oportunes
Mais q̃t les flames oyrẽt dire
Quangloys la venoyent a puissãce
Ilz sen allerent dune tire
Sans vouloir faire residence
Le duc si les voulst detenir
En leur priant quilz demourassent
Mais ilz ne vouldrent reuenir
Et fut force quilz sen allassent
Si ne sceut len cause pourquoy
Sinon soudaine voulente
Qui les mist en ce desarroy
Dont le duc fut fort tourmente
Du siege ne vouloit saillir
Mais force fut de sen retraire
Car tout seul neust peu assaillir
Ainsi sen reuint sans riens faire
Lyuer dicelle annee deuant
Que tout estoit gele a glace
Talbot entra moult caultement
Dedens pontoise/& print la place
Tout du long du soir fut logie
Pres des fossez parmy les champs
Et auoit la nuyt tant neige
Que tous les chemins estoiet̃ blãs

¶ Pour mieulx iouer le psonnaige
Les anglops matin sabillerent
De blanc comme gens de villaige
Et ainsi en la ville entrerent
¶ Les vnz si aportoiẽt grãs caiges
Cõme en façon de poussins vendre
Les autres paniers a formaiges
Et vindrent la ville ainsi prendre
¶ Quãt ilz se virent les plusfors
Commencerent a plaine gorge
Crier tant quilz peurent alors
Ville gaignee / vive sainct george
¶ Les francops furent esbaiz
De veoir tant danglops a foyson
Et tout acoup prindrent pays
Ayans doubte de trahison
¶ Lan mil quatre cens trentesept
Rodigues si vint destrousser
Les gens du roy / a pie sec
Si les mist sans leur rien laisser
¶ Le roy de ce cas mal content
Manda quon les mist a bapaume
Mais il sen fouyt tout batant
Et fut lors banny du royaume
¶ Les francops en ceste saison
Misdrent le siege bas et hault
Pour le roy a chasteau landon
Quilz prindrẽt au derrenier dassault
¶ Dedens trouuerent la renduz
Grant tas de francops renyez
Dont les vngz si furent penduz
Et les autres prins et nayez
¶ Apres fut le siege a charny
Qui se rendit incontinent
La vie deulx et bien saufz parmy
Comme porte le conuenant
¶ De la vindrent deuãt nemours
Qui aussi sans dilacion
Se rendit au bout de deux iours
Au roy par composicion

¶ Puis les frãcois le siege misdrẽt
Deuant monstereau sur ponne
Ou moult vaillãment cõbatirent
Le roy y estant en personne
¶ Richemont / la marche / dunoys /
Saucourt / poton / chailly / giresme
Et dautres vaillans chiefz frãcois
y firent diligence extresme
¶ Des deux costez len fist bastille
Approuches tandiz boulleuars
Pour enclorre du tout la ville
Et assaillir de toutes pars
¶ Ceulx de dedens furent sõmez
De ladicte ville au roy rendre
Mais comme mal meuz et fumez
Ilz ny vouldrent oncques entendre
¶ Si furent lors ietees bõbardes
Engins volans canons perriers
Qui leur faisoient belle vesardes
Et abatoient tours et clochiers
¶ Les anglops si fortiffierent
Leurs murailles par bas et hault
Mais en fin les frãcops gaignerẽt
Et prindrent la ville dassault
¶ Le roy y estoit en presence
Dont chascun se boutoit auant
Affin de monstrer sa vaillance
Et entra des premiers deuant
¶ Les ãglops les frãcops gettoiẽt
De hault des murs dens les fossez
Mais les autres y remontoient
Et pour vng chut trops redressez
¶ Si eut quelque cent ãglops lors
A lassault tuez que nayez
Et autres gens pendus et mors
Quon trouua francops regniez
¶ Ceulx du chastel vouldrẽt tenir
Mais quant ilz virent la puissance
Et lartillerie la venir
Requirent auoir cheuissance

f i

¶ Si leur fut dit pour le soucy
Quilz auoient fait q le tourment
Que tous se rendroient a mercy
Et nauroient autre appointement
¶ Adonc si firent requerir
Le feu roy de misericorde
Priant quil ne les fist mourir
Eulx sentans dignes de la corde
¶ Le roy par pitie sadonna
A celle requeste ottroier
Et a chascun si pardonna
Et oultre les fist conuoier
¶ Il ne vouloit point de vengence
Ains son cueur tousiours se adōnoit
De vser de pitie q clemence
Dont en la fin bien luy prenoit
¶ Pendant ceste altercacion
Prindrēt les anglois tancaruille
Moiennant composicion
Beau chastel/auec malleuille
¶ Flocquet si vint querir secours
Mais auant quil seust retourne
Ilz estoient renduz des trops iours
Et ny fut horion donne
¶ En ce tēps le duc de bourgōgne
Entra dens bourges q ses gens
Dont la ville si eut vergongne
Par ce quilz estoient trop puissans
¶ Ceulx dudit bourges sesleuerēt
Et le commun pareillement
Tellement que les vngz tuerent
Des gens du duc soudainement
¶ Mais puis apres ilz accorderēt
Auec ledit duc q sa gent
Et pour auoir paix luy baillerent
Certaine grant somme dargent
¶ Du moys de nouēbre ensuiuāt
Le feu roy si vint a paris
Et fut tout le monde au deuant
Le receuoir a ioyes q ris

¶ Si se partit de sainct denis
Et plusieurs des seigneurs de frāce
De nobles q barons garnis
En moult excellent ordonnance
¶ Les bourgoys de paris allerent
Au deuant iusques a la chappelle
Et illecques le saluerent
En grande compaignie q belle
¶ Leuesque y vint dautre coste
Auec tous les gens deglise
Parlement luniuersite
Selon lordre qui y fut mise
¶ Le feu roy tout lesditz estaz
Receut lors tres benignement
Et dautres seigneurs vng grāt tas
En parlant a eulx doulcement
¶ Et quāt il fut deuāt sainct ladre
Hommes sauuaiges reuestuz
Si vindrent iouer pour esbatre
Les sept pechez q sept vertuz
¶ Contre la porte sainct denis
Ung enffant en facon dun ange
Luy apporta les fleurs de lis
En mystere bel q estrange
¶ Le cueur lors luy appitoia
Entrant dedens ledit paris
Et dient aucuns quil lermoya
Es grans ioyes quil eut et plaisirs
¶ Des long temps ny auoit este
Dont auoit peu estre mary
Car la print sa natiuite
Et y fut ieune enffant nourry
¶ Si eust des gens a ceste entree
Tant quon scauroit ymaginer
Et y auoit telle assemblee
Quon ne se y pouoit retourner
¶ Les vngz es fenestres estoient
A veoir ledit feu roy passer
Puis les enffans sagenouilloient
En criant noel sans cesser

¶ Chascun si se mettoit en voye
Pour luy faire honneur reuerence
Dont les aucuns pleuroiēt de ioye
De veoir sa personne & presence
¶ Il nest au iourdui si dur cueur
Que maugre luy ne sasfleblisse
Quant veoyt son naturel seigneur
Et qua leure ne sestouisse
¶ Les quatre escheuins si estoient
A pie tout au ioignant de luy
Et dessus sa teste portoient
Vng ciel de drap dor bien poly
¶ Si entra le roy tout arme
Sur vng courcier gent & iolys
Couuert dun vellours pers seme
De perles a grans fleurs de lys
¶ Pour lentree de ladicte ville
Venoient de pas huit cēs archiers
Et puis le sire de grauille
A troys pages sur grans courciers
¶ Apres les dessusditz venoient
Les archiers du conte du maine
Qui leur renc & ordre tenoient
En fringant chascun a lestraine
¶ Ceulx de la garde les suiuoient
Abillez tous moult richement
Et montez sur roussins quauoient
Pour bruyre merueilleusement
¶ Apres cheuauchoiēt les heraulx
Auec les clerons & trompettes
Iouans a couples & mouceaulx
Choses de melodie complettes
¶ Le roy darmes subsequemment
Portoit dazur la cotte darmes
Du feu roy faicte richement
A trois fleurs de lys pour ses armes
¶ Apres lescuier descuierie
A quatre courciers bien allans
Venoit couuert dorfauerie
Et ses cheuaulx de cerfz volans

¶ Ledit escuier si portoit
Le harnoys de teste du roy
Ou la couronne dor estoit
A vne fleur de lys par soy
¶ Vng autre escuier descuierie
Portoit en escharpe lespee
Garnye toute dorfauerie
Et de grosses perles bordee
¶ Le roy si cheuauchoit apres
Ainsi que dit est habille
Et le connestable au plus pres
A tout vng baston blanc pele
¶ Enuiron distant dune paulme
De lautre coste a senestre
Venoit le conte de Vendosme
Lors de lostel du roy grant maistre
¶ Aupres du roy sur vng roussin
Venoit apres subsequemment
Son filz monseigneur le daulphin
Lors habille tresrichement
¶ Du coste destre aisi quō marche
Cheuauchoit le conte du mayne
Et puis le conte de la marche
Tous triūphans en ioye haultaine
¶ Puis venoiēt les pages du roy
Du daulphin & autres seigneurs
Lun apres lautre en bel arroy
Vestuz de diuerses couleurs
¶ Les vns de soyes rouges & vertes
Faisans saultz & iringues extremes
Sur leur cheuaulx a grās couuertes
De brodure & velours de mesmes
¶ Apres le conte de dunoys
Venoit sur vng courcier de guerre
Arme a blanc de tous harnoys
A tout vng drap dor iusques a terre
¶ Dessus luy portoit vng collier
De chesnes dor a grant feullaige
Et eust len veu gens pestiller
Fringuer cheuaulx & faire raige

f ii

¶ Puis vng escuier descuierie
Allant sur vng destrier en main
Couuert de bel orfauerie
A tout lestandart en sa main
¶ Du quel la pour deuise estrãge
Auoit plusieurs estrilles dor
Et au dedens sainct michel lange
Brodde dasur & de fin or
¶ Puis venoiẽt huit cẽs fustz de lã
Barons cheualiers escuiers   (ce
Cappitaines gens de vaillance
Montez sur courciers & destriers
¶ Les vngz si portoiẽt couuertures
De damas vermeil cramoisi
Gris/iaulne/pers/dautres figures
Comme chascun auoit choisi
¶ Qui vouldroit au long samuser
A descripre les pas & tours
Trop longuement fauldroit muser
Et nauroit len fait en deux iours
¶ Ainsi le feu roy si entra
Dedens sa ville de paris
Du foyson de peuple encontra
Luy faisant grans chieres & ris
¶ Tout audeuant des filles dieu
Len auoit fait vne fontaine
Gettant la par tuiaulx dun lieu
ypocras blanc/vermeil/eaue seine
¶ Puis y auoit tasses dargent
Pour donner a boyre & verser
Publiquement a toute la gent
Qui en vouloit boire au passer
¶ Le long de la rue sainct denis
y auoit des ieuz & esbas
Sur escharfaulx lec espaniz
Et deuant chastellet plus bas
¶ Le roy tout droit sen vint descen
A nostredame de paris   (dre
Et de la en son palays rendre
Ou il fist ce iour son logis

¶ Le soir es rues & carrefours
Len fist les feuz a grant puissance
Dances a herpes & tabours
En signe de resiouissance
¶ Le matin oyt la grant messe
Du palays/& de la par ville
Sen alla vestu de richesse
En son hostel pres la bastille
Aussi la luy firent grans festes
Ceulx de paris entierement
Et au regard de leurs requestes
Leur ottroya benignement
¶ Atant se partit de leans
Le feu roy certain temps apres
Et sen alla a orleans
Et es autres villes dempres
¶ En ce tẽps la vindrẽt nouuelles
Que les anglops dedens crotoy
Nauoient a mẽger deux prunelles
Et quon les prendroit a requoy
¶ Si que les francoys y allerent
Mettre diligemment le siege
Et par terre fort lassiegerent
Cuidãs les ãglops prẽdre au piege
¶ Mais a leur secours arriuerent
Talbot & autres anglops
Qui ledit siege tost leuerent
Et sen partirent les francoys
¶ Ilz ny eussent peu resister
Car les autres estoient cinq mille
Parquoy leur conuint desister
Et laisser le siege & la ville
¶ Lors le duc de bourgongne en sõ
Si fut des ãglops desplaisãt (me
De ce que auoient passe la somme
Sãs ce q̃ homme leur feust nuysãt
¶ Ses gens si estoient au riuaige
En grant nombre & ordonnance
Mais neantmoins eurent passaige
Et ny eut oncques resistence

℧ Les gens du roy de la frontiere
De caulx frapperent au retour
Sur celle des anglops derriere
En tuant cent ou a lentour
℧ En ceste saison la rodigues
fist en bourdellops des traueschez
Et atant de cources & de brigues
Quil prit plusieurs places egleschez
℧ Pour le roy les tint grandement
En faisant de merueilleux faitz
Et y besongna tellement
Quil fist auoir au roy sa paix
℧ Lan trentehuit le sainct concille
Dedens bourges si fut tenu
Pour la chose publique vtille
Dont grant bien en est aduenu
℧ Tous les prelaz de saicte eglise
furent en congregacion
Decretans par vnion mise
La pragmatique sanction
℧ Et pour les grans destructions
Du reaume & des beneficez
firent lors constitucions
Et y misdrent bonnes polices
℧ Pleust a dieu qlle feust gardee
En tous ses pointz entierement
Car se vnefops elle est brouillee
Len aura des maulx largement
℧ Auant quelle feust mise sus
Len eust trouue dedens les villes
Les iardins vingnes ius & sus
Masures & lieux inutilles
℧ Mais depuis qlle a eu son cours
Le royaume est fort amende
Le peuple sest refait tousiours
Et si nest point largent vuide
℧ Depuis sen vint le roy a blops
Ou fut parle du mariage
De sa fille enuers charrolops
Pour tousiours croistre le lignaige

℧ Puis le roy montargis & dreux
Si mist en son obeissance
Auec dautres places & lieux
Quil rachetta de sa finance
℧ Messire francops ragonnops
En eut dix mille salutz dor
Et vng autre escuier anglops
Pour sa part douze mil encor
℧ Le conte de mortang cest an
Et dautres anglops misdrent peine
De vouloir prendre sainct aignan
Et la guierche en touraine
℧ Si fist le roy tantost armee
Pour frapper dessus & les prendre
Mais auant que feust arriuee
Ilz sen allerent sans lattendre
℧ De la les gens darmes tirerent
Dedens barrops & en lorraine
Ou places & villes gaignerent
Et y firent beaucoup de peine
℧ Lan mil quatre cens trenteneuf
Le feu roy si fist les gens darmes
Vestir & habiller de neuf
Car lors estoient en poure termes
℧ Les vngz auoient habiz vsez
Allans par pieces & lambeaulx
Et les autres tous dessirez
Ayans bon besoing de nouueaulx
℧ Si les monta & artilla
Le feu roy selon son desir
Et grandement les rabilla
Car en ce sa prenoit plaisir
℧ Alors partit le connestable
Ce lesditz habillez nouueaulx
Denans en compaignie notable
Mettre le siege deuant mieaulx
℧ Si sen vindrent tout droit logier
En labbaye de sainct faron
Affin dillecques assieger
Et es autres lieux denuiron

f iii

¶ La fist len approuches trenchees
Bastilles tandiz boulleuars
Et de canons grandes nichees
Pour assaillir de toutes pars
¶ A ceste heure nouuelles vindrēt
Que les āglops bien tost viēdroiēt
Mais neātmoins les frācois tirēt
Et fut conclud quilz assauldroient
¶ Sicques ledit meaulx assailliret
De lun z de lautre coste
Et tretout si vaillamment firent
Quilz prindrent dassault la cite
¶ Y la furent mors z tuez
A la saillie de prime face
Anglops z francops regniez
Que len peut trouuer en la place
¶ Le bastard de cray cappitaine
Quon auoit prisonnier arte
Si fut pour sa deserte z peine
Deuant tous la decappite
¶ Les aglops auoiēt fait vng pōt
Dentre la ville z le marche
Dont le passaige estoit amont
Et aussi par bas empesche
¶ Tellement que lesditz francops
Ne pousient a eulx aduenir
Et pareillement les anglops
Si neussent sceu contre eulx venir
¶ Lors talbot z foncamberge
Tant comme ilz y peurent courir
Si prindrent le faiz z la charge
De icelluy marche secourir
¶ Pendant ce du coste de brye
Len fist grant bastille de bops
Qui ne peut pas estre acomplye
Ou auoit bien six vingtz francops
¶ Y la se tenoient en vne ysle
Toute ioignant dudit marche
Affin de garder bien la ville
Et que nul si y eust marche

¶ Talbot a leure y arriua
A tout cinq mille combatans
Et deuant meaulx si se trouua
Presentant la bataille aux champs
¶ Les francops z le connestable
Lors si conuindrent en vng point
Concluans par conseil estable
Que len ne les combatroit point
¶ Premierement/car leur puissāce
Si estoit lors en trops parties
Dont len neust sceu faire finance
Si acoup veues les departies
¶ Secondement/car se vne fois
Emparoient laditte cite
Les anglops estans la recoiz
Si leussent regaignee forte
¶ Ceste opinion fut tenue
Et apres ne demoura guere
Que talbot a sa venue
Ne vint marcher vers la riuiere
¶ Lesditz francops auoient alors
Vng basteau bien propre z vtille
Allant z venant par dehors
De la cite dens la dicte ysle
¶ Mais quāt les āglops lauiseret
Pour les francops dedens naurer
Par tel party lors si tirerent
Que nul bun ne sosoit monstrer
¶ Tellement que ledit fosset
Alloit sur leaue z la riuiere
Ainsi que le vent le verset
Ades auant ades arriere
¶ Si lallerent les anglops querre
A la riue assez pres du bort
Et quant il fut au rez de terre
Misdrent tous les francops a mort
¶ Les autres anglops du marche
Ce la fait lysle si gaignerent
Et illecques a pied seche
Bien six vingtz frācops si tuerent

¶ Quāt ceulx de la bastille virēt
Que len seruoit leurs gens ainsi
Incontinent de la partirent
Et sen allerent a crespy
¶ Finablement lesditz anglops
La passerent et rapasserent
Et maugre queussent les francops
Ledit marche auisaillerent
¶ Gens y commisdrent et laissrēt
Comment voulurent a leur ayse
Et ce la fait sen retournerent
Dedens la ville de ponthoise
¶ Le feu roy derrenier trespasse
Quant ces nouuelles ouyt dire
En fut moult dolent et courrousse
Et y vint mesmes belle tire
¶ Si fist tost arriuer gens darmes
Affin de la cite garder
Et tenir aux autres piedz fermes
Qui ne sen vouloient point vuider
¶ Apres enuoya aux passaiges
Mettre gens dens ysle et boys
Pour garder que par les riuaiges
Ilz neussent secours des anglops
¶ Quāt les āglops du maeche vi-
La grant fortificacion   (rēt
La place sans assault rendirent
Au roy par composicion
¶ Qui fut telle quilz sen yroient
Leurs vies saulues en leurs pays
Et que leurs biens emporteroient
Et atant si prindrent pays
¶ Apres de meaulx la deliurance
Le feu roy si vint a paris
Et de la certaine distance
Si fut a orleans depuis
¶ Y la si tint son grant conseil
Pour scauoir quil auoit a faire
Touchant la guerre et le traueil
Que souffroit lors son populaire

¶ Si ordonna pour y pouruoir
Que len taschast a paix contendre
En soy mettant en tout deuoir
Se les anglops y vouloient tendre
¶ Cest an le sire de Bueil
Print la ville saincte susanne
En grant diligence et traueil
Et par vne entree moitoienne
¶ Et tandiz que le cappitaine
Et ses gens sen alloient raudans
Ung gallant du pays du mayne
Si bouta les francops dedens
¶ En icelle ville trouuerent
De tous biens grande garnison
Et brief les francops la gaignerent
De lor et de largent foison
¶ En ce tēps misdrent les frācops
Le siege par deuant auranches
Du ilz firent tandiz de boys
Aprouches de canons et tranches
¶ La le connestable/alencon
Plusieurs cappitaines roustiers
Et autres gens de grant facon
y furent quinze iours entiers
¶ Adonc les anglops se assēblerēt
De toutes pars a y venir
Et foyson gens y amenerent
Pour a la ville subuenir
¶ Quant les frācops leur venue
Si prūdrēt chemin en auāt (sceurēt
faisant tant quilz les aconceurent
Pour gaigner le chemin deuant
¶ Si prindrent y la le passaige
Pres de la riuiere de seine
Et les anglops lautre riuaige
Dont veoient lun lautre sās peine
¶ Y la se tindrēt pres que vng iour
Et de tous costez traict tirerent
Mais pour leaue passant a lentour
De plusptes point ilz naproucherēt

f iiii

¶ Lesditz anglois voyans alors
Quilz neussent peu par la passer
Si tirerent de la en hors
Pour autre chemin traverser
¶ Si que sur le tart arriverent
Pres de la greue sur les bors
Du tresbien les escharmoucherēt
Et en eut de tuez & mors
¶ La le bailly de constantin
Chevalier cappitaine anglois
Si fut grippe a ce hutin
Et emmene par les francois
¶ Ceulx du siege estans dispersez
Voyans lors la grande poursuite
Et quilz estoient de pres chassez
Si se misdrent en belle fuite
¶ Ainsi lesditz anglois leverent
Ledit siege en grande cririe
Et en ce faisant la gaignerent
Les canons & lartillerye
¶ Le connestable & les seigneurs
Voyans ceste faulte advenir
Si en menerent grans douleurs
Mais brief leur convint revenir
¶ Le feu roy entenduz les termes
Si envoya a eulx de court
Pour ralyer nouveaulx gēs darmes
Et y fut poton & gaucourt
¶ Si leur bailla artillerie
Argent/vivres/pour assieger
Mais obstant ia la departie
Ne firent riens pour abreger
¶ Si sen vindrent & retournerent
Avec les chiefz & cappitaines
Et au feu roy les amenerent
Dont lors neurēt bōnes estraines
¶ Si luy disrent et remonstrerent
Que les anglois estoient beaucop
Et plus que eulx quāt ilz arriverēt

Par quoy sestoient partiz acoup
¶ Le roy au long les escouta
En leur iustification
Et de tencer se deporta
Recevant lexcusacion
¶ Depuis en la ville dangiers
Considerant en soy les termes
De guerre/perilz/& dangiers
Qui avenoient par les gēs darmes
¶ Que vng hōme darmes si avoit
Alors dix chevaulx de bagaige
Dont la pluspart riens ne servoit
Si non que daller au fouraige
¶ Que les varlez nestoiēt que her
Plus empeschās q̃ soulageās (paille
Tous adonnez a la mengeaille
Et a destruire poure gens
¶ Ledit feu roy fist ordonnance
Et fut aussi & conclus
Qun homme darmes ou vne lance
Auroit cinq chevaulx/& non plus
¶ Vng coustillier & deux archiers
Avec son gros varlet & paige
Qui seroient par moys souldaiers
Et mis hors tout autre bagaige
¶ Dultre fut dit q̃ iceulx gēs dar̄
Lesditz coustilleurs & archiers (mes
Seroient paiez par moys & termes
Selon les monstres & cartiers
¶ Et pour oster la mengerie
Et vng grant tas dabusion
Len mist ordre en lartillerie
Et sur tout grant provision
¶ Ainsi que le bon roy cuidoit
Avoir trestout bien appointe
Et que par cela entendoit
Veoir ses gens en prosperite
¶ Aucuns de son sang sesleverent
Contre luy tout soudainement

Et tous ensemble salierent
Pour auoir le gouuernement
¶ Et pour paruenir a leur fin
Firent si grande diligence
Quilz attiroient le daulphin
Pour estre de leur aliance
¶ Le feu roy fut moult esbahy
Et trouble comme on peut cuider
De se veoir ainsi enuahy
De ceulx qui luy deuoient aider
¶ Si vouldrẽt marcher sur sa terre
En faisant moult grant broullerie
Et appelloit lẽy ceste guerre
La guerre de la praguerie
¶ Le roy manda a alencon
Quil voult son filz bailler & rendre
Mais de lauoir ny eut facon
Si ny voult ledit duc entendre
¶ En lan mil quatre cens quarãte
Ainsi que la pasque commence
Le roy fist sa feste dolente
A poittiers en grant desplaisance
¶ Anglois & aucuns ennemys
Luy procuroient aduersite
Et puis ses parens & amys
Le tourmentoient dautre coste
¶ Les anglois le vouloiẽt deffaire
Et les autres ses deniers prendre
En le traictant par tel affaire
Quil ne scauoit auquel entendre
¶ La chose estoit bien doloreuse
A bien le cas considerer
Et encores plus rigoreuse
A soustenir & endurer
¶ Ceste douleur bien sauouree
Si estoit moult grande & selon
Quelle peut estre figuree
En daniel & absalon
¶ Ce nest donc pas de maintenãt

Quambicion si regne & court
Pour estre sur tout gouuernant
Enuye tousiours demeure en court
¶ Si aduint vng iour ensuiuant
Ainsi comme le roy disnoit
Que lors vint dire vng poursuiuãt
Qualencon sainct mexent prenoit
¶ Le feu roy de ce mal content
Tantost si se leua de table
Pour aller audit lieu batant
En grant compaignie & notable
¶ Si monta sur piedz a cheual
Mettans ses gens en ordonnance
Et fist de ceste heure admiral
Coittiuy pour sa grant vaillance
¶ Si partirent & cheuaucherent
Tellement le iour & la nuyt
Que le lendemain arriuerent
Audit sainct mexent en grant bruyt
¶ Or en ce cas si bien aduint
Que les bonnes gens si gaignerẽt
Vng portail qui pour le roy tint
Et par lequel ses gens entrerent
¶ Quant le duc dalencon & roche
Le bruyt des gens du roy oyrent
Incontinent sans autre approche
Dens le chastel se retrairent
¶ La nuyt deuant dehors saillirẽt
Mais pour la garde de leans
Ilz laisserent & establirent
Dens ledit chastel plusieurs gens
¶ Le lendemain le roy fist batre
Ledit chastel de tous costez
Dengins & canons pour labatre
Dont furent moult espouentez
¶ Si que tost sans dilacion
Ledit chastel lors si rendirent
Au roy par composicion
Que ses cappitaines si firent

¶ Qui fut par icelle facon
Que les gens darmes sen proient
Estans oudit duc dalencon
Et que au roy le serment feroient
¶ Mais ceulx aux gẽs dudit la roche
Qui auoient donne tant de soucy
Fait la diligence & approuche
Ilz se rendroient tous a mercy
¶ Et depuis pour la trahyson
Et les mauuais cas proiectez
Enuers le roy contre rayson
Plusieurs furent decapitez
¶ Ce fait le feu duc de Bourbon
Et autres grans seigneurs frãcois
Chaumont/tremouille/& alencon
Si tirerent en bourbonnoys
¶ Pendant ce a vng soir bien tart
Les gens du feu roy si entrerent
Dens le chastel de montrichart
Du foyson de bien y gaignerent
¶ De cheuance y auoit lors mont
Vaisselle/argent/tapisserie
Appartenant audit chaumont
Et autres de la praguerie
¶ Le roy de ce la fut bien aize
Et estoit chief de lentreprinse
Guydas cappitaine damboize
Et de tillay qui fist la prinse
¶ Apres ce le roy destina
Es pays & lieux de frontiere
Gens darmes quil y ordonna
Pour garder le heurt de derriere
¶ Et affin que point les anglois
Ny feissent mal ou nuysance
Y commist vaillans gens francoys
Pour faire par tout resistence
¶ A tant par cheuauchee soudaine
Partit le roy & sans arrest
Vint logier a la fontaraine
Et de la tira a garest

¶ Auec luy lors assistoient
Richemont vaillant connestable
Et autres seigneurs qui y estoient
En belle compaignie notable
¶ Pregent/coitiuy/admiral
Poton/flocquet/bailly deureux
Louuain/breze/grant seneschal
Et moult dautres gens auec eulx
¶ Si auoit la le roy en armes
Quelque deux mille gens de traict
Et bien huit a neuf cẽs gẽs darmes
Et moult de peuple a luy retraict
¶ A lauant garde estoit poton
Flocquet/& breze/qui dassault
Prindrent la ville de chambon
Quasi en vng pas & vng sault
¶ Et ainsi que les bonnes gens
Si salloient mucer en leglise
Le connestable vint leans
Qui leur saulua biens & la vie
¶ Nõobstãt lassault ny eust hõme
Ou femme qui feust a mort mise
Mais paierent certaine somme
Pour la rebellion commise
¶ Apres le roy sa partit
Et a montagut en coinbraille
Bien dole a luy conuertit
Et dautres villes sans bataille
¶ Puis esgueperse tresmist
Ses heraulx en grant diligence
Affin que la ville se mist
En sa grace & obeissance
¶ Les habitans contens en furent
Sans faire difficulte goute
Et le roy grandement receurent
Qui y fist lors sa penthecouste
¶ Mais aisi quon menoit de nuyt
Lartillerie o les lanternes
La vint frapper sur le minupt
Messire iacques de chabannes

¶ Quāt les cōducteurs p̄ la virēt
Tant de gens sur eulx artiller
Ilz laisserent tout & fouyrent
Pour eschapper & eulx sauluer
¶ Ainsi les autres si gaignerent
Partie dicelle artillerie
Et toutes les pouldres bruslerent
Affin que len nen fist tuerie
¶ Ce la sceu le roy espaue
Si fut bien merueilleusement
Et auant le soleil leue
y acourut diligemment
¶ A ceste heure pie nen trouua
Car tretout cestoit ia retraict
Mais vne partie recouura
De son artillerie & traict
¶ Le roy enuoya a cussy
Affin que len luy fist ouuerture
Ce quon luy fist sans qua ne si
Ne vser de trop responce dure
¶ Les gens du roy leans receurēt
Le veuil des autres nonobstant
Et leur firent le mieulx q̄s peurent
Dont le roy si fut moult content
¶ Ceulx de la ville de charoux
Si vouldrent vng pou parler hault
Mais ce leur tourna en couroux
Car depuis furent prins dassault
¶ Lors les seigneurs de saintpour
Partirent & se deslogerent (sain
Doubtant le lieu nestre pas
Et a moulins si sen allerent
¶ Si vint len nouuelles la dire
Quon les venoit tous assieger
Par quoy tirerent a desire
Et es autres lieux pour logier
¶ Lesdiz seigneurs auoient fiance
Que leur viconte de longmaigne
Deust estre de leur aliance
Et salezart soubz leur enseigne

89

¶ Toutesuoies alors declarerent
Estre pour le roy venuz la
Et de fait aussi semploierent
En son seruice ca & la
¶ Ceulx de montferrant & clermōt
Si ne voulurent oncques entendre
Aux prieres quon leur fist mont
De deuers les seigneurs eulx rēdre
¶ Pour le roy tindrent fermement
Regettez faueurs & obiectz
Et si porterent grandement
Comme vrays & loyaulx subiectz
¶ y la les gens des troys estaz
Luy vindrent faire reuerence
Jusquelz il remonstra le cas
Et du debat la vraye naissance
¶ Ce fait apres au roy offrirent
Luy aider de corps & cheuance
Et leur deuoir grandement firent
Luy presentant don de finance
¶ Le conte de eu si traueilla
Pour la paix vers les seigneurs
Et tāt pourchassa & alla (mont
Quil les fist venir a clermont
¶ Le feu roy & eulx si parlerent
Aux cordeliers bien largement
Et certain brief iour assignerent
Pour conclure lappointement
¶ Mais les autres ny vidrēt poīt
Par quoy le roy fist abiller
Tous ses gens & passer en point
De la la riuiere dallier
¶ Si vindrent vuicy assieger
Mais quant les habitans la virent
Le feu roy / alors sans targier
Jcelle ville luy rendirent
¶ Si luy prierent humblement
Que tous demourassent entiers
En corps & biens finablement
Ce quil accorda voulentiers

¶ De la vint mettre a Varennes
Le siege de tous les costez
Ou les murs tandiz barbacannes
furent ruez z bas iettez
¶ Les gēs du feu duc de Bourbon
Deulx rendre si leur fut besoing
Car le tenir nestoit pas bon
En partant le baston au poing
¶ Oultre fut dit z ordonne
Que ferrieres leur cappitaine
Rendroit gaucourt desprisonne
Auec vng autre cheuetaine
¶ Puis si fut le roy en forest
Ou en allant z ca z la
Print plusieurs places sans arrest
Et mist le siege a sainctenla
¶ Le roy les fist sōmer deulx redre
Deux ou trops foys par sō heroult
Mais ilz se voulurent defendre
Et pource furent prins dassault
¶ Quāt le roy vid ses gēs mōter
La sur les murs soudainement
Manda que sen les feist arter
Et quon cessast diligemment
¶ Il estoit fort piteux en cueur
Dont tous les biēs luy acroissoiēt
Et plaignoit mesmes la douleur
Que ses contraires pourchassoient
¶ Alors quant les gens de la place
Virent sa debonnairete
Ilz se rendirent a sa grace
Et a sa bonne voulente
¶ Si fist ses gens darmes partir
Affin quilz ne feissent greuance
En voulant sa grace impartir
Dont le louerent a oultrance
¶ Ceulx de rouanne de perieulx
Dopans le roy z sa puissance
De charlieu z dautres maitz lieux
Se rendirent sans resistence

¶ Les autres seigneurs si se tirēt
Pour deffaitz/z lors a coucy
Par deuers le feu roy si vindrent
Eulx rendre en sa grace z mercy
¶ Le roy les receut humblement
Et parla bien a eulx dassiette
Puis tout acoup ioyeusement
La paix si fut criee z faicte
¶ Tretout fut redresse z mis
Au gre dun chascun lpement
Et demourerent bons amys
Par laccord z appointement
¶ Loches corbueil sait oing sāterre
Lors tenuz des autres partiz
Au roy comme estans de sa terre
furent rendus z conuertiz
¶ Puis sen vint a la charite
Ou les habitans franchement
Tous dune bonne voulente
Luy vindrent faire le serment
¶ Finablement maistre z seigneur
Demoura comme droit estoit
Et y acquist moult grant honneur
Car il gardoit z conquestoit
¶ En ce temps breze z flocquet
Si prindrent de conches la ville
Et ny seruit pas dun nicquet
Des angloys leur garde z bastille
¶ Apres pour secourir arrefleur
Le roy y enuoya dunoys
La hire/gaucourt/z la fleur
Des bons cappitaines francoys
¶ Mais les angloys illec au piege
Si tresfortiffiez/se rendirent
Que len ne peut leuer le siege
Et atant les francoys sen vindrent
¶ Ilz nauoiēt nul retraict en sōme
Ne pour querir viures de iour
Si non la riuiere de somme
Ou failloit faire trop grant tour

¶ Si aduint côme ilz se tournoient
Quaucuns des anglois en destour
Ainsi que apres eulx sen venoient
Ilz prindrent prisonnier gaucourt
¶ Apres le roy fut en champaigne
Pour la prēdre (e mettre en ses mais
Ges darmes qui soubz son enseigne
Faisoient au peuple exces maintz
¶ Cestoit la plus grant mengerie
Que len scauroit dire (e penser
Car tous viuoient de pillerie
Sans ce que home osast la passer
¶ Si en fist faire grant iustice
Et seruit de leur derrenier maiz
En y mettant telle police
Que le pays vescut en paix
¶ Lan quatre cens quarāte (e ung
Le roy fist ses pasques a laon
Ou fut festoye dun chascun
Selon les viandes de lan
¶ La vint ma dame de bourgōgne
Bien grandement acompaignee
Pour parler de mainte besongne
Qui y fut aussi festoyee
¶ Puis le conte de sainct pol vint
Faire au roy la foy (e hommaige
En luy rendant merle quil print
Et autres terres sans dommaige
¶ Si firent grant chiere a merueil
Et puis de la le roy partit
Pour lors mettre le siege a creil
Que a grant peine a soy conuertit
¶ Dedēs auoit trops ces āglops
Gens de fait / tous bons combatās
Et autres reniez francops
Pillans le pays (e gatans
¶ Cottiuy pour lors admiral
A faire laprouche dassiette
Eut grant peine amont (e aual
Et y fist tres vaillant emplette

¶ Culant (e ioachim rouault
Auec eulx de la compaignie
Assaillirent par bas (e hault
Sans craindre dangier de la vie
¶ Puis richemont bureau poton
Faisoient ietter lartillerie
Et nauoit mur tour ne donion
Ou ne fist grant renuerserie
¶ Si fut la ville tant batue
De bombardes par bas (e hault
Quen brief eust este abatue
Et au derrenier prinse dassault
¶ Mais ōt les āglops ce la viret
Pour saufuer leurs biens et leurs
La ville (e chastel si rēdirēt (corps
Et atant sen partirent lors

¶ Le siege de pōthoise mis par
les francops

¶ De la le roy vint assieger
Et mettre le siege a ponthoise
Ou quant vint aux engins rēgier
Il cuida auoir belle noise

¶ Les anglops dessus arriuerent
Cuidans les surprendre a lescart
Mais les francops les rebouterent
Jusques au fossez du boulleuart
¶ Le feu roy oudit siege lors
Faisoit conduire grant bernaige
Et auoit autour de son corps
Plusieurs de son sang z lignaige
¶ Son filz monseigneur le daulphin
Messeigneurs les contes du maine
De la marche/ beu/ son cousin
En grant compaignie souueraine
¶ Richemont vaillant conestable
Dendosme/ sainct pol/ taucaruille
Et de gens deslite notable
Combatans de six a sept mille
¶ Pregent/ coitiup/ admiral
Flocquet/ breze/ poton/ la hire
Loheac/ culant/ mareschal
Si vaillans chiefz quon pourroit dire
¶ Rouault/ moup/ pierre taillet
Auec grant tas de seigneurie
Touars/ sassuze/ dallebret
Et bureau pour lartillerie
¶ Si furent faitz approuchemens
A ietter bombardes canons
Et moult diuers habillemens
Pour rompre bastilles z pons
¶ Dedens ledit pontoise estoient
Quelque bien onze cens anglops
Qui vaillamment se combatirent
En resistant la aux francops
¶ Adonc les francops assortirent
Engins de tous costez z marches
Et tellement quilz abatirent
Dens la riuiere trops grans arches
¶ Apres lesditz francops gaignerent
Sur les anglops vng boulleuart
Dont a haste desemparerent
Sans attendre quil fust plustart

¶ Huit iours apres ou enuiron
Le feu roy si sen vint logier
Dens labbaye de maubuisson
Pour ses gens darmes couraigier
¶ Au dessoubz dicelluy ponthoise
Si fist faire vng grant boulleuart
Et vng pont de basteaulx sur oise
Pour passer dune z dautre part
¶ Du coste deuers normendie
Auoit aussi vne bastille
Deuers sainct martin labbaye
Moult fortifiee z vtille
¶ Lors talebot si arriua
A tout cinq mille combatans
Qui en barbe la se trouua
Et ses gens fringans z voulstans
¶ La passa voulsist sen ou non
Et vint auec sa compaignie
Aproucher dun trait de canon
Jusques a icelle abbaye
¶ Culant/ mouhy/ z ladmiral
Qui auoient la bastille en garde
Denerent amont aual
Tant que la bastille neust garde
¶ Ledit admiral si porta
Entre les autres vaillamment
Car auxditz anglops resista
Sans desemparer nullement
¶ Jaillet/ ioachim/ z la hire
Estoient ceulx qui escarmouchoient
Si vaillammet quon pourroit dire
Et tant q anglois deulx naprouchoient
¶ Le feu roy vint voir les aprou-
Et deffendit expressement   (ches
Que nul nallast es escharmouches
Fors les deputez seullement
¶ Quant talbot vid la maniere
Des francops z leur ordonnance
Laissa deux mil archiers derriere
Se retraiant z sa puissance

❡De la a ponthoise apporta
Foyson de viures a ses gens
Et dautres anglops y bouta
Jusques enuiron mil z cinqcens
❡Puis sen alla en vng marays
Embuscher ou homme ne hante
Et quelque vng iour ou deux aps
Sen partit pour aller a mante
❡Tousiours les francois ꝯbatoiēt
Affin dicelle ville auoir
A quoy les anglops resistoient
Et en firent bien leur deuoir
❡Pendāt quon ne faisoit estrades
Les vngz aux autres ietoiēt flesches
Contenans virlaits z balades
Ou auoit de bonnes rebresches
❡Entre les autres en eust vne
Pour mocquer z dire des maulx
Nul ne peut contre sa fortune
Tousiours sent le mortier les aulx
❡Quelque trops septmaines aps
Le duc dyort auitailler
Si les vint z mettre gens fort
Pour mieulx deffendre z batailler
❡Ceulx qui estoiēt naurez ou foulez
Raffreschir ailleurs sen allerent
Et les autres renouuellez
Ou lieu diceulx la demourerent
❡Puis ledit duc vint trauersser
Leaue doize aupres de reaumont
Et son auant garde passer
Au deuant du pont de beaumont
❡Le conte deu z poton lors
Qui auoient de ce la charge
Doubterent quil allast en fort
Prendre a sainct denis le paissage
❡Si que les francops si allerent
Audit sainct denis tant q̄lz peurēt
Et ladicte ville emparerent
Mais lesditz āglops point ny furēt

❡Le roy sen alla le matin
Tous ses gens darmes visiter
A la bastille sainct martin
Pour tousiours les reconforter
❡De la a poissy vint tantost
Auancer z faire venir
De tous costez viures en lost
Qui plus ney pouoit soustenir
❡Le conestable richemont
De flocquet breze compaignie
Et autres y penerent moult
Dont chascun fut embesongne
❡Les gens la estoient langoris
Et fist les viures deschargier
Lors lors preuost de paris
Qui se mist en vng grant dangier
❡Luy venu entreprint daller
Dens vne meschante naselle
Lesditz francops auitailler
Nonobstant des anglops la veille
❡Si monta sur leaue contremōt
Qui lors estoit forte z rebelle
Et passa a val z a mont
Sans nul mal/dont eschappa belle
❡Et adoncques le duc dyort
Voyant quon ne les auoit mye
Et questoient auitaillez fort
Sen retourna en normendie
❡Le roy de poissy a conflans
Vne iournee vint hebergier
Mais talbot pendant ce temps
Lors a poissy se vint logier
❡Bien cuidoit la le roy trouuer
Pour le seur prendre a vng besoing
Et luy faire ennuy ou greuer
Mais il ney estoit ia besoing
❡Neantmoins fist par tout cercher
Dedens leglise z abbaye
Pour regarder z espelucher
Se dauenture y estoit mye

¶ Les ãglops en vain traueilloiẽt
Et eurent peines merueilleuses
Mais pour eulx compenser pillerẽt
Les dames & religieuses
¶ Atant talbot sen retourna
Droit ou pays de normendie
Et puis de rechief retourna
Dens ponthoise & sa compaignie
¶ Les anglops auitailler vint
Et entra leans plainement
Nonobstant que le siege tint
En quoy besongna vaillamment
¶ Lors le connestable de france
Les contes deu/pol & la marche
Auec de gens grande puissance
Firent sur eulx vne desmarche
¶ Sur lesditz ãglois cheuauchrẽt
Les cuidãs trouuer en passaige
Mais de belle nupt si passerent
Sãs quõ leur peust porter dõmaige
¶ Si fut la ville auitaillee
Affin de obuier a sa prinse
Qui en piece nestoit taillee
Destre par famine seurprinse
¶ Les contes sainct pol et ioingny
Prindrent apres du roy congie
Qui leur rendit grace & mercy
De ce quauoient la assiege
¶ Au seurplus fist tenir conseil
Pour sçauoir quil estoit de faire
Ou les aucuns selon leur vueil
Disdrẽt quõ ny pourroit riẽs faire
¶ Quant le roy si eut tout ouy
Leur oppinion & langaige
Ong peu se trouua esbahy
Mais neãtmois prit grãt couraige
¶ Si ordonna la ville batre
De tous & chascuns les costez
Et que pour murs rompre & abatre
Tous les engins feussent iettez

¶ Et alors si delibera
De lauoir par force & vigueur
Et auec ses gens demoura
Affin quilz eussent meilleur cueur
¶ Bureau fist venir manouuriers
Dudit siege grant affluence
Et des autres nouueaulx ouuriers
A ietter engins a puissance
¶ Si assaillirent bas & hault
Si tellement que les francoys
Prindrent nostre dame dassault
En tuant la bien trente angloys
¶ Le deusiesme iour ensuiuant
Le roy commanda faire assault
Et se mist a beau pie deuant
Pour assaillir par bas & hault
¶ Assez estoit en habit riche
Tout arme de harnoys a blanc
Et se tint vers la tour du friche
Du coste de deuers meulanc
¶ En sa compaignie estoient
La marche culent, tancaruille
Et autrent qui fort combatoient
En assaillant ladicte ville
¶ Plusieurs barons & cheualiers
Mouhy/lun des enffans dalbret
Et quelque mille bons archiers
Qui iettoient incessamment trait
¶ Au droit de nostre dame aual
Estoient messeigneurs le daulphĩ
Charles daniou/& ladmiral
Qui tousiours besõgnoient sãs fin
¶ Les maistres des arbalestriers
Bureau pour fossoier myner
Faisoient ietter canons perriers
Quon neust pas ouy dieu tonner
¶ Et oultre le boulleuart du pont
Si assailloit fort loheac
Thouars lassuze & autres moult
Et tout quant & quant a esgal

¶ Du coste de deuers gisors
Estoient la hire & sallezart
Auec deux cens gens darmes fors
Faisans bien deuoir de leur part
¶ Ceulx de meulant & de paris
Assailloient par la riuiere
De tous costez en grans periz
Et tous en diuerse maniere
¶ Les āgloys sur les murs estoiēt
Fortiffiez bien grandement
Et la nuyt & iour combatoient
Contre les francoys vaillamment
¶ Tousiours les francoys assail-
fort ca & la de toutes pars (loient
Et la canons & traitz voloient
Quon neust veu le ciel blāc ou pers
¶ Le roy lors tout en vng momēt
Si fist la crier a lassault
Et lors ses gens soudainement
Monterent par eschelles en hault
¶ Si eut de grādes armes faictes
Par plusieurs de la compaignie
Et dura en ces entrefaictes
Lassault deux heures & dempe
¶ Brief au derzenier a force dar-
Le bon roy a laide de dieu   (mes
fist mettre sur les murs ses armes
Et print ladicte place & lieu
¶ Finablement eut la victoire
Et la ses gens darmes entrerent
Quon ne pouoit faire retraire
Ains bien six cens angloys tuerent
¶ Dautres mors & de prisonniers
Si eut foyson & largement
Car les gens darmes & archiers
Ne les espargnoient nullement
¶ Quant a la hire & salezart
To ceulx q̄ en leurs mais venoiēt
Si estoient bien en grant hazart
Car gueres si neu retournoient

¶ Aucuns du hault des murs che-
Pour cuider trouuer auātaige (oiēt
Et eulx mesmes si se tuoient
Par leur exces & grant oultraige
¶ Le feu roy & sa garde entra
Des fins premiers en grāde suitte
Et ses ennemis rencontra
Qui mist iusq̄s au chastel en fuitte
¶ Apres si venoient peu a peu
Monseigneur le daulphin son filz
Puis monseigneur charles daniou
Et dautres seigneurs cinq ou six
¶ Lamiral, lobeac, & thouars
Aussi des premiers si entrerent
En gaignant pons & boulleuars
Et tous vaillamment si porterent
¶ Le feu roy voyant le deluge
Quon faisoit & loccision
Dont ny auoit maistre ne iuge
Fist cesser par prouision
¶ En oultre fut dedens leglise
Pour les femmes & laboureurs
Voulant que len leur tint franchise
Et quon ny feist nulles rigueurs
¶ Tout le monde se agenoulloit
Requerant mercy & pardon
Mais personne ne sen alloit
A qui il ne feist grace ou don
¶ Puis fist faire le lendemain
Une informacion secrette
De ceulx qui auoient tenu la main
Et fait a lassault grant amplette
¶ A ceulx qui entrerēt les pmiers
Sur les murs dens icelle ville
Si leur fist en dons & loyers
Remuneracion vtille
¶ Aux vngz dōnoit grand pferēce
Aux autres anoblissement
Armes en signe dexcellence
Et comme ayant fait vaillamnēt

g   i

¶ Ainsi ce la donnoit couraige
De bien faire & seruir de cueur
Car len neust peu auoir dommaige
Au seruice dung tel seigneur
¶ Princes liberaulx doiuent estre
A ceulx qui le loier desseruent
Car cela fait leur renom croistre
Et les autres mieulx si en seruent
¶ A peine a homme liberal
Aymant iustice & verite
Si pourroit auenir nul mal
Mais victoire & prosperite
¶ Len list sur ce pas dalixandre
Qui par sa liberalite
Conquist reaume grant et maindre
Et plus que par force & duriete
¶ Il estoit tant abandonne
Et en dons plantureux & large
Que chascun estoit addonne
De le seruir pour lauantage
¶ Les seruiteurs des ennemys
Et tenans son party contraire
Si laissoient leurs propres amys
Pour sen venir a luy retraire
¶ Le roy dare luy enuoya
Pour ung don cent mil marcs dor
Mais apres les luy renuoya
Comme non grain subiect a or
¶ Il repputoit plus noble chose
De donner que de receuoir
Mais ce texte na plus de glose
Chascun prent qui en peut auoir
¶ Ung bien poure a vne iournee
Si luy vint demander laumosne
Mais de largesse abondonnee
Une de ses citez luy donne
¶ Si maitenoit q̄ ung grāt seigneur
Si doit tousiours plus regarder
A donner selon sa grandeur
Que par escharcete garder

¶ Toutesuoys tulle si raconte
Au premier liure des offices
Que largesse point ne prouffite
Selle nest deue par les seruices
¶ Largesse & liberalite
Se doiuent faire par rayson
Car seroit prodigalite
Sil ny auoit mesure & moyson
¶ Donner fault raisonnablement
Selon la cheuance quon fine
Car par trop donner follement
Len chiet en vice de rappine
¶ Liberalite confermee
En discrection & prudence
Si attrait bonne renommee
Et de tous cueurs beniuolence
¶ Quāt ceulx de cartaige enuoierēt
Aux romains pour leurs prisoniers
Les senateurs les leurs donnerent
Auec leurs rancons & deniers
¶ A cause du don grant & large
Les rommains aussi acquesterent
Grant renommee par tout cartaige
Dont toutes gens si les priserent
¶ De telle fut vaspasian
Qui fut tant liberal & duit
Quil donnoit tous les iours de lan
Ne nul sen alloit esconduit
¶ Si aduint quen vne saison
Qui perdit bataille ou iournee
Mais il dist que fut pour rayson
Quaumosne nauoit lors donnee
¶ Maint autre exemple & hystoire
Pourroit len dire sur ce point
Brief fait bon en sa vie bien faire
Car le merite ne meurt point
¶ Se doncques le roy trespasse
Donnoit a ses gens rente & armes
Pour grimper dessus vng fosse
Bō cueur deuoiēt auoir gēs darmes

Ainsi es villes et es lieux
Ou il arriuoit et venoit
Il demouroit victorieux
Et a son optat peruenoit
☞Ozay dieu puissant et glorieux
Ottroiez repos pardurable
A lame du trespiteable
Le roy charles victorieux

Antiphona
☞Liberalite confermee
En discrection et prudence
Si attrait bonne renommee
Et de tous cueurs beniuolence
Antiphona
☞Tous roys et princes vertueux
Sextus psalmus

☞Comment la ville de eureux fut prinse par flocquet

Pres lassault dudit
ponthoise
fut prinse la ville
deureux
par deux pescheurs
sans faire noise
Et flocquet qui estoit auec eulx
☞Lun des pescheurs se vit iuchier
Es murs pour le guet des anglois
Et lautre faignoit de peschier
En faisant passer les francoys
☞Si que les eschelles dresserent
Du basteau par facon subtille
Et par ce moyen la enterent
Et gaignerent ladicte ville
☞Dudit an le roy fist oster
Tous les brigans et mauuais gars
Qui viuoient dembler et oster
Es lieux de paillo et essars

g ii

¶ Le duc de bretaigne manda
Prendre les lieux au connestable
Ce quil fist/z les gens vuida
y mettant ordre conuenable
¶ Depuis le roy vint en poittou
En liuer/z a grant traueil
Pour faire vuider pou a pou
Les brigans qui estoient a mareil
¶ Illecques/z a saincte ermine
Appartenant a feu tremoulle
Auoit grant herpaille z vermine
Ne ny demouroit coq ne poulle
¶ Len neust ose de la hober
Ne partir deux lieues a la ronde
Quon ne feust venu desrober
Et faire tous les maulx du monde
¶ Si que le roy les fist vuider
Et y mettre bons cappitaines
Affin de son peuple garder
De telles molestes greuaines
¶ De la le roy si vint a sainctes
Pour refformer la pillerye
Rapines z exactions maintes
Dont len viuoit en grant crierie
¶ Illecques le seigneur de pons
Luy vint faire deue reuerence
Et bailler ces chasteaulx z pons
Pour en faire a son ordonnance
¶ Et alors de la fist oster
Les brigãs z mauuais gẽs darmes
Et en loing pays absenter
En remettant tout en bons termes
¶ Oultre aucũs des chasteaulx si
En sa main estãs du demaie (mist
Et les autres places remist
Audit seigneur de pons sans peine
¶ Par priere z par amittie
Le roy si fut de luy content
Tellement quil fist son traictie
Et de la sen partit atant

¶ Puis sen vint le roy a verneil
Sur la riuiere de tharante
Ou de gens de guerre ou chastel
Auoit lors bien deux cens cinquãte
¶ Le chief nomme guiot de roche
Et ses gens se vouldrent deffendre
Ne pour assaillir ou approche
Ne voulurent la place rendre
¶ Si furent engins assortiz
Tout acoup sans dilacion
Qui firent si grant abbatiz
Quon vint a composicion
¶ Le roy si leur donna la vie
Par my ce qualors ilz iuroient
Deulx non armer iour de leur vie
Contre luy/ains le seruiroient
¶ Ce fait coittiuy/ladmiral
Culant/mareschal/z breze
Firent mettre la place aual
Et fut tout rompue z raze
¶ Tout fut mis a destruction
Car cestoit la vng droit retrait
A gens de persecution
Dõt mal tousiours se feust atraict
¶ Ainsi le roy mist en police
Et en bon ordre le pays
En y faisant regner iustice
Dont les gens furent estouys
¶ Lan quatre cens quarãte z deux
Le roy fist diligence extresme
De oster pillars z estradeurs
Estans ou pays dangoulesme
¶ Depuis a limoges si fut
Ou vint monseigneur dorleans
Qui pour payer sa rancon eut
Du feu roy/huit vingtz mille frãs
¶ La le roy pour sa bien venue
Luy donna sans delaier goute
Et fut la grant chiere tenue
Tous les foeries de penthecoste

¶ Atant le roy si se partit
Auecques des seigneurs grant tas
Et la son armee departit
Pour sen venir droit a tartas
¶ Parauant certain temps et iours
Estoit dit que se les francoys
Nauoient a la saint iehan secours
La ville seroit aux angloys
¶ Ainsi le roy diligemment
A thoulouse logier sen vint
Ou il fut receu grandement
Et la par aucun temps si tint
¶ Puis lui monseigneur le daulphin
Charles daniou, le connestable
Et dautres grans seigneurs en fin
Partirent en arroy notable
¶ Les contes de foestz, perdriac
La marche, castres, et lommaigne
Dallebret, comminge, armignac
Et mainz barons soubz leur enseigne
¶ Partenay destrac, tancaruille
Mongaton, culant, mareschal
Pour estre au iour deuant la ville
Et coitiuy lors admiral
¶ Brief le roy en sa compaignie
Auoit cent ou six vingtz banieres
Gens nobles et de baronnie
De toutes contrees et frontieres
¶ Apres venoit en ordonnance
La bataille de ses gens darmes
Estans troys mille fustz de lance
Pour combatre et faire faiz darmes
¶ De coustilleurs, cranequiniers
De gens du pays belle bille
Et tant qua conter les archiers
Estoient en tout quasque vingt mille
¶ Si que le roy tint sa iournee
Pour la les angloys receuoir
Et iusques a la nuyt fermee
Mais homme ne si fist a veoir

¶ Ce la fait les anglois rendirent
Le filz dallebret tenant ostage
Et dudit tartas se partirent
qlz tenoiet en leur main pour gaige
¶ Le seigneur de conac angloys
Tenant ledit tartas a leure
fist le serment destre francoys
Et eut ou pays sa demeure
¶ Pendant lalee dudit tartas
Les francoys vers eureux trouueret
Des anglois cheuanchas gras tas
Et la tresbien se festoient
¶ Flocqt pour lors bailly deureux
Breze, et autres gens de guerre
Si furent ce iour tant eureux
Quilz misdrent les angloys p terre
¶ Si eut ensemble et largement
Armes faictes come on peut croire
Mais les francoys finablement
Eurent le champ et la victoire
¶ Fop son naurez de prime face
Si eut dangloys bien lourdement
Et en demoura en la place
Bien deux cens ou plus largement
¶ Et au regard des prisonniers
Flocquet a eureux les mena
Et en eut de moult grant deniers
Dont a son plaisir ordonna
¶ Depuis talbot et deux mille
Combatans venans dangleterre
Si vindrent assieger la ville
De conches ou firent grant guerre
¶ Flocquet et les francois q estoiet
Tindrent la ville vaillamment
Et ausditz angloys resistoient
Tous les iours merueilleusement
¶ Au dernenier furent fort pressez
Et de viures et biens forclus
En eulx trouuant si bas pertsez
Quilz ne pouoient mais tenir plus

g iii

¶ Si declara talebot lors
Par haine/despit/ou fierte
Quil les auroit tous vifz ou mors
Pour en faire a sa voulente
¶ Adonc le conte de dunoys
Affin du vouloir se desmettre
Si vint assieger les anglois
Et le siege a galardon mettre
¶ Quant talbot sceut ledit siege
Paour eut que ceulx de galardon
Si ne feussent tost prins au piege
Silz nestoient secouruz adon
¶ Si q̃ aux deux ne pouoit estẽdre
Par ainsi ceulx de conches eurẽt
Auant que la ville luy rendre
Tel appointement quilz voulurẽt
¶ Et fut dit que tous sen proient
Eulx z leurs biens entierement
Es lieux z places ou vouldroiẽt
Sans auoir mal ne detriment
¶ Ce fait talbot se partit
Affin destre audit gassardon
Et son ost en deux deppartit
Pour y venir de grant randon
¶ Mais auant quil fust arriue
Dunoys qui entendoit la gamme
Auoit ia le siege leue
Et ny trouua talbot ame
¶ Qui fut alors bien esbahy
Fut talbot a la verite
Disant quon sestoit enfouy
En se trouuant la seul plante
¶ Toutesuoies cela valut mieulx
Que se iouer a lauenture
Veu q̃ anglois estoiẽt les pluffors
Et si neussẽt riẽs fait a leure
¶ Ainsi le roy z sa puissance
Estoit empesche a tartas
Par quoy ny auoit apparence
De si fourrer contre tel cas

¶ Ainsi dunoys si impetra
A ceulx de conches bon loper
Et en ce cas la bien monstra
Quil estoit saige z grant ouurier
¶ Apres que le roy eut tenue
Ladicte iournee de tartas
Sen alla de plaine venue
Assieger saint seuer plus bas
¶ Messire thomas ramescons
Cappitaine dicelle ville
Auoit deux cens anglois gascons
Et darbalestriers plus de mille
¶ Si leur fist len sommacion
De vouloir la ville au roy rendre
Dont firent denegacion
Disans quilz se vouloient deffẽdre
¶ Si que enuiron de mydy leure
Le roy si commanda lassault
Et alors ses gens sans demeure
Monterent sur les murs en hault
¶ Ledit saint seuer z faulxbourgs
Estoient fors merueilleusement
Mais nonobstãt carneaulx z tours
Ilz y entrerent plainement
¶ Si eut audit assault des gour-
Et de grans horions ruez   (mes
Tant qlz y mourut trois cẽs hõmes
Danglois qui furent la tuez
¶ Quant len vid la desconfiture
De ceulx la despeschez premiers
Ilz sen fourrent a celle heure
Quelque huit cens arbalestriers
¶ Ledit ramescons cappitaine
Fut prins prisonnier en la suite
Et ainsi par assault z peine
La ville fut au roy redduite
¶ Y la fist vng peu de seiour
Pour y mettre ordre conuenable
Et au bout du tropsiesme iour
Bailla la garde au connestable

¶ De la vint deuant la cite
Dacre/seant sur la dourdongne
Forte dung & dautre coste
Cheant en mer dela bayonne
¶ Le roy fist le siege tenir
Et eut de grans trauaulx et peines
Car auant au bout en venir
Bien y demoura six sepmaines
¶ Si fut la ville fort batue
De canons & engins volans
Et en aucuns lieux abatue
Mais tousiours tenoient la galans
¶ Conclusion pour faire fin
Sur vng soir en vng mouuement
La vint monseigneur la daulphin
y donner lassault asprement
¶ La grãs vaillãces y furẽt faictes
Et tant que les francois saisirent
Une tour en ses entrefaictes
Dont les ãglops moult sesbahirẽt
¶ Le roy y vint le lendemain
Lassault commander & haster
Et lors y tendirent la main
Pour traictier & parlamenter
¶ Et pour obuier a seurprinse
Que la ville ne feust pillee
Fut lors composicion prinse
Et au roy la place baillee
¶ Le feu roy les print a mercy
Pourueu que le sire du sas
Luy rendit sans peine & soucy
Les chasteaulx de serue & bedas
¶ Et au regard de ses gẽs darmes
Ilz demouroient tous prisonniers
Sans emporter bastons ne armes
Ou paieroient rancon & deniers
¶ A tant le roy dacre partit
Affin de vers agen venir
Et son armee en deux partit
Pour ses gens mieulx entretenir

¶ Au partir de la dicte ville
Vint vng grant tas de biharnoys
Et iusques enuiron quatre mille
Voulant courir sus aux francoys
¶ Ilz se plaignoiẽt lors de la charge
qlz auoiẽt eue daucũs gẽs darmes
Disans quon leur faisoit dõmaige
Et pource sestoient mis en armes
¶ Si aduint que les cappitaines
Allans & cheuauchans deuant
Le trouuerent en places plaines
Et sentirent vng peu le vent
¶ Brief com atẽdoiẽt de pie ferme
Le roy qui sen venoit son cours
Ilz oyrent crier a larme
Et leurs gens requerir secours
¶ Lors iceulx frãcoys se partirent
Courans contre iceulx biharnoiz
Mais incontinent quilz les virent
Ilz eurent chault en leurs harnoiz
¶ Trestous sen fouyrent ou pres
Et se misdrent en belle fuitte
Et les francoys daller apres
En grant diligence & poursuitte
¶ Les premiers fuyãs se saulueret
Parmy hayes/buyssons/ charniers
Mais sept cẽs mors la demoureret
Et si eut deux cens prisonniers
¶ Le roy sen vint en sa cite
Dagen/ou bien len le receut
Selon sa possibilite
Et luy fist len du mieulx quon peut
¶ Lui & ses gens illec venuz
Manda luy faire obeissance
A ceulx de mermande & tournuz
Qui le firent sans resistence
¶ Puis enuoya a vng matin
Mettre le siege & assiegier
Mõsan & dema borsse iij
Qui se rendirent sans targier

g iiii

¶ Adonc le sire de la motte
Et seigneur de rocque tailladde
Voyant la compaignie si forte
Se rendirent sans quelque estrade
¶ Au roy sen vindrent promptemēt
Luy faire toute obeissance
Qui les receut bien grandement
Et les mist en sa bien veillance
¶ De la si fut le siege mis
Devant la ville de reolle
Que lors tenoient les ennemis
Par usurpacion frivolle
¶ Messire george soliton
Si en avoit la charge & garde
Avecques ung autre anglois gascon
Et quatre cens hommes destrade
¶ Si fut la ville bas & hault
Assaillie si tres asprement
Que au tiers iour le roy seut das=
Nōobstant tout empeschemēt (sault
¶ Puis fut mis le siege au chastel
Qui estoit fort merveilleusement
Et tant que canon ne martel
Ny eust fait mal aucunement
¶ Si furent mynes basses faictes
Et aprouches si chauldement
Que les anglois voyās les pertes
Vindrent tost a appointement
¶ Qui fut tel que tous sen proient
Chascun le beau baston ou poing
Et que nulz biēs nemporteroient
Combien quilz en eussent besoing
¶ Le conte deu eut dune flesche
Qui le vint ferir par la gorge
Et luy faire une grande lesche
Dun archier lors criāt saint george
¶ La se porta bien ladmiral
A icelle redduction
Theaulde Valpargue seneschal
Et tretous sans excepcion

¶ Pendant ledit siege & assault
Ceulx de Bayonne si entrerent
Dens la ville dacre en sursault
Et sur les francoys la gaignerent
¶ Dicelle prinse blasma sen
Fort le cappitaine au derrenier
Messire arnault de Bourguignen
Combien quil fut prins prisonnier
¶ Sil eust le chastel fort tenu
Plus quil ne fist dune iournee
Tantost secours luy feust venu
Dont elle eust este regaignee
¶ En ce tēps fut prinse grant ville
Qui est sur la mer place forte
Par le sire destouteville
Et autres grans gens de sa sorte
¶ La maniere pour abregier
Advint par la subtillite
Dun anglois soy voulāt vengier
De ce quon lavoit deppointe
¶ Il avoit charge & ordonnance
Paravant soubz le cappitaine
Dont on lavoit par desplaisance
Prive de voulente soudaine
¶ La perte doffice endura
Sans en mōstrer lors son couraige
Mais apres tel mal conspira
Quil sen ensuivit grant dommaige
¶ De fait quāt les āglois la nuyt
Si sen estoient allez coucher
Il vint environ le minuyt
Ledit destouteville hucher
¶ Ainsi les francoys la entrerent
Lun apres lautre file a file
Et apres sainct denis crierent
Eulx estans maistres de la ville
¶ Si y gaignerent grans deniers
Et qui peut sauver se sauva
En prenant plusieurs prisonniers
Anglois que leans on trouva

¶ L'en peut donc veoir p̄ ce notable
Que officiers ne fault changer
Ne oster sans cause raisonnable
Car chascun tasche a sen vengier
¶ Aujourdhui tous les malefices
Guerres/meurtres/& trahisons
Si viennent de oster les offices
Et toutes les divisions
¶ L'en list de lempereur tybere
Qui ne voulut oncques oster
Les officiers de son feu pere
Napres sa mort les deppointer
¶ De quoy ses parens & amys
Le vindrent preschier & mouvoir
Affin que autres y fussent mis
A leur gre quilz vouloient pourveoir
¶ Luy remonstrāt q̄l valoit mieulx
Que les officiers se changassent
Que de laisser tousiours les vieulx
Affin que les ieunes gaignassent
¶ L'empereur qui estoit preux & saige
Dist que voulentiers le feroit
Se ce nestoit pour le dommaige
Que son peuple apres souffreroit
¶ Mais ilz donnerent a entendre
Quilz avoient ia gaigne assez
Et quil conviendroit trop attendre
Jusques ilz fussent trespassez
¶ Adoncques voyant lempereur
Leur engin non estre assez ample
De considerer la douleur
Qui en vendroit dist une ex̄ple
¶ Nenny dist il unefoyz vyz
Ong poure maleureux rougneux
Ayant les ioues nez menton vyz
Cicatrisse iusques aux yeux
¶ Si auoit sur luy moult de mou-
Qui fort le suchoiēt & rōgoiēt ches
De tous les costez & aprouches
Tāt que tout le corps luy mēgoiēt

¶ Mesmes me fist si grant pitie
Que tantost luy alle oster
Celles mouches par amitie
Et les fiz de luy absenter
¶ Et apres quant ieuz ce la fait
En lieu de grant mercy me dire
Il respondit quauoye mesfait
Et me commença a maudire
¶ Helas seigneur se dist il lors
Les mouches que mauez ostees
Estoient ia soulees de mon corps
Et avoient mes playes goustees
¶ Mais les ieunes qui reviendrōt
Affamees & mourans de faim
Jusques au sang me rongeront
Et mengeront & soir & main
¶ Il ny aura place a mon doz
Ne tous mes membres a veoir dire
Quilz ne rongent iusques aux os
De quoy doublera mon martyre
¶ Vous me cuidez faire plaisir
Dist le poure de les oster
Mais mauez fait grant desplaisir
Et plus que devant tourmenter
¶ Si que lempereur respondit
Je doubte aussi quant ie osterope
Mes officiers a vostre dit
Que beaucoup piz men trouverope
¶ Mon peuple en seroit fort greve
Et les nouveaulx qui entreroient
Mengeroient pettry & leue
Dont les gens si me maudiroient
¶ Ainsi doncques finablement
Nulz officiers ne voult desfaire
Ains laissa chascun plainement
Son office exercer & faire
¶ Saluste aussi en ung traic̄ie
Qui a la matiere sacorde
Dist que toute maleurete
Se engendre par noise & discorde

℃ L'en pourroit oultre reciter
Dautres hystoires sur ce pas
Mais il sen conuient deporter
Car le temps ne le requiert pas
℃ Le feu roy en icelluy an
A noel vint faire sa feste
Dens sa cite de montauban
Ou il fut receu a grant feste
℃ La royne son filz le daulphin
Monseigneur le conte du mayne
Et dautres grans seigneurs en fin
Y furent tout vne sepmaine
℃ Le roy manda celle saison
Les contes darmignac/comminge/
Et de foués pour faire raison
A la contesse de comminge
℃ Et fut deffendu en ce lieu
Au conte darmignac de mettre
Conte par la grace de dieu
Ne sen intituler en lettre
℃ Si estoit la dicte contesse
Pour lors retenue prisonniere
En grant desplaisance & destresse
Et par bien estrange maniere
℃ Deuers le roy si enuoya
Ses parens iustice requerre
Ce que acoup il leur ottroya
En la trametant tantost querre
℃ Brief la fist prendre & deliurer
Et en iustice tost venir
En luy faisant argent liurer
Pour aider a lentretenir
℃ Puis par arrest fut appointe
Pour son viure & entretenue
Quelle prendroit sur la conte
La moitie de la reuenue
℃ Elle voult par appointement
Que le roy fust son heritier
Et queust la conte plainement
En deffaulte de hoirs de sa chier
℃ Et pource quelle estoit aagee

Ayant quatre vingtz ans entiers
Si requist estre soulaigee
Et quelle eust sa vie a poittiers
℃ Le feu roy si luy ottroya
De bon cueur liberallement
Et ca & la la festoya
Selon son estat grandement
℃ Puis apres mourut/& auint
Que sa fille denfant neut point
Par quoy sa conte au roy vint
Et en fut seigneur par ce point
℃ Las pcy est bien a noter
Comment pour iustice tenir
L'en veoit le roy conquester
Et a grans terres paruenir
℃ Acquerir contes & demayne
Par le loyer & benefice
De la renommee souueraine
Quil auoit de faire iustice
℃ Combien que le conte de foez
Et autres eussent grant notice
Si voulut le roy toutesfoiz
Quon fist a la veufue iustice
℃ Si que par vertu & haultesse
De sa grant souueraineté
Iustice demoura maistresse
Dont le roy fut plus redoubté
℃ Pour dieu laissons regner iustice
Sans nous point mesler de ses faiz
Car cest le remede & police
Dont le peuple si vit en paix
℃ Sans iustice est autant possible
Dans vng royaume paix garder
Comme de tenir leaue ou crible
Ou la mer puiser & vuider
℃ Se iustice na sa lumiere
Et que soit gardee a merueilles
Le pays deuient larronniere
Et tout sen yra par escuelles
℃ Elle doit estre bien aymee
Car cest celle par qui roys regnent

Acquierent honneur renommee
Et dont toꝰ autres biēs leur viēnēt
⁋ Dont vint la seigneurie a rōme
Si non fors pour garder iustice
Qui ny auoit en ce temps hōme
Quil ne feust soubz elle en police
⁋ Les senateurs du temps passe
La garderent durant leurs iours
Ne ne sen feust vng point passe
Quelle neust plainement son cours
⁋ Vallere sur ce pas raconte
Que quant vne loy estoit faicte
Il ny auoit roy prince ou conte
Par qui elle eust este deffaicte
⁋ Et dit quon fist crier a romme
Que son trouuoit en adultere
Quelque persōne femme ou hōme
Len luy feroit les deux yeux traire
⁋ Si aduint dōc durant ce temps
Que le filz du grant senateur
Fut prins sur le fait sans contens
Par moien dun accusateur
⁋ Puis fut amene en iustice
Lenfant moult bel et gracieux
Disant chascun que pour tel vice
Ne deuoit perdre les deux yeux
⁋ Si fut mis le cas en conseil
Duquel mesmes son propre pere
Le condemna a perdre loeil
Et estre priue de lumiere
⁋ Les conseilliers qui la estoient
Et aussi le peuple de romme
Voyant la pitie souppiroient
Et en faisoit mal a tout homme
⁋ Si ques vint toute la cite
Pour ledit enfant requerir
Qui ne feust ainsi tourmente
Et quon le voulsist secourir
⁋ Le pere alors si refrena
Sa dicte sentence en partie
Mais pourtant son filz condamna

A en souffrir vne partie
⁋ Et pour garder iustice et loy
Fist a lenfant vng oeil creuer
Et lautre fist creuer sur soy
Affin diniustice escheuer
⁋ Ainsi la loy si fut gardee
Repparacion du cas faicte
La voix de la vielle exaulsee
Et iustice par tout complette
⁋ Ad idem dune mesme hystoire
Vng conseillier vne tournee
Si entra dedens le pretoire
Ayant lors ceinte vne espee
⁋ Or deuant auoit este dit
Que ceulx qui leans entreroient
A glaiue par loy et edit
Du glaiue mesmes si mourroient
⁋ Si ques icelluy conseillier
Quant il sen print a souuenir
Se vint tuer et bezillier
Affin de iustice tenir
⁋ Mais cestoit trop grāt cruaulte
Par quoy nest lexemple louable
Fors pour monstrer la fermete
De iustice non variable
⁋ En oultre len list de cambise
Qui fut roy du pays de perce
Ayant iustice tant exquise
Que iamais nauoit controuerse
⁋ Si aduint vng iour dauenture
Quun sien iuge iugea a tort
Vng homme par desconfiture
En luy faisant souffrir la mort
⁋ Le roy du cas oyt la plainte
En faisant le iuge venir
Et apres la verite atainte
En prison le fist detenir
⁋ Le iuge soy sentant coulpable
Dicelluy cas et malefice
Requist quon luy feust piteable
Considere son long seruice

¶ Ains ledit roy finablement
Pour lesclande de liniustice
Qui auoit faicte iniustement
Le fist pugnir par grant iustice
¶ Premierement le condamna
A estre tout vif escorche
Et de sa peau il ordonna
Le tribunal estre atachie

¶ Puis son filz fut iuge commis
Et quant il venoit au pretoire
Sur la peau du pere estoit mis
Pour auoir iustice en memoire
¶ Tous roys t princes vertueulx
Ont tousiours decore iustice
Car sans elle le peuple ne eulx
Ne scauroient regner en police

¶ Coment le siege fut mis p les anglois deuãt dieppe / t leue par le daulphin

Dieppe

1443

¶ Lan quatre cens quarantetroys
Fut mis le siege deuant dieppe
Par talebot t les anglops
Qui y furent moult grande piece
¶ Le roy y tremist le daulphin
Les contes de sainct pol / dunoys
Gaucourt / t dautres gens en fin
Iusques a seize cens francoys
¶ Lesditz francoys la arriuerent
Deuant la my aoust vng dimenche

Que les anglops en point trouuerẽt
Gardans leur bastille t puissance
¶ Or aduint de male auenture
Quil auoit si bien pleu ce iour
Quil nestoit corps de creature
Qui peust aprouchier a lentour
¶ Les anglops se escarmoucherent
Deux foys celle nupt asprement
Mais les francoys les rebouterent
Dens leurs bastilles vistement

⁋ Puis la veille de nostre dame
Le daulphin commanda lassault
Dont len eust veu crier a larme
Et sonner trompettes bien hault
⁋ Les anglois fort se deffendirent
En gardant tresfort leur bastille
Et quatre vingtz francoys occirent
En naurant dautres belle bille
⁋ Les francoys pourtāt ne cesserēt
Dassaillir tousiours asprement
Et tant que par assault gaignerent
La bastille moult vaillamment
⁋ A lassault bien troys cēs āglops
Furent la tuez et moururent
Et dautres regnyez francoys
Qui tous penduz ou noyez furent
⁋ Aucuns anglops iniurierent
Les francoys en les brocardant
Mais aussi ceulx la sen allerent
Sans remede par le pendant
⁋ La bastille si fut deffaicte
Et emmenee lartillerie
Dont grande louenge fut faicte
A la doulce vierge marie
⁋ Y la monseigneur le daulphin
Se porta tresque vaillamment
Dunoys et sainct pol dont enfin
Ilz furent louez grandement
⁋ Le bastard de feu talbot
Fut prins et dautres prisonniers
Qui paierent bien leur escot
Et dōt sen eut maintz bōs deniers
⁋ En ce temps la ou alentour
Le conte de soubresset vint
Entrer et descendre a cherbour
Et depuis la guierche si print
⁋ Il auoit bien quelque huit mille
Anglops amenez dangleterre
Qui ne demandoient que castille
Et mener aux francoys la guerre

⁋ Long temps fut deuāt poneusse
Qui est entre alencon et bretaigne
Et y demoura tout picque
Sans faire valoir son enseigne
⁋ Lors le mareschal de loheac
Le sire bueil et varanne
Cuidant la faire quelque eschac
Vindrēt sur eulx sās grāt vacarme
⁋ Les anglois sceurent lentreprinse
Parquoy les frācoys riens ne firēt
Mais aduint par nupt et surprinse
Que vigt gētilz hōmes ilz prindrēt
⁋ Puis y fut loys de bueil
Cōme estāt des premiers coureurs
Tres gentil galant a merueil
Et lamenerent auec eulx
⁋ Puis sobresset si retourna
La guierche au duc de bretaigne
Moiennant argent quon donna
Et ne fist pour lors autre gaingne
⁋ Enuiron sur la fin de leste
Le conte darmignac si print
Toute la terre et la conte
De comminge et si la tint
⁋ Le roy luy māda p doulx termes
De luy rendre icelle conte
Et quil fist vuider les gēs darmes
Dont le pays estoit gaste
⁋ Et pource que en la parfin
Ny voult fournir ne satiffaire
Le roy y tresmist le daulphin
Pour le contraindre a ce faire
⁋ Si y fut a tout mille lances
Et vint deuant lisle iourdain
Ou la sans grandes resistences
Le conte vint a baise main
⁋ Le daulphin mist la main sur luy
Et print son filz et ses deux filles
En les retenant auec luy
Iusques il eust rendu les villes

¶ En oultre si mist en la main
Du roy la conte darmignac
Rouargue, comaigne, moulsemain
Et tint le siege a cadenac
¶ Si que la fut fait vng traictie
Par le quel la guerre cessa
Le roy demourant apointte
De ce quil voult et pourchassa
¶ Atant ledit daulphin sen vint
Et laissa pour gouuernement
Dalpergue qui pour le roy tint
Le pays en paix doulcement
¶ Lan quatre cens quarātequatre
Les roys de france et dangleterre
Affin de toute noise abatre
firent abstinence de guerre
¶ Et alors le roy de secille
Affin tousiours de la paix querir
franca et donna sa fille
Au feu roy henry dangleterre
¶ Treues dixhuit moys durerent
Et atant les ambassadeux
Dangleterre si sen allerent
Du pais de france ioyeux
¶ Apres ce le roy de secille
Secours vint au roy requerir
Pour reduire de mestz la ville
Et luy ayder la conquerir
¶ Le feu roy si luy ottroya
Sa requeste par humbles termes
Et le daulphin y enuoya
A tout grant charge de gendarmes
¶ Si vint deuant mont belliart
Estāt sur les marches dallemaigne
Du print dassault le boulleuart
En faisant valoir son enseigne
¶ Adoncques les gens de la ville
Doians quilz neussent peu arrester
Prindrent appointement vtille
En eulx rendant sans resister

¶ Et pource quon auoit blece
Les gens de la cite dalegres
Estant au feu roy trespasse
Et quon leur tenoit termes aigres
¶ Le roy y fut incontinent
En grant armee et puissance
Apres son filz le lieutenant
Et y mist par tout pouruance
¶ Puis vit es marches de lorraine
Et deuant nanxi descendit
Du de vergy lors cappitaine
La ville et chastel leur rendit
¶ Au roy rendit semblablement
Les places quauoit en champaigne
Dont ses subiectz communement
Estoient greuez oultre lenseigne
¶ De la a espinars sen vint
Estant tresforte ville et bonne
La quelle pas grāment ne tint
Mais se rendit a sa personne
¶ Puis le roy tremist son armee
Au tour de la cite de mestz
Ou ilz furent dempe anne
Seruans luy lautre dentremestz
¶ Canons traict et artillerie
Les vngz et autres si gettoient
Dont tous les iours auoit tuerie
Et tressouuent se combatoient
¶ finablement ceulx de la ville
Vindrent a composicion
Et obtint le roy de secille
Partie de son intencion
¶ Premierement ilz luy baillerent
Cent mil fleurins dor tout contant
Aussi quatre vingtz mil lascherent
Quil deuoit dont fut quitte atant
¶ Au feu roy baillerent encor
Pour le deffraier de ses peines
Quatre vingtz mil escuz dor
Dont soudoya ses cappitaines

¶ Monseigneur le daulphin apres
Entra dens le pays dalemaigne
Et les poursuiuit de si pres
Quilz redoubtoient fort son ensigne
¶ Si vint entre basle & estrabour
Ou ilz print villes & chasteaulx
En conquestant illec autour
Et faisant leuer leurs basteaulx
¶ Or vng iour ceulx de la cite
De basle si sen vindrent courre
Sur les francoys a grant plante
Les cuidans surprendre & escourre
¶ Mais lors mõseigneur le daul-
Chastellon, cõmercy, bueil (phin
Chabannes, conte dammartin
Firent aux almans grant reueil
¶ De fait y eut rencontre dure
Sur les almans, & tellement
Quen mourut par desconfiture
Mil & au dessus largement
¶ Les autres se misdrent en fuite
Affin quilz ne feussent surprins
Mais neantmoins a la poursuite
Y eut troys cens prisonniers prins
¶ Atant le daulphin sen reuint
Auec le feu roy a nanxi
Ou grande seigneurie seuruint
Et les gens dangleterre aussi
¶ Iceulx ãglois lors vindrẽt quere
La fille du roy de secille
Pour estre royne dangleterre
Et fist len grant feste en la ville
¶ Des seigneurs de france auoit
Le roy de secille, du mayne (mont
Contes de foestz, pol, richemont
Et puis monseigneur de lorraine
¶ Barons, cheualiers, escuiers
Seigneurs, dames, & damoiselles
Tabourins, clarons, menestriers
Pour faire grãt chiere a merueilles

¶ La feste si dura huit iours
Tant en dansses, deduitz, esbas
Que autres gracieulx seiours
Et tant que chascun estoit las
¶ Les roynes de france, secille
La fiancee, & la daulphine
Et dautres dames belle bille
Si en firent deuoir condigne
¶ Durant la feste eut iouxtes bel
Et y iouxta le feu bon roy (les
Arme gentement a merueilles
En tresbel & plaisant arroy
¶ Aussi fist le roy de secille
Messeigneurs les contes du mayne
De foestz, de sainct pol, bien abille
Auecques monseigneur de lorraine
¶ Les vngz & autres si iousterent
En signe de ioye & lyesse
Et tres vaillamment sacquittent
En tout honneur, loz, & noblesse
¶ Puis vint le conte de suffort
Prendre la royne dangleterre
Pour lamener, dont pleurs a fort
Eust len veu la tumber a terre
¶ Le feu roy si vint en ce lieu
Prendre la fiancee sa niepce
Puis en larmoiant dist adieu
Et la baisa en grant destresse
¶ Son pere & elle si pleurerent
Quant ce vint a lembrassement
Et a peine vng seul mot parlerent
Tãt estoit leur cueur grãt tourmẽt
¶ Lors les dames & damoiselles
La vindrent au partir baiser
Dont auoient douleurs si cruelles
Quon ne les scauoit apaiser
¶ Cestoit grant orreur & pitie
De les veoir ainsi lamenter
Car laliance damitie
Si ne sen pouoit contenter

j ij

¶ Atant print congie q partit
Et la feste quon auoit faicte
Lors en lermes se conuertit
Las quelle lyesse imparfaicte
¶ Quesse de chiere q dappareil
De ce monde qui bien y pense
Dauoit huy feste q demain dueil
Lun souuent pleure/ q lautre dance
¶ Depuis lesditz departemens
Deuers le feu roy nostre sire
Uint grant embassade dalmans
Et les electeurs de lempire
¶ Si proposerent plusieurs faiz
Et apres grande remonstrance
Firent enuers le roy leur paix
A perpetuelle alliance
¶ Puis fist aucunes ordonnances
Par lesquelles de tous gês darmes
Print seullement qnze cens lances
Et les archiers apres en armes
¶ Ceulx q estoient oultre le nôbre
Mal habillez en grant foison
Non seruans que de faire encôbre
Les renuoya en leur maison
¶ Oultre esleut qnze cappitaines
Et leur encharga de garder
Le peuple de trauaulx q peines
Sans riens prendre ne demander
¶ Et pour les tenir en police
Ordonna des persecuteurs
Estre faicte dure iustice
Pour exemple des malfaicteurs
¶ Et par ainsi lesditz gens darmes
Se tindrent par tout le royaume
Soubz iustice en si bons termes
Que les poulcins portoiêt heaulme
¶ Ilz ny eussent ose toucher
Ne faire aux poures gens greuance
Car len les eust fait descoucher
Et rayer de leur ordonnance

¶ Le peuple viuoit auecques eulx
En paix q en traquillite
Et tout alloit de bien en mieulx
Sans noise ne diuersite
¶ Lan quarantecinq le feu roy
Si enuoya en angleterre
Grant embassade en bel arroy
Pour conclure la paix ou guerre
¶ Uendosme pour le chief premier
Iuuenel/precigny saual
Cousinot auec cheualier
Et gens non a mettre saual
¶ Tretous ensemble receuz furêt
Bien haultement en angleterre
Et des dons q presens si eurent
A lexaussement de la terre
¶ Les vngz aux autres si parlerêt
De la guerre q douleurs griefues
Qui en viênent/ q puis côfermerêt
Iusques a demy an les tresues
¶ Et pour mieulx a paix paruenir
Si fut dit quen icelluy an
Les deux roys si deuoient venir
Aupres de paris a rouan
¶ Depuis subsecutiuement
Le roy dangleterre enuoya
Requerir vng alongement
Que le feu roy si ottroya
¶ Briefles tresues furent criees
Pour aller par tout sans peril
Et iusques a lannee prolongees
De quarantesept en auril
¶ En ce temps si vindrêt en frâce
Les deux filles du roy descosse
Par le vouloir q ordonnance
De leur seur lors ia mise en fosse
¶ Cestoit ma dame la daulphine
Dont la mort par maleurete
Qui despier iamais ne fine
Auoit ia fait sa voulente

¶ Si eurent piteuse venue
Et depuis par soulaigement
Sceurent la mort estre aduenue
En leur mere pareillement
¶ Ainsi lesdictes poures filles
Bien troublees en cueur se trouuerēt
Despourueues/dolentes/debilles
Et assez de larmes pleurerent
¶ Adoncques le feu roy piteux
Par misericorde benigne
Leur commist gens et seruiteux
Cōe auoit leur feue seur daulphine
¶ Et voult que tinsent son estat
En leur baillant ses damoiselles
En tout pareil tinper et plat
Tant qhust trouue mariz pour elles
¶ O excellent roy debonnaire
Piteux et de noble couraige
De la mort on ne se doit taire
Car cest vng excessif dommaige
¶ De tāt quon list en ses croniqs
Pour aucun fruict en atirer
De tant sont telz faiz autentiques
Qui les veult bien considerer
¶ Lan quatre cens quarante six
La tresue si fut ralongee
Par vng espoir de paix assis
Lespace de toute vne annee
¶ Cest an les bourgoys du lingat
A tout cinq naues toutes plaines
Tresmisdrent au roy leur legat
Pour le faire seigneur de iennes
¶ Eulx et tous ceulx de chāpfrigort
Si le renuoierent haster
En luy offrant argent et or
Pour luy aider a conquester
¶ Lors le feu roy les mercia
De leur tres bonne offre et deuoir
Et ambassadeurs enuoya
Deuers eulx pour a tout pourueoir

¶ Iuuenel premier per de france
Sire iacques cueur argentier
Tanneguy sire de prouuence
Et le seigneur de sainct Vallier
¶ Si vindrent iusques a marceille
Acomplir leur legacion
Ou eurent de peine a merueille
Pour faire la reduction
¶ Mais ce pendant et lors aduint
Que ianus de champfrigort
Dens la ville de iennes vint
Et print a vng matin le port
¶ Ce fait desploya la baniere
Et les armes des fleurs de lis
En telle facon et maniere
Que les gens en estoient iolis
¶ Si ne luy firent resistence
Cuidant quil vint pour le feu roy
Ains eut planiere obeissance
Et tous les gens de son arroy
¶ Mais depuis qōt il se vit maistre
Et ayant dessus tous lonneur
Il ne voult le roy recongnoistre
Ains dist quen demourroit seigneur
¶ Les embassadeurs si allerent
Affin quil ne voult entreprendre
Sur le feu roy/et le sommerent
Quil luy voulsist la ville rendre
¶ Mais par response appocopee
Leur dist que riens il nen feroit
Quil lauoit conquise a lespee
Et que a lespee la garderoit
¶ Quāt les embassadeurs si virēt
Sa mauuaise inclinacion
Sen vindrent et plus riens ne firēt
De leur vueil et intencion
¶ Le feu roy oye la maniere
Ne fut des geneuoys content
Aussi ny auoit pas matiere
Ains en dissimula pour tant

¶ Mieulx valloit aussi reculer
Et garder son pays a leure
Que en estrange pays aller
Mettre ses gens a lauanture
¶ Lan quatre cens quarante sept
Les tresues furent ralongees
Entre les anglois quoy que soit
Par lespace de deux annees
¶ Et combien q̃ pendant la tresue
Nul ne deust villes remparer
Courir ne faire chose griefue
Pour aider ne pour empirer
¶ Ce nonobstant lesditz anglois
Si auoient boute dens la ville
Du mans gens darmes a harnois
Bien enuiron neuf cens ou mille
¶ Quãt le feu roy sceut le cas lors
Les anglois enuoya sommer
De eulx partir ¿ vuider dehors
Ou il les feroit consommer
¶ Oultre soubz vng begnin langai(ge
Si leur fist remonstrer ¿ dire
Que par traictie de mariage
Luy deuoient la ville redduire
¶ Car quant leur roy si prit la fille
Du roy de secille pour femme
Promis auoit rendre la ville
Luy espouse sans autre terme
¶ Mais neãtmoins lesdiz ãglois
Dirent que ia ne la rendroient
Et quilz festieroient les francois
Quant assaillir si les vouldroient
¶ Ce fait le roy y enuoya
Mettre le siege a grant puissance
Dont dunois larmee conuoya
Comme estant chief de lordonnãce
¶ Pregent / coitiuy / admiral
Culant / loheac / mareschaulx
Pierre de breze seneschal
A tout bien sept mille cheuaulx

¶ Plusieurs cheualiers escuiers
Auec les dessusditz y furent
Archiers manouuriers canonniers
Qui au siege grande peine eurent
¶ Si furent faiz aprouchemens
Pour ietter canons ¿ bombardes
Et si diuers habillemens
Quilz en eussent fait de malades
¶ Tranchees ¿ mynes par cõpas
Affin dicelle ville auoir
Et la bureau ne dormoit pas
Qui y fist grandement deuoir
¶ Si furent anglois assiegez
De tous costez par telle force
Que se adonc ne feussent rengez
Ilz eussent este prins par force
¶ Et lors leuesque de claucestre
Pour ou nom du roy dengleterre
Pour doubte dautre mal acroistre
Si fist au roy traictie requerre
¶ Et brief fut dit que icelle ville
Du mans seroit au roy rendue
Incontinent sus pied sus bille
Et sans plus delay ne attendue
¶ Par my aussi que les anglois
Qui dedens la ville estoient
Sen yroient eulx ¿ leurs harnois
En leur pays la ou ilz vouldroient
¶ Ainsi fut la reduction
De la ville du mans lors faicte
Et icelle execucion
Tost executee ¿ complecte
¶ Lan quarantehuit le feu roy
Enuoia de gens abondance
En belle embassade ¿ arroy
Faire au pape lobeissance
¶ Iuuenel de reims arceuesque
Sire iacques cueur cheualier
Tanneguy dallec leuesque
Et dautres grãs gens vng millier

¶ Ledit tanneguy du chastel
Et culant vindrent a marceille
Entrer dens desmal le chastel
Dont eurent honneur a merueille
¶ Le chastel pour le roy tenoit
Mais les geneuoys auoient mis
Le siege qui se abandonnoit
Se secours ny eut este mis
¶ Lesditz geneuoys traueillerent
Pour les affamer par vengence
Mais les francoys lauitaillerent
Nonobstant toute leur puissance
¶ Icelle place auitaillee
Lesditz tanneguy argentier
Se misdrent en vne gallee
Pour faire le voiage entier
¶ Lors geneuoys les poursuiurent
Batant apres a belle nage
Mais point ne les aconsuiurent
Ne ne leur firent nul dommaige
¶ Les francoys tracasserent fort
En faisant diligence en somme
Tant quilz arriuerent au bort
De finette qui est pres romme
¶ Et quant ce vint a laborder
Len nauoit veu passe cent ans
Ambassade ainsi estrader
En telz triumphes z bobans
¶ Les filettes z galliottes
Estoient couuertes destandars
De beau veloux traynans a flottes
Que len veoit de trops traitz dars
¶ Oultre sonoient clairs trompettes
Et estoient tous les gens en point
Habillez de riches iacquettes
Ou il ne failloit pas vng point
¶ Les nobles fleurs de liz de france
Par tout y la fist len semer
Et regorgoient bien dune lance
Dens la riuiere sur la mer

¶ Puis quant vint a entrer a rôme
Pour faire la legacion
Il ny auoit femme ne homme
Qui ne fist admiracion
¶ La y eut quelque cent cheuaulx
Enbarnachez de harnoiz moult gent
A houppes z boulons nouueaulx
Et les fers trestous faitz dargent
¶ Puis venoient les ambassadeurs
En pontificat honnorable
Et deuant eulx les estradeurs
En ordonnance bien notable
¶ Len ne vid entree si pompeuse
Des francoys comme ceste la
Ne despense si oultraigeuse
Comme len fist ca z de la
¶ Lesditz ambassadeurs de france
Nobles cheualiers z prelaz
Presenterent lobeissance
Lors a feu pappe nicolas
¶ Si mercia les fleurs de liz
Et de la les ambassadeurs
Vindrent vers le pape felix
Dont alors vindrent grans erreurs
¶ Ledit felix se portoit pape
Pasteur de leglise souueraine
Disant quil estoit antipape
Esleu du temps de feu eugeine
¶ Les dessusditz si le presserent
De ceder ou sen deslaisser
Et plusieurs choses remonstrerent
Pour les erreurs faire cesser
¶ Mais pour lors ne sen voult desfaire
Ne se oster de loppinion
Et par ainsi len ne peut faire
Paix en leglise/ne vnion
¶ Iuuenel la si demoura
Auecques luy par certain temps
Et tant le prescha z vira
Qui ne fut pas obstine tant

h ii

¶ Depuis le roy si y entra
Dunoys ⁊ autres saiges testes
Et tellement si employa
Quil obtint toutes ses requestes
¶ Iceulx embassadeurs tant firent
Par leur bonne enhortacion
Que ledit felix si redditrent
A toute bonne intencion
¶ De fait pour au feu roy cõplaire
Il fut content lors de ceder
Le nom de pappe ⁊ sen retraire
Sans iamais droit y demander
¶ Et atant par tractie final
Luy fut accorde ⁊ promis
Quil seroit tousiours cardinal
Et legat par tout son pays
¶ Ainsi le debat de leglise
Fut apaisie par ce moyen
Et la paix ⁊ vnion mise
Par le feu roy trescrestien
¶ Or notons icy quel prouffit
Quel hault bien ⁊ quel auantaige
Le roy par tout le monde fist
Dauoir euite tel dommaige
¶ Pensons a la diuision
Et es erreurs qui pulluloient
En leglise ⁊ illusion
Et comment tous les biens alloiẽt
¶ Quant lun pape chose faisoit
A son gre ⁊ consentement
Lautre venoit qui deffaisoit
Et en disposoit autrement
¶ Or considerons cy quel scisme
Quelle esclande ⁊ derision
Quel erreur en leglise ⁊ crisme
Qui ny eust mis prouision
¶ Quelz contenemẽs de censures
Quãs hõmes enfãs quãtes fẽmes
Se feussent sentues des lyeures
Du preiudice de leurs ames

¶ Brief/ q̃t le feu roy nauroit fait
En son temps autre fait notable
Si est digne par ce bien fait
De loz ⁊ renom pardurable
¶ Et fault peu considerer
Que aussi tost q̃ eut deffait ce trou=
Dieu si len voult remunerer (ble
Et le recompenser au double
¶ Car en bien peu de temps apres
Tout ainsi quil eut la paix faicte
De leglise a grans coustz ⁊ fraes
Il en eut paix ⁊ iope parfaicte
¶ Et sil est besoing quon le dye
Len le vist par experience
De son pays de normendie
Qui mist en son obeissance
¶ Voire victorieusement
Sans faire occision cruelle
Et en si petit mouuement
Que ce feust chose non pareille
¶ Les villes mesmes qui estoient
A paties de son auersaire
Les clefz des portes luy portoient
Le confessant roy debonnaire
¶ Princes princes aymez leglise
Car cest celle dont les biẽs viẽnent
Qui donne loz paix ⁊ franchise
Et dont les victoires aduiennent
¶ Len list sur ce de lempereur
Constantin qui aymoit tant leglise
Que tousiours luy portoit honneur
Et reuerence en toute guise
¶ Mener faisoit en tous les lieux
Vng autel en facon deglise
Et la deuant auoit les yeux
De son esperance soubzmise
¶ Mais aussi par tout ou venoit
Fust en assault ou en bataille
La victoire si obtenoit
Et prosperoit tousiours sans faille

¶ Pareillement theodosius
Pource que leglise honnoroit
De ses faitz venoit au dessus
Et en bataille prosperoit
¶ Oultre plus iulius cesar
Fist crier a ses gens franchise
Et que sur peine de la hart
Homme ne fist mal a leglise
¶ Et durant cela dit lystoire
Quil ne cessa de conquester
Nil nestoit homme qui eust victoire
Contre luy pour se surmonter
¶ Mais depuis quil destruit a fist
Le temple delsicque deffaire
Il fut plusieurs foiz desconfist
Et apres cela en memoire
¶ Oudit an declare dessus
Le roy voult en toute proesse
Les francs archiers estre mis sus
Pour auoir de gens a largesse

¶ La fut aduise vng bon point
Car en cas de necessite
Ilz estoient tous prestz & en point
Et sen trouueroit grant quantite
¶ Le roy par ce moyen la
Les affranchit de toutes aides
Pour viure comme exempz ca & la
Sans paier tailles ne subsides
¶ Ainsi le feu roy en peu de heure
Pour deffendre ou assaillir ville
Eut diceulx archiers sans demeure
Fine tousiours quelque dix mille
¶ Ilz enrageoient de besongnier
Et quant venoit a vng assault
Pour argent ou ville gaigner
Montoient incontinent en hault
¶ Aux vns peu chaloit de leur vie
Et se remotoient hardiement
Dont la guerre estoit bien seruie
Et y besongnoient grandement

¶ Comment les anglois prindrent fougieres pendant les trefues

¶ Ou moys de mars pendãt la tres
Les anglops qͥ nauoit nagueres (ue
Ne deuoient faire chose griefue
Prindrent neantmoins fougiere
¶ Bien estoient six cens anglops
Bons combatans gens de frõtiere
Et dont francops Sarragonnops
Estoit chief portant la baniere
¶ Deschelle sur les murs mõterẽt
Ou lors si nauoit gent ne garde
Et leans par amblee entrerent
Car homme ne sen donnoit garde
¶ Les gens de la ville dormoient
Et nauoient sa leurs pensees
Car aux tresues se confioient
Qui estoient criees et publiees
¶ Ce nonobstant lesditz anglops
Les pillerent et fourragerent
En prenant marchans et bourgops
Et moult dauoir p la gaignerent
¶ La ville si estoit peuplee
De biens et denrees a oultrage
Mais elle fut toute pillee
Par les anglops dont fut dõmaige
¶ Le rop lors partoit des montifz
Et ainsi comme il sen alloit
Tantost vint messagier hatifz
Disant que a lup parler vouloit
¶ Si lup apporta les nouuelles
Dont le rop vng peu seiourna
Se trouuant pensif a merueilles
Et puis tantost sen retourna
¶ Si assembla son grant conseil
Pour sauoir quil estoit de faire
Et mist foison gens en traueil
Pour pouruoir touchãt cest affaire
¶ Brief enuopa ambassadeurs
Au duc sobresset de ceste erre
Et es autres grãs gouuerneurs
De leur seigneur rop dangleterre
¶ Et a eulx tous en normendie

Si se plaignoit dudit fougieres
Et de leur prinse trop hardie
De quop il ne leur chaulit guieres
¶ Si les somma de reparer
La prinse/lexces/et loutrage
Et lesditz biens restituer
Pour euiter guerre et dommaige
¶ Mais le duc de sobresset dist
Que la prinse quant a ce point
Il ne auront/et respondist
Que riens rendre ne feroit point
¶ Atant sceue leur intencion
Les ambassadeurs sen partirent
Ne pour quelque sommacion
Lors autre chose si ne firent
¶ Tost apres et subsequemment
Enuopa le duc de bretaigne
Les sommer tout semblablement
Par vng herault de son enseigne
¶ Et requist quilz voulsisset rẽdre
Sa dicte ville de fougieres
Mais oncqs np voulurent entẽdre
Ains tindrẽt grãs manieres fieres
¶ Le feu rop ne se tint atant
Ains enuopa en angleterre
Sommer mesmes le rop batant
Et de sa promesse requerre
¶ Si eut pour ces choses grãs pei
Et tandiz le duc de bretaigne (nes
Lup tranmist leuesque de rennes
Et autres grans gens en enseigne
¶ Pour lup remonstrer laliance
Dudit duc danciennete
Quil estoit des subiectz de france
Et tresprochain de parente
¶ En oultre quil estoit comprins
Es tresues que sen auoit faictes
Et qͣ les anglops auoient prins
Fougieres en ses entrefaictes
¶ Par quop le duc lup requeroit
Confort/secours/et adiuuance

Et sa grace sur ce imploroit
Pour luy bailler gens & puissance
☙ Aux ambassadeurs respondit
Le roy moult gracieusement
Et du duc son nepueu seur dist
Quil se secourroit briefuement
☙ Mais il failloit vng peu attedre
Hauart estant en angleterre
Pour sommer le roy de tout rendre
Par doulceur auant que par guerre
☙ Et leur dist quãt on ne rendroit
Au duc sa ville de fougieres
Que gens & du sien luy bauldroit
Pour se aider en toutes manieres
☙ Les ambassadeurs mercierent
De ce le feu roy grandement
Et atant ioyeulx sen allerent
En bretaigne ioyeusement
☙ Dicelle response bien aise
fut le duc & leur fist grans chieres
Esperant nonobstant mesaise
Rauoir par ce moyen fougieres
☙ Mil quatre cens quarante neuf
Hauart retourna dangleterre
Apres pasques ou prin teps neuf
Pour la response du roy querre
☙ De la vint sans dilacion
A chinon ou le roy estoit
Reciter sa legacion
Et les nouuelles que aportoit
☙ Si monstra la sommacion
Et la response dengleterre
Qui nauoit nulle intencion
De remede a fougieres que rre
☙ Ains auoit le roy respondu
Quil ne aduouoit la prinse telle
Mais dy pouruoir au residu
Nen estoit aucune nouuelle
☙ Le feu roy veu le dit reffuz
Et la response quon faisoit
Pour rendre son nepueu confuz

Lors conclud quil y pouruerroit
☙ Et de fait enuoya dunops
En bretaigne diligemment
Et dautres seigneurs deux ou trois
Pour prendre du duc le serment
☙ Et luy fist promettre & iurer
Et aux barons semblablement
Le feu roy non desemparer
Durant la guerre aucunement
☙ Et aussi par parolles fermes
Le roy si les promist aider
Et se mettre pour eulx en armes
Affin de tout faire amender
☙ Tous les barons bien cõtẽs furẽt
Consentans de cela promettre
Et la chose tant agre eurent
Quen baillerent seellez & lettre
☙ Ce fait le roy manda apres
Aux cappitaines des frontieres
Quilz se tinssent en point & pres
Pour aider a rauoir fougieres

☙ Cõmet le pont de larche fut prins

h iiii

¶ Et assez tost au moys de may
Tout acoup en vne surprinse
Flocquet de clermont et bresay
Firent vne haulte entreprinse
¶ Par le moien dun voicturier
Allant souuent au pont de larche
Pour gaigner et pour charrier
Ainsi que font marchans en tache
¶ De fait vne iournee auint
Que ce voicturier si print garde
Dudit pont et aux francoys vint
Dire que ny auoit grant garde
¶ Si que tous ensemble parlerent
Et pour iouer le personnaige
Certains moyens delibererent
Dont le voicturier eust la charge
¶ Puis apres dens la ville alla
Ainsi que vng marchant dauanture
Regardant de ca et de la
A tout sa charette et voicture
¶ Et quant vint au soir sur le tart
En passant au dehors la porte
Si dist aux portiers dieu vous gard
Et leur fist vng salut a note
¶ Helas dist il demain matin
Me fauldra passer sans demeure
Et leur promist vng lot de vin
Qui luy ouureroit de bonne heure
¶ Et bien respondit le portier
Ie en pourra bien souuenir
Et atant part le voicturier
Sans autre langaige tenir
¶ De la sen vint le soir logier
Aupres dudit pont es faulxbourgs
En la maison dun tauernier
Qui logoit lors ges tous les iours
¶ Apres luy vindrent temprement
Deux grans ribaulx fors et entiers
Ayans tous deux labillement
En la facon de charpentiers

¶ Sur leur col portoient deux con-
Pour ouurer en charpeterie   gnees
A tout leurs robbes bas rongnees
Et beurent en lostellerie
¶ Ce pendant vindrent a foison
Des gens dicelle entreprinse
Eulx retraire en celle maison
Que pour ce cas la estoit prinse
¶ Et lors breze si fist retraire
Les gens de leans a lescart
Pour doubte dencuser et braire
Et que leur fait fust descouert
¶ Mais le cas dit au tauernier
Affin quil nen feust espaue
Il fut bien ioyeux au derrenier
Car les anglois lauoient greue
¶ De la sen vint le seneschal
Du coste sainct ouyn iuchier
Et flocquet et gens de cheual
De lautre coste embuchier
¶ Si faisoit lors moult trouble et
Et tost apres le voicturier   (nuyt
O son charroy apres minupt
Vint au portier du pont crier
¶ Or estoit en son premier somme
Fort dormant comme vne vache
Par quoy il ne vouloit en somme
Ouurir icelluy pont de larche
¶ Mais le voicturier fort hucha
Promettant luy paier le paste
Et brief tellement le prescha
Que le fist leuer a grant haste
¶ Le portier seul ne pouoit pas
Aisement le pont aualler
Par quoy fist leuer de ce pas
Vng autre anglois pour y aller
¶ Ainsi ledit pont aualla
Et demanda qui estoient ces deux
Charpentiers a quoy il alla
Dire quil seroit bon pour eulx

¶ Ce la fait la charrette vint
Sur le pont iusques bien auant
Mais ledit portier la retint
Iusques il eust le vin deuant
¶ Le voicturier lors de sa bourse
Tumba deux bretons vne placque
Et en les leuant dune escousse
Tua le portier de sa dacgue
¶ Et apres les deux charpentiers
Qui estoient desia sur lautre pont
Prindrent lautre anglops côe ouuriers
Et le tuerent de plain bont
¶ Lors ceulx de lembusche arriuerent
Incontinent sur pie sur bille
Et eulx auec leurs gens entrerent
Plainement dens icelle ville
¶ Puis desploierent leur enseigne
En criant tous a vne voix
Viue sainct yues & bretaigne
Dôt grant paour eurêt les anglops
¶ Ilz estoient encores couchez
Et y en eut de mors que prins
Sans conter muffez & cachez
Quelque enuiron cêt ou six vingtz
¶ La fut prins dens icelle ville
Vng anglops nômé fauquenberge
Qui paia de rancon huit mille
Pour sa venue & auantaige
¶ Ceste nupt estoit arriue
Par deffortune & pour logis
En celle ville ou fut trouue
Et taste iusques au megis
¶ Dudit pont de larche nouuelles
Si en vindrent par tout pays
Qui aux anglois ne sêbloiêt belles
Ains sen trouuerent esbahitz
¶ Petiz enfans & valletons
En chantoient en toute marche
Que vne placque & deux bretons
Ont fait gaigner le pont de larche

¶ Le roy depuis ceste entreprinse
Fist aux anglops dire & entendre
Quil feroit lascher celle prinse
Silz vouloiêt lors fougieres rêdre
¶ Mais sur ce denegacions
Si luy firent entierement
Dont y eut protestacions
Et en fut requis instrument
¶ Et pour tout mieulx faire autê-
Côme appartiêt entre royaulx (tiq
Y eut notaire apostolique
Et moult dautres imperiaulx
¶ Des protestacions & offres
Le feu roy en voult lettre auoir
Qui fist garder dedens ses coffres
Pour monstrer de son grant deuoir
¶ Ja tenu nestoit point de faire
Si grand diligence parfonde
Mais a dieu vouloit satiffaire
Et en faire iuge le monde
¶ O feu roy de haulte excellence
Noble en cueur saige debonnaire
Tant plus a ses gestes len pence
Tant plus es digne de memoire
¶ Et sur ce point est assauoir
Que auant donc q̃ mouuoir guerre
Il se fault mettre en son deuoir
Et partie sommer & requerre
¶ Sa sequelle fault faire bonne
Et y aller par bon endroit
Car dieu tousiours en la fin donne
Victoire a icellui qui a droit
¶ Sainct augustin en vng sié l'ure
Quil fist de la cite de dieu
Dit vng mot que deuôs ensuiure
Et qui peut seruir en ce lieu
¶ Que nul ne doit faire batailles
Sans grant cause & necessite
Car ce nest pas ieu de trois mall.s
Et en vient grant malheurete

¶ Aussi lors anciennement
L'en tachoit en toute saison
Venir au droit premierement
Et a soy soubzmettre a rayson
¶ Puis quant l'en auoit fait deuoir
Que partie ny vouloit entendre
L'en y pouoit adonc pourueoir
Et au pays la guerre espandre
¶ Et si auoit coustume telle
Que le peuple alloit en l'eglise
Pour la scauoir se leur querelle
Si estoit digne d'entreprinse
¶ Puis faisoient sacrifices au tem
Et prieres c'est chose vraye   (ples
Comme on peut veoir p̄ les exēples
Mesmes de l'ystoire de troye
¶ Pource l'en doit bien regarder
Comment l'en veult intēpter guerre
Et l'aide de dieu demander
Car sans luy l'en ne peut conquerre
¶ Du tout ne fault auoir fiance
Au nombre de la gent qui y vient
A la force na seur puissance
Car l'en ne scet que tout deuient
¶ Le cueur des hommes si propose
Venir hault en felicite
Mais dieu par dessus en dispose
Qui en fait a sa voulente
¶ He pour dieu q̄t vouldions mou
Noise ou guerre en qlq saisō (uoir
Faisons tousiours nostre deuoir
D'auoir pour nous droit ⁊ raison
¶ Car cil qui ainsi le fera
Il peut bien certainement croire
Que en la fin dieu luy aidera
Et quil luy ottroiera victoire
¶ Apres la prinse dessusdicte
Verdun du pays de gascongne
Par vne entreprinse subite
Fist en guyenne grant besōgne

¶ Car il print en vne sepmaine
Les places sainct margrin couac
Dont estoit pour lors cappitaine
Vng angloys nomme lausac
¶ Le quel de bordeaulx retournant
Et cuidant rentrer en sa place
Si fut happe incontinent
Nonobstant reffuz ou grimace
¶ Oultre le sire de mouy
Print en ce temps la pour le roy
En vng matin tout esbloup
La place ⁊ lieu de gederroy
¶ La eut enuiron trente angloys
Qui vindrēt esprouuer leurs corps
Si y laisserent leurs hernoix
Et furent tous tuez ⁊ mors
¶ Tost apres flocqt print la ville
De conches qui est aupres d'eureux
Par vne entreprinse subtille
Dont angloys furēt moult peneux
¶ Enuiron le moys ensuiuant
Ceulx de bordeaulx si enuoierent
Deuers le roy vng poursuiuant
Et plusieurs choses demanderent
¶ Premieremēt quō voulsist rēdre
Les places pour le feu roy prinses
Et saufconduit ou tresues prendre
Jusques on eust opes leurs ēprises
¶ Mais le feu roy quāt a ce point
Respondit que riens nen feroit
Ne quil ne s'en mesleroit point
Mais quō fist du mieulx quō pour̄
¶ Depuis le duc de sobresset   (roit
Talebot ⁊ autres seigneurs
Au roy tresmisdrent six ou sept
De leur gens ⁊ ambassadeurs
¶ Deuant lequel lors proposerent
En eulx plaignāt des entreprinses
Et en la fin si demanderent
Quon leur rendist les places prises

¶ Lors le feu roy debonnaire
Oye leur proposition
Leur dist quil ne deuoit complaire
En riens a leur intention
¶ Primo car les anglois scauoient
Les tresues promises (t faictes
Et si neantmoins prins auoient
Des villes en ces entrefaictes
¶ Pille la ville de fougieres
Par emblee furtiuement
Et fait maulx en toutes manieres
En venant contre leur serment
¶ Que touchāt leduc de bretaigne
Nauoient pas seullemēt mesprins
Ains menoiēt guerre au roy despai̇
Qui estoit es tresues cōprins (gne
¶ Car il estoit des alliez
Du feu roy & son bien veillant
Et les anglois par ce sies
A non luy porter maltalent
¶ Oultre le roy fist reciter
Comment estoit dit par la tresue
Que nul ne deuoit attempter
Ne faire nulle chose griefue
¶ Et toutesuoies depuis icelle
Iceulx āglois faisoient maitz maulx
A dieppe (t a la rochelle
De grans destrousses (t trauaulx
¶ Que aussi venoiēt courir a mā
Chascun iour (t eulx embuscher (te
Sur les chemins bien vingt ou trēte
Pour les francoys la destricher
¶ Mais pour doubte de les ognoi
Alloient par gelees (t neiges (stre
Dens les boys de turso repaistre
Desguisez (t a faulx visaiges
¶ Puis apres quāt les bōs marchans
Amenoient vins grains ou orges
Tout acoup a glaiues trenchans
Si leur venoiēt coupper les gorges

¶ Qui estoit en grant detriment
De son peuple (t de ses subiectz
Par quoy ne deuoit nullement
Souffrir telz abuz (t obiectz
¶ Helas quelle inhumanite
Quelles tresues a bien entendre
De faire mal (t cruaulte
Soubz couleur de la paix attendre
¶ Si q̄ le roy par ses complaintes
Aux anglois monstra clerement
Quil auoient les tresues enfraites
Atort sans cause iniustement
¶ Et si pour quelque extorcion
Abuz exces ou entreprinse
Nauoient fait reparacion
Ne chose a son estat remise
¶ Par quoy le roy finablement
Leur dist quilz deuoient reparer
Lesditz excez premierement
Et en estat tout restorer
¶ Mais il ne se tint pas atant
Aincoys affin de paix auoir
Et que chascun si fust content
Se mist en grans offre (t deuoir
¶ Et leur dist q̄ silz vouloiēt rēdre
Lors fougieres de prime face
Et les biens quon auoit fait prēdre
Qui leur rendroit toute autre place
¶ Sur quoy lesdītz ambassadeurs
Respondirent en grans manieres
Que le pouoir baille a eulx
Ne sextendoit point a fougieres
¶ Que en riēs ny oseroient toucher
Ne faire sur ce accordance
De le bailler ou despescher
Car ilz nauoient ceste puissance
¶ Le roy voyant lamusement
Et lexcuse quon alloit querre
Si leur respondit plainement
Quil les y contraindroit par guerre

¶ Et atant lesdiz ambassadeurs
De par les anglois se partirent
Bien & mal contens entredeux
Et autre chose si ne firent
¶ O cueurs obstinez endurciz
Qui reffusez droit & raison
Se auez eu des maulx & soucis
Ilz vous sont bien deuz a foison
¶ Pour mal le bien on vous presente
Vous excusant & mettant sus
Et nest vostre pensee contente
Ains voulez tousiours au dessus
¶ O maleureuse ingratitude
Qui ne peux ton cas reconguoistre
Ne venir a la rectitude
Ains tousiours abuses ton maistre
¶ Ne pesez vous point au dommaige
Que france par vous soustenoit
Et que dieu vouloit leritaige
Baillier a qui appartenoit
¶ Bien scauez si fault quon le die
Comment scet toute autre persone
Que le pays de normendie
Est des fleurons de la couronne
¶ Et touteffoiz auez grippé
Tout le prouffit bien longuement
Et ledit pays occuppé
Sans quelque tiltre iniustement
¶ Cestoit donc folie destriuer
Et de vous mettre en desraison
Car qui veult la noise escheuer
Il ne doit reffuser raison
¶ Aucunefoiz par trop estraindre
Et estriuer trop durement
Len est cause de soy contraindre
A souffrir beaucoup de tourment
¶ Len list sur ce de la premiere
Destruction qui fut a troye
Quelle aduint doultraige legiere
Et par reffuz de donner voye

¶ Tant seulemēt pour le passaige
Et de faire aux grecz voye petite
Les troyens eurent tel dommaige
Que leur cite en fut destruite
¶ Par cela pouons conceuoir
Que destriuer guerre sensuit
Et se doit len mettre en deuoir
Car qui fuyt droit / droit si luy fuyt
¶ O vray dieu puissant & glorieux
Ottroyez repos pardurable
A lame du trespiteable
Le roy charles victorieux
   Antiphona
¶ Tous roys & princes vertueulx
Ont tousiours decore iustice
Car sans elle le peuple ne eulx
Ne scauroient regner en police
¶ Dersus ¶ Diuent les roys
Qui ont les loys
Gardees sur terre
En tous endroitz
¶ Et leurs subiectz
De maulx & guerre

¶ La .iiii. secō chātee p marchādise

Nous
Dus tous marchans de
uons bien lacrimer
Pour le feu roy qui fais
soit a aymer
De nous garder par paix en terre & mer
En noz franchises
Trestous larrecins & pilleries bas mises
Marchãs gaignoiẽt en toutes marchãdises
Draps de soye & pierreries exquises
Doyre a plante
Len eust ou poing or & argent porte
Par tous pays reporte raporte
Si seurement sans estre inquiete
Quon eust voulu
Et si hardy que nul si eust tolu
Le pris ou gaing que la chose eust valu
Chascun vendoit a son mot absolu
Selon sa togue
Marchandise estoit lors en sa vogue
En son grant bruyt tryumphe & en gogue
Et tellement que len deuenoit rogue
Pour les grans biens
Que len gaignoit pour soy & pour les siẽs
Celiers garniers estoient cõbles & plains
De vins bledz foings aduoines & tous grais
Pour en garnir
Dittes gens darmes q̃ eust voulu fournir
Farines chairs a vng ost soustenir
Que len faisoit arriuer & venir
Diligemment
Par quoy chascun si estoit diligent
De suiure lost auitailler la gent
Porter viures & denrees deschargant
Et leur mesnaige
Marchaus gaignoiẽt & viuoiẽt dauãtaige
Las du bon temps du feu roy le tressaige
Point ny auoit en tant de lieux truaige
Ne de subcides
Cestoit rayson de luy paier les aides

Ordinaires les passaiges & guides
Mais de prendre les marchãs p les brides
De leurs cheuaulx
Saisir leurs cars & ancrer leurs basteaulx
En imposant tribuz & droitz nouueaulx
L'en neust ose/ne vser de telz trauaulx
Car marchandise
Jamais na cours selle nest en franchise
Et liberte damour qui la conduise
Exaction excessiue postmise
O vous seigneurs
Roys princes ducs contes & gouuerneurs
Qui auez soubz dieu les biens & honeurs
Considerez les peines & labeurs
Que ont les marchans
De aller nupt iour traueiller p les chãps
A pluye & vent biens & viures cerchans
Et le dangier des larrons & meschans
Gens pour leur nuyre
Et saucuns deulx par diligence & fuyre
Es marchez foires ou royaume ou empire
Sont enrichiz/esse pour tant a dire
Quon les doit prendre
Soit tort ou droit leurs biẽs piller ou ven
Les cõfisquer & dõner sãs mespredre (dre
C'est tresmal fait. Vnefoiz fault tout rẽdre
Cy ou ailleurs
Las quel dangier de faulx accusateurs
Meschans garcõs & mauuays emputeurs
Qui vont dire mensonges aux seigneurs
Pour deffaire
Maiz bõs marchãs & leur argẽt substraire
Sans les oyr en iustice ne faire
Droit ou rayson/& puis leur auersaire
Estre ou proces
En prenant iuges de leur bende & aces
O quel abuz & quel horrible exces
Trop mieulx vauldroit metre p tout leces
Et l'interdit
Hee conuiendra vng qui naura mesdit

Ne riens meffait/se laccuseur le dit
Il sera prins & iugie sans desdit
En piteux termes
Dont les vefues enfans & poures fēmes
en souffrēt maulx & douleurs aspꝝ & fermes
Quõ ne scet poit si nõ quõ voye les lermes
Cheoir des yeulx
Cest grant pitie/il est de plus beaulx ieux
Dieu si voyt tout/& est par tous les lieux
Aux bõs est doulx/aux mauuays merueil-
Tout vient a conte   (leux
Hee nesse pas aux accusateurs honte
De eulx damner & mentir a mesconte
Pour gēs de bīē brouller & mettre en fonte
Et dominaige
Faire perdre aux filles mariage
Aux orphelins leur estude & scolaige
Et mourir gens en prison & sans charge
Cest grant pechie
Le monde anuyt en est fort entachie
Le vice a cours/se remede est cachie
Et si nen chault que destre despeschie
En tous endroitz
Il ne fault plus de iustice ne loix
Car len iuge a lappetit & voix
Des gouuerneurs q̄ sõt au tour des roys
Et des seigneurs
Qui informez ne sont pas des clameurs
De la verite/des cas/& des douleurs
Que les marchãs souffrent & les rigueurs
Par iniustice
Las eschiet bien p̄ mettre ordre & police
Et p̄ pourueoir de remede propice
En corrigant les abuz par iustice
Et a veoir dire
Lē doit tousiours les bõs marchãs cõduire
En paix doulceur sãs les souffrir destruire
Et le peuple a bonnes meurs reduire
Et la tendre
Sans sur lestat de luy lautre entreprendre

Nil nappartient a praticiens vendre
Ne officiers a marchandise entendre
Aucunement
Sont deux estaz conduiz separeement
Qui nont être eulx riens comun bonnement
Ains desroguent a honneur grandement
Car laction
Si contredit a la propre action
Des deux estaz en toute paction
Chascun ambule en sa vocacion
Et soit content
De son mestier sans embrasser trestant
Car len ne scet quil auient entrestant
Ne pour qui cest/que len est acquestant
Helas prions
Pour le feu roy quelque part que soyons
Car en son temps foison de biens auions
Et auec ce soubz luy bien entendions
Nostre game
Et tellement que fort nous enrichions
Dieu ait son ame.
   Amen
❡ Les respons chantez par les marchans

❡ O dieu piteux et debonnaire
Aidant en tribulacion
Se son ame est en purgatoire
Pour quelque faulte ou vaine gloire
Donnez luy consolacion
❡ Il gardoit marchans de misaire
Sil fault argent pour le retraire
Nous offrons baillier caucion
❡ O dieu piteux et debonnaire
Aidant en tribulacion
Se son ame est en purgatoire
Pour quelque faulte ou vaine gloire
Donnez luy consolacion

❡ La cinquiesme lecon chantee par clergie

Je suis theologie grant pe
ꝛe de science
Ayeul de sens/filz de da
me prudence
Frere de honneur/oncle dalegement
Nepueu de paix/cousin dentendement
Parent dacueil/voysin de ioye aymee
Et lignagier de toute renommee
Apres les autres vueil chanter ma lecon
Du feu bon roy qui estoit tant de facon
En son vivant/aymant clercs ⁊ science
Car cest celle qui donne congnoissance
Des biens ⁊ maulx cōgnoistre ⁊ discerner
Elle fait roys soubz iustice regner
Elle monstre cōment chascun doit vivre
Elle enseigne a biens avoir ⁊ suivre
Elle reffuse ou ottroye les requestes
Elle donne entendement aux bestes
Du royaume ou grant science abonde
    i. i.

Si aduiennēt tretous les biens du monde
Au contraire de ignorance imperice
Et ou regne faueur τ iniustice
Ne vient que maulx abuz extorcion
Larrecin rumeur dissimulacion
Faulcetez griefz pillerie mengerie
Exaction τ toute tromperie
Et la ou sotz τ ignorans dominent
Et q̄ les faitz du monde determinent
Tout si va mal/τ chiet en decadence
Vertu de soy si recuse imprudence
Comme lobiect a soy mesmes contraire
Las le feu roy charles le debonnaire
Aymoit les clercs/gens lettrez en science
Et si prenoit a les auoir plaisance
Pour sen seruir en tous cas ius τ sus
Par ce moien si venoit au dessus
De tous ses faitz τ vaillans entreprinses
Et se gardoit de dangiers τ surprinses
En acquerāt tousiours de bien en mieulx
Chascun laymoit τ louoit en tous lieux
Il prosperoit en temps dauersite
Il conquestoit des pays a plante
Ses ennemins mesmes si le louoient
Des saiges clercs qui aupres luy estoient
Car il auoit tousiours en compaignie
Gens fors prudens τ plains de preudōmie
Et sil scauoit vng homme dexcellence
Expert lettre en clergie τ science
Le retenoit τ faisoit conseillier
Qui estoit cause de faire traueillier
Beaucoup de gens a scauoir τ aprendre
Science alors se faisoit chier moult vēdre
En ce temps la clercs estoient fort prisez
Et vaillans gens par tout auctorisez
He questoit ce de veoir en parlement
Les conseilliers si honnorablement
Deambuler en belle grauite
Gens vertueux plains de sagacite
La excercans le fait de la iustice

Entretenans le bon peuple en police
Quant ilz alloient lors en commission
Vous eussiez veu vne procession
De gens apres qui leur portoient honneur
Chascun disoit allons veoir le seigneur
Pour reuerence du roy et de sa court
Nul ne craignoit lors trop les gēs de court
Car nonobstant port et faueur mondaine
Subiectz estoient a la court souueraine
Et silz failloient: auoient pugnicion
Se bien faisoient: remuneracion
Ainsi chascun si auoit sa desserte
La mort du roy a plusieurs a fait perte
Car pouruoeoit chascun en son endroit
Administrant a tous iustice et droit
Et au regard des vniuersitez
Des benefices chanonies dignitez
Ou il auoit plaine collacion
Il en donnoit a sa deuocion
A vngz autres selon ce leurs merites
A gens de bien et personnes esllites
Et sil falloit faire vne election
Dun euesche de grant promocion
Il en laissoit faire la pragmaticque
Et la donner a personne autentique
Sans y vser de force ou de puissance
Ne empescher le eslire par defence
Et par ainsi eueschiez benefices
Estoient donnez a gens esleuz propices
Dont dieu estoit serui deuotement
Par tous les lieux et honnorablement
Ne en ce temps nestoit point de memoire
De tant de bulles ne de prothenotaires
Qui ont huit neuf dignitez ou prebendes
Grans abbayes priourez et commandes
Mais quen font ilz: ilz en font bonne chiere
Qui les desert: ilz ne sen soucient guere
Qui fait pour eulx: vng autre tiēt leur pla
Mais ou vōt ilz: ilz courrēt a la chace (ce
Et qui chāte: vng ou deux poures moines

i ii

Et les abbez:ilz auroient trop de peine
De contempler:ce nest pas la maniere
Et du seruice:il demeure derriere
Ou va largent:il va en gourmandise
Et du conte:sont les biens de leglise
Et les offrendes:en chiens & en oyseaulx
Et des habitz:ilz sont tous damoyseaulx
Et les rentes:en baings & en luxure
De prier dieu:de ce sa ley na cure
He poures gens : ceulx la meurent de faim
He nont ilz riens : len ne leur donne brain
Ou est charite:elle est en pelerinage
Et aumosne/elle va en voyage
He que fait dieu:il est bien aise es cieulx
He quoy dort il:len ney fait pis ne mieulx
Es monasteres en lieu de librarie
He qui a il: vne faulconnerie
Et aux perches ou estoiēt veultz & flambe
Len y tuche maintenāt les oyseaulx (aulx
Et les fondeurs:ilz sont bien loing de cōte
Et leurs obitz:tant que largent se monte
De reparer cloistres & lieux si beaulx
Attendre fault quon les face nouueaulx
Que font euesques : ilz sōt de biens rēpliz
Et si ont honte de porter leurs sourpliz
Mais en ce lieu ilz ont robbe bastarde
De camelot affin quon les regarde
Ont ilz vesselle:les beaulx grās dressouers
Dor & dargent flacons potz drasouers
He q̃ ont les poures:ilz ont les trēchouers
Qui demeurent du pain dessus la table
Et le relief:len le porte a lestable
Pour le mengier des paiges & des chiens
Aucunesfoiz sil en demeure riens
Len le iette au poures emmy la rue
Esse bien fait:pourtant droit ne se mue
En iustice:il y a de grans abuz
Mais quen dit on:ie my treuue confuz
Len fait iuges ieunes petiz enfans
Scaiuent ilz riens: ilz viennent dorleans

Que ont ilz apzins: a bien iouer des flustes
Et de grans clercs gens preudommes & iustes
Il ny a ame qui les mette en auant
He des offices: ilz sont au seuruiuant
De pere en filz comme propre heritaige
L'en les baille en amphiteose & charge
De ne iamais dun lingnage partir
Pour le retrait tu ne faiz que mentir
Laissons cela retournons a science
Et a clergie qui donne congnoissance
Des biens & maulx qlz qlz soient sur la terre
Et quant len doit vser de paix ou guerre
Aussi comment len doit viure regner
Gens & subiectz regir & gouuerner
Parquoy princes au tour de voz personnes
Ayez des clercs de condicions bonnes
Ne vous chaille des astrologiens
Mieulx si vauldroit deux bons theologiens
Pour enseigner de la saincte escripture
Que de parler du temps a lauenture
Mais sur tous cas gardez vous des flateurs
Sedicieux & seruiteurs menteurs
Car il ne fault q̃ vng pour metre la guerre
Entre parens & brouillier vne terre
En leur parler miel & fiel abonde
Et sont cause de tous les maulx du monde
Car q̃t ilz voient leur maistre qui se range
Ilz le mettent plus auant dens la fange
Et sil a hayne contre aucun vng petit
Ilz le conseillent selon son appetit
Ha cest bien dist monseigneur, cest bien fait
Et ne leur chault que de leur propre fait
Si dit iay chault, ou que vng peu se remue
Pose quil gelle, lautre dira ie sue
Et ce iour la mettra sa robbe double
Pour complaire & faire son point double
Cest tout ainsi que ses rosiaulx plantez
Que le vent fait tourner de tous costez
Et sil auient que le seigneur se cource
Du quil dye mal par legiere secouce
Contre vng homme de bien a lauenture

i iii

Vous le verrez chargier de grande iniure
Ha monseigneur ce n'est q̃ ung garconneau
Il fist tel cas / il est ung truandeau
Et vous mentent a gorge desployee
Ha l'aumosne seroit bien employee
De le batre dient ilz en tous endroitz
Pour lui monstrer sa faulte une autrefoiz
Ainsi boutent le feu dens les estouppes
Dont mengussent apres les grasses souppes
Helas princes ne croiez de legier
Car de cela vient trestout le dangier
Et ne fault pas croire en tous espertiz
Car en aucuns y a de grans perilz
Et es rappors de bourdes & nouuelles
Plusieurs y a qui en baillent de belles
Pour obuier doncques aux menteries
Des rapporteurs & faulses flateries
Il fault gens clercs pour scauoir la verite
Et les pugnir selon droicte equite
Le feu bon roy esmeu de bonne colle
Tenoit des clercs & boursiers a lescolle
Et fut iadiz son escollier premier
Le bon euesque de paris charetier
Qui en son temps fist grãt fruit en lestude
A ce propoz & par similitude
Dunoys conte tres vertueux & saige
Deux mendians si auoit en costiaige
Estudians en science & clergie
Lesquelz faisoit docteurs en theologie
A ses despens pour prescher en publique
La foy de dieu / & la foy catholique
Et de cela & pour ses autres biens
Nostre seigneur ne luy reffusoit riens
Toute sa vie a conduite la guerre
Et s'est trouue pour le royaume acquerre
En grant dangier peril de sa personne
Et si n'eust oncques que fortune tres bõne
Ne les anglois pour entreprinse faire
De traict canons ne luy sceurent meffaire
Et si estoit aux assaulx le premier
Jamais ne fut prins ne areste prisonnier

Princes notez dont les biens de prudence
Et ceulx qui viennent de clergie et science
Auec le fruict qui en yst subsequemment
Si prions dieu pcy finablement
Pour les defunctz q̃ ont clercs en memoire
Et les viuans leur entretenement
Quil luy plaise dõner entierement
A chascun ioye/lyesse/paix/et gloire

℣ Les respons chantes par les clercs
℣ O vray dieu pere de science
Qui de tous cas as congnoissance
Vueilles mettre par ta bonte
Lame du feu bon roy de france
En paix et en tranquillite
℣ Il a tousiours clergie porte
Fort aymee luniuersite
Par quoy en ayes souuenance
℣ O vray dieu pere de science
Qui de tous cas as congnoissãce
Vueilles mettre par ta bonte
Lame du feu bon roy de france
En paix et en tranquillite
℣ La sisiesme lecon chantee par pitie
le chappelain des dames

i iiii

134

t moy pitie le chappelain
des dames
Que diray ie veu que
tout est chante
Pour le feu roy q̃ estoit lõneur des femes
Le plus begnin qui oncques a este
Doulx esbatant en gracieusete
Ha traistre mort tu luy as fait oulttraige
De lauoir prins z si acoup oste
Mauldit soies tu z ceulx de ton lignaige
¶ Portõs le dueil nõ dames damoiselles
Dauoir perdu le feu roy nostre pere
Jettõs attours cueuurechiefz z noz voelles
Car de courroux nous auõs bien matiere
Parler ne fault plus que de mort z biere
Helas noz ioies sõt biẽ tournees en pleurs
Et ne reste fors que chascune quiere
Ung lieu desert pour la finer noz iours
¶ Quãt nous pensõs a ses biẽs z vertuz
A sa doulceur z son humilite
De tost mourir ne nõ chault deux festuz
Car nous voyons nostre calamite
Le temps nest plus tel comme il a este
Ce qui estoit blanc si est deuenu noir
A plus viure ny auons voulente
Ne en ce monde faire nostre manoir
¶ Plusieurs mõdains nõ veulẽt resiouir
En presentant dances ieux z esbaz
Mais nostre cueur ne les scauroit oyr
Tant est serre z ferme hault z bas
Joue qui vouldra a volees ou rabas
Tout nõ est ung iusq̃s la mort si viẽgne
En passant temps en douleurs z debas
Et ne nous chault cõmẽt tout en auiẽgne
¶ O malle mort comment as tu ose
Ce prendre a luy qui nauoit point meffait
Se a faire mal eust este dispose
Il y eust couleur ung petit en ton fait
Mais il estoit prince plus que parfait

En la vertu de honneur & de noblesse
Nous perdons temps, car il en est ia fait
Dont le regret si nous double en tristesse
  ¶ Se vne dame bourgoise ou damoiselle
Sagenouilloit pour bailler sa requeste
Il la prenoit par doulceur naturelle
Mettant la main au bonnet ou la teste
En respondant vne parolle honneste
Dont vng chascun si se partoit ioyeulx
Et nestoit nul a qui il ne fist feste
Sans estre aux gẽs ireux ne desdaigneux
  ¶ Ou sont les robbes & les habillemens
De cramoisy/draps dor/velours a feuilles
Costes simples & les beaulx paremens
Coliers chesnes & ceintures nouuelles
Atours touretz & ses haquenees belles
Dont len fringoit faisant en lair les saulx
Il nen est plus a present de nouuelles
La mort a tout abolly par assaulx
  ¶ Len neust ose dire vne villenie
A gentil femme ou quelque damoiselle
Riche ou poure par ieu ou compaignie
Fust bourgoyse meschine ou poure ancelle
Car en sa court la coustume estoit telle
De defendre vser de gouliardise
Qui le faisoit la peine estoit mortelle
Ainsi dames viuoient la en franchise
  ¶ Le bon seigneur pour sa ioieusete
Portoit sur luy souuent quelque verdure
Ou es habitz en yuer ou este
Et estoit gay pour resiouyr nature
De grans pompes & bobans nauoit cure
Il chassoit pou/aymoit gens de finances
Liures chanssons selon ce lauenture
Et passoit temps en ses menues plaisãces
  ¶ Piteux estoit a intercession
De dons pardons que femmes requeroient
Et leur donnoit plaine remission
Selon les cas quant ilz le desiroient
Esconduites iamais de luy nestoient
Se le cas neust este trop execrable

Et dont grans maulx par cel la auenoient
Car sa iustice le faisoit raisonnable
¶ Daumosnes biens assez il en faisoit
Aux poures gens selon leur indigence
Debaz discors entre amys apaisoit
Desues mineurs nestoient sãs pourueãce
A nobles honteux faisoit bailler finance
Gentilz femmes pour leur vie τ repas
Ladres/impotens/laumosne τ la pitance
Et dautres biens que len ne scauoit pas
¶ Or est il mort puis quil a pleu a dieu
Non pas dea mort/mais il est trespasse
Par quoy prendrons congie disans adieu
Regretans fort le bon temps qui est passe
Nostre plaisir est estaint τ casse
Et nauons plus que le desir qui volle
Ramenteuant le dueil quil a laisse
Et nostre cueur qui est en pleurs se cõsolle
¶ Adieu le roy vaillant τ vertueux
Charles septiesme trespiteux secourable
Adieu le prince begnin victorieux
Courtoys/humble/gracieux/amyable
Adieu le roy ayme τ aggreable
Qui a honnore les nobles fleurs de lis
Et la couronne precieuse notable
Dont les fleurons si sont fort embelliz
¶ Adieu les pers ducs contes de noblesse
Adieu barons cheualiers escuiers
Adieu la fleur de toute gentillesse
Cappitaines gens darmes guisarmiers
Adieu hernoiz palleftroiz τ destriers
Adieu archiers τ gens de lordonnance
Adieu heraulx cheuaucheurs messagiers
Adieu vous dy/car le cueur si nous lance
¶ Adieu dames bourgoises damoiselles
Festes danses ioustes τ tournoiemens
Adieu filles gracieuses τ belles
Plaisirs mondains ioyes τ esbatemens
Adieu colliers seurceintes paremens
Adieu bedons clerins herpes trompettes
Adieu conuoiz chieres τ festoiemens

Adieu confort & soulas damourettes
¶ Adieu galans qui souliez faire fringues
Parmy les rues voustes & espanades
Saillans en lair pour prendre les esplingues
Au seing des dames regardans les estrades
Adieu courtiers & les tours & virades
Adieu soubzriz meslez en aliance
Adieu chancons virlais rondeaux balades
Adieu atours & lassetz de plaisance
¶ Adieu presens baguetes afficquetz
Que len donnoit aux dames pour estraines
Adieu roses armeries & boucquetz
Adieu deesses chantans comme seraines
Adieu baisiers & plaisances mondaines
Dont nous portons les douleurs en ce lieu
Adieu plaisirs lyesses souueraines
Adieu bon roy / adieu soit lame / adieu
    Amen
O dieu piteux qui estes enclin
A tous pecheurs grace donner
Ayez pitie du roy begnin
Victorieux iusques a la fin
Et tous ses pechez pardonner
¶ Le poure sexe feminin
Si vous en requiert de cueur fin
Ne le vueillez pas condanner
¶ O dieu piteux qui estes enclin
A tous pecheurs grace donner
Ayez pitie du roy begnin
Victorieux iusques a la fin
Et tous ses pechez pardonner
    Antiphona
    ¶ Tous princes et
    roys vertueux
    Septim^o psalm^o
Certain temps aps le
Des ambassadeurs dagletre retour
Les bretons furent a lentour
De fougieres pour la conquerre
¶ Lors les anglois de la faillirent
Cuidans les prendre & morceller
Mais les bretons si fort ferirent
Quilz les firent tost reculler
¶ Si eut enuiron cent anglois
Prins que tuez a lescarmouche
Des gens de francois ragonnois
Principal maistre de laprouche
¶ Depuis vng musnier de Ver
En faisant le guet a son tour (neil
Eut sur les murs si grant sommeil
Quil sen dormit au point du iour
¶ Et pource que tresfort ronfloit
Vng anglois le guet visitant
Luy vint baillier vng grant soufflet
Dont le musnier fut mal content
¶ Si dist lors quil sen vengeroit
Auant quil fust vng iour ou deux
Et que parler il sen yroit
A flocquet lors bailly deureux
¶ Ainsi le musnier sen partit
Allant vers flocquet pour ce fait
Et la chose si bien batist
Que depuis sortit son effaict

¶ Si que flocquet le seneschal
Breze (t iacques de clermont
Ung soir vers son moulin aual
Vindrent la pour monter a mont
¶ Or estoit ledit musnier lors
Sur les murs regardant souuent
Apart luy dedens (t dehors
De quel coste venoit le vent
¶ Puis quant le matin saproucha
Et laube voult clarte donner
Tous les anglops du guet huscha
Faignant les mener desiuner
¶ Allons dist il a ce dimenche
Legierement oyr la messe
Car aurons de croq ou de hanche
Vin (t trippes a grant largesse
¶ Ainsi les anglops se partirent
Et chascun se desempara
La muraille dont descendirent
Fors le musnier qui demoura
¶ Et alors les francops dresserent
Leurs eschelles contre les murs
Et par ce moien la monterent
Car du musnier estoient bien seurs
¶ Puis en la ville descendirent
En grant brupt come il est de guise
Et lors les anglops sen fouyrent
Du chastel (t en la tour grise
¶ Le peuple fut moult esperdu
Du cas soudain (t merueilleux
Mais riens du leur ny eut perdu
Dont ilz furent trestous ioyeulx
¶ Depuis pour le chastel auoir
Ou les anglops sestoient mussez
Ledit musnier fist grant deuoir
En espuissant leaue des fossez
¶ Et le lendemain grandement
Fut ledit chastel bas (t hault
Assailly si tres vaillamment
Que des francois fut prins dassault

¶ Si eut des anglops mors (t pris
Et les autres qui demourerent
Pour doubte de estre ainsi seurpris
En la tour grise se bouterent
¶ Ledit assault dur (t terible
Si fut donne par aspres termes
Et y fist Breze le possible
En haultz faitz (t vaillace darmes
¶ Apres fut assiege la tour
Dicelluy verneil imprenable
Par deuant derriere (t au tour
En toute maniere duisable
¶ Si arriua incontinent
Ce iour monseigneur de dunops
Que le rop fist son lieutenant
Et principal chief des francops
¶ Culant le grat maistre (t dilliers
Y vindrent (t autres seigneurs
Nobles barons (t cheualiers
Pour acquerir los (t honneurs
¶ Et tatost seupuindret nouuelles
Que talbot (t les anglops
Estoiet aux chaps en gras moucel
Affin de trouuer les francops (les
¶ Et de fait vindrent a verneil
Cuidant secourir grandement
Icelle tour dudit verneil
Et leuer le siege asprement
¶ Mais ledit conte de dunops
Flocquet breze (t chiefz de guerre
Prindret leurs cheuaulx (t harnops
Pour aller a eulx de ceste erre
¶ Et fut dit que ledit dilliers
A tout huit cens ou quelque mille
Auecques certains cheualiers
Garderoient le siege (t la ville
¶ Si que partirent les francops
Cheuauchans au long (t au court
Tant quilz trouueret les anglops
Tout au fin plus pres de harcourt

❡ Talbot voyant les monioyes
Des francoys & leur grant arroy
Si fist faire de grandes hayes
Et senferma de son charroy
❡ Alors quant lesditz frācois virēt
Leur clos de chariotz & ferraille
Deuant eulx en barbe se misrent
Pour leur presenter la bataille
❡ Mais talbot ne saillit point
Ains se tint lecques tout le iour
Puis se retrahit bien apoint
Auec ses gens dedens harrecourt
❡ Y la fut fait ceste iournee
Cheualier sire iehan debar
Et iehan dolon lapresdinee
Auecques autres au depart
❡ Le feu roy vint tantost apres
Auec sa garde & grant bernaige
Suyuant son armee pres apres
Pour donner a ses gens couraige
❡ Si y print grant peine & traueil
Et cheuaucha hastiuement
Affin que la tour de Verneil
Se rendist a luy plainement
❡ Ce pendant partit de la Ville
Deureux le conte de dunoys
Flocquet/Breze/cusant/Blainuille
Et autres vaillans chiefs francoys
❡ Dautre part & tout vne marche
Les contes deu/& pol/passerent
Ce iour mesme au pont de larche
Et au pontheau de mer tirerent
❡ Si auoient gens darmes plusi/
Cappitaines & cheualiers   (eurs
Et dautres notables seigneurs
A tout bien quinze cens archiers
❡ Eulx arriuez soudainement
Ledit pontheau si assaillirēt
De tous costez si asprement
Que les anglois fort sesbahirent

❡ Dedēs auoit pour cappitaines
Montfort & foucques de hecton
Auec quatre cens mirmidaines
A tout iacques ou hocqueton
❡ Si tindrent manieres rusees
Cuidans non estre confonduz
Mais quoy le iect de deux fusees
Se trouuerent moult esperduz
❡ Brief lesditz anglois cōbatirēt
Et tindrent lassault longuement
Mais en fin la Ville perdirent
En eulx rendant hastiuement
❡ Eulx voyans la grāde puissāce
Et la proesse des francoys
Se rendirent sans resistence
Tous prisonniers audit dunoys
❡ Si eut la belles armes faictes
De tous costez audit assault
Et de grans vaillances parfaictes
Qu a riens dire si ne fault
❡ Et y furent faiz cheualiers
De moup/de raye/& rambure
Et dautres beaulx filz escuiers
Qui se firent valoir a leure
❡ En ce temps mesmes de loheac
Couuran iouachin ruault
De bretaigne le mareschal
Prindrēt saint iehā beuurd dassault
❡ Et la furent prins le matin
Bataillans iusque au soir bien tart
En donnant maint coup & tatin
Aux anglois dun & dautre part
❡ Et brief ꝗt lesditz āglois virēt
Quilz ny eussent peu resister
Ladicte place si rendirent
Le lendemain sans plus arrester
❡ Le vingtdeuxiesme daoust
Dicelluy an quaranteneuf
Le roy vint a tout son oust
A chartres & a chasteauneuf

¶ Audit chartres si eut nouuelle
Que tous les anglois de Verneil
Si auoient rendu la tour belle
Et eulx prisonniers a son vueil
¶ De ce la fut moult bien content
Et des anglois lors attrappez
Mais il fut vng peu mal content
De ceulx qui estoient eschappez
¶ Car auoient emporte largent
Et le tresor dicelle tour
Par faulte destre diligent
Et de bien garder a lentour
¶ Si tenca ceulx q̃ auoiẽt la garde
Pour lesditz anglois departiz
Car affin que len sen print garde
Ja les en auoit aduertiz
¶ Apres le conte de dunois
Lieutenant general du roy
Sainct pol & autres chiefz frãcois
Se partirent en bel arroy
¶ Eulx auecq̃s autres plusieurs
Allerent en grande ordonnance
Eulx presenter deuant lizieux
Et monstrer leur magnificence
¶ La aprés la sommacion
Dicelle ville au feu roy rendre
Voulurent sans dilacion
Mettre le siege pour la prendre
¶ Mais les bourgois considerãs
Quilz nauoient pouoir ne puissãce
Pour estre contre eulx prosperans
Se rendirent au roy de france
¶ Leur euesque bien grandement
Si fist diligence & poursuite
Et y besongna saigement
Car la ville eust este destruite
¶ Plusieurs menues places dau-
Sen allerẽt toutes dun train (tour
Et se rendirent sans seiour
Sans resister goute ne grain

¶ Apres la prinse de lizieux
Dunois sainct pol sãs lõgue atẽte
Et autres seigneurs auecq̃s eulx
Sen allerent assieger mante
¶ La estoient huit vingtz cõbatãs
Anglois pour la ville defendre
Mais les bourgois & habitans
Ne vouldrent pas lassault attẽdre
¶ Entre eulx eut grant discencion
Et pendãt deux ou troys bourgois
Vindrent leur composicion
Prendre & faire auecques dunoys
¶ Et atant la ville rendirent
Sans coup ferir despees ne dagues
Et aussi les anglois partirent
A tout leurs biẽs harnois & bagues
¶ Ce iour vint le roy a verneil
Ou il fut receu a grant ioye
Du peuple ioyeulx a merueil
Et criant noel par la voye
¶ Tous les prestres & gẽs deglise
Furent au deuant reuestuz
Portãs la croix comme est de guise
Et les bourgois tous bien vestuz
¶ Si furent la les rues tendues
Feuz faitz/reuerence & honneur
Et toutes les ioyes estendues
Que len peut faire a son seigneur
¶ Ce pendant breze seneschal
Moyennant lindustrie de luy
Si fist tant que sans interual
Fut prins le chastel de loingny
¶ Messire francois ragonnoys
Auoit dedens laisse son gendre
Cappitaine pour les anglois
Et icelle place defendre
¶ Le seneschal & luy parlerent
De plusieurs choses largement
Et au derrenier tant besongnerent
Quilz firent leur appointement

¶ Si que ledit gendre bouta
Des francs archiers la a sentour
Dont nul anglois ne sen doubta
Car logoient en la basse court
¶ Quant les anglois le bruyt oyrent
Chascun print sa hache & coustel
Et tous diligemment fouyrent
Pour cuider entrer ou chastel
¶ Mais les francois ytrez plusfort
Si les vous chasserent de court
Et de la gaignerent en fort
Par puissance leur basse court
¶ Si en eut de prins & de mors
Et ceulx quon trouua les derreniers
Pour seulement sauluer leur corps
Si se rendirent prisonniers
¶ La auoit bien deux cens anglois
Doulans faire les mons & vaulx
Mais la laisserent leurs harnois
Et perdirent biens & cheuaulx
¶ La femme dudit ragonnois
Qui estoit la ventre logys prendre
Fort se courca desdits francois
En maudissant eulx & son gendre
¶ Mais pour lonneur de gentillesse
Len ne luy fist nulz griefz ne maulx
Ains la laissa len sans rudesse
En aller a tous ses biens saufx
¶ Notons cy que comme le pere
Ragonnoys voult fougieres prendre
Tout ainsi & a la maniere
Fut baille loingny par son gendre
¶ Ainsi fut la faulte purgee
Auec lesclande & iniure
Nil nya ia point bonne dragee
Selle ne sent sa confiture
¶ Depuis lesdits seigneurs de fra(n)ce
Firent vng poursuiuant aller (ce
Sommer vernon a diligence
De se rendre/& les clefz bailler

¶ Et lors vng nomme iehan dormo(n)t
Filz dun grant seigneur dengleterre
Sans soy troubler ne effrayer mont
Respondit quil les alloit querre
¶ De fait incontinent alla
Tout par tout sur les serruriers
Amasser de ca & de la
Grant tas de clefz & ferrouers
¶ Puis par farce les apporta
A icelluy herault de france
Qui atant dillec se osta
Et vint dire sa diligence
¶ Le matin les contes dunoys
De eu/sait pol/brieze/chefz de guer
Et autres notables francoys (re
Si y allerent de grant erre
¶ Lors ledit vernon assiegerent
En dressant engins & pauoys
Tellement que sus pie gaignerent
Vng pont entre lesdits anglois
¶ Le lieutenant du cappitaine
Si eut les ioues du traict dun arc
A la saillie & male estraine
Percees oultre de part en parc
¶ Et dit on que ce fut cestuy
Qui apporta les clefz serrures
De quoy il luy print mal pour luy
Car furent recompenses dures
¶ Les habitans bien esbahiz
Et effraiez lors se trouuerent
Requerans pour dieu estre ouyz
Et brief au gens du roy parlerent
¶ Si eurent entre eulx parlement
Et en effect promisdrent rendre
La ville par appointement
Se len ne les venoit defendre
¶ Si eurent iusque au lendemain
Attendant des anglois secours
Mais nulz ny misdrent pie ne main
Et se rendirent de ce cours

¶ Le roy a dunoys donna lors
Ledit Vernon gent et notable
Consideratn et bien recors
De son grant seruice louable
¶ Telz bōs seigneurs fait bon ser
Qui donnent selon le merite (uir
Car cela fait cueurs asseruir
Et toustours au double prouffite
¶ Puis le roy partit de Verneil
Et vint en sa cite heureux
Ou il eut de tous bon acueil
Et fut le peuple moult ioyeulx
¶ De la sen alla a louuiers
Ou fut festoye grandement
De phaisans perdrix et pluuiers
Pour son ioyeulx aduenement
¶ Pendant ce le chasteau dangu
Lors occupe par les anglois
Combien quil fust fort et aigu
Si se rendit tost aux francoys
¶ Le conte de sainct pol partit
Pour aller gournay assieger
Et la ville si conuertit
Tant quil se rendit sans targier
¶ Les anglois de la garnison
Dessay sen allerent pescher
Vne iournee non de saison
Ung estang tresplaisant et chier
¶ Si le sceut le duc dalencon
Et enuoya hastiuement
Les poursuir en telle facon
Quon les print tous entierement
¶ Et depuis pour eulx en aller
Et eschapper de prime face
Offrirent de rendre et bailler
Comme ilz firent ladicte place
¶ Peu aps ceulx de dieppe sceurēt
Que a fescamp ny auoit grāt garde
Et pource tantost y coururent
Sans ce q nulz sen prinssent garde

¶ De fait la dicte abbaye prindrēt
De plaine venue et aproche
Et par certain temps la se tindrent
En attendant quelque espinoche
¶ Or deux iours apres si auint
Que deux cens anglois arriuerent
Dens vne nef qui p la vint
Et apres leans se bouterent
¶ Lesditz anglois ne cuidoiēt pas
Quelle feust du party de france
Par quoy entrerent pas a pas
Y cuidans faire demourance
¶ Mais quant la furent descēduz
Lesditz francoys les assaillirent
Tellement a bras estenduz
Que tous prisonniers se rendirent
¶ Ainsi lesditz francois gaignerēt
A la prinse moult largement
Tant es biēs quil leur demourerēt
Comme en rancon et autrement
¶ Puis le conte dunoys vng iour
Et les gens de sa compaignie
Sen tirerent deuant harcour
Cuidans lauoir par assallie
¶ Si furent faitz arrouchemens
Affin dicelle ville prendre
Mais pour engins ne habillemens
Les anglois ne la voulurent rēdre
¶ Le siege y fut pres de huit iours
Et puis les engins si tirerent
Si fort contre carneaulx et tours
Que les murs tout oultre perserēt
¶ Et alors quant les āglois virēt
Quilz nestoient pas trop seuremēt
A parlementer si requirent
Et firent vng appointement
¶ Par lequel fut dit qlz rendroiēt
Ledit harcourt place et pourpris
Se les anglois ny secouroient
Dedens certain temps sur ce pris

¶ Auquel ne vindrẽt ne enuoierẽt
Ne neurent secours nullement
Par ainsi la ville baillerent
En ensuiuant lappointement
¶ La prinse faicte de harcourt
Les contes deu/sainct pol/ dunoys/
Clermont/neuers/orual/ gaucourt
Bueil/breze/ẽ autres francoys
¶ Sen allerent diligemment
Deuant le chastel de chambrays
En le assaillant tresasprement
De diuers engins ẽ de trays
¶ Et lors q̃t lesditz ãglops virẽt
Tant de gens ẽ en si grant mont
Ilz supplierent ẽ requirent
Parler au conte de clermont
¶ Il ẽ les autres les ouyrent
Et fut sur ce procede tant

Que ledit chastel si rendirent
Et chargerent leurs biens a tant
¶ Les contes deu/pol/ẽ saueuses
Si vindrent puis mettre de court
Le siege par voyes rigoureuses
Deuant neuf chastel de nycourt
¶ Si assaillirent bas ẽ hault
De tous costez ẽ tellement
Quilz prindrent la ville dassault
Et par puissance vaillamment
¶ Le chastel si se defendit
Et leur fist grant vexacion
Mais vng peu apres se rendit
Moiennant composicion
¶ Par ce les anglops sen allerent
Ailleurs reposer ẽ gesir
Ainsi tous les biens emporterent
Ou voulurent a leur plaisir

¶ Cõment le duc de bretaigne vint en normendie a tout v. mille cõbatãs

¶ En ce temps le duc de Bretaigne
Mist en son pays pourueance
Et sen vint atout son enseigne
Par deuers le feu roy de france
¶ Si auoit compaignie notable
De nobles & de seigneurs moult
Dont estoit chief le connestable
Artus seigueur de richemont
¶ Apres le conte de laual
Loheac mareschal de france
Pregent coittiu' admiral
Et autres de leur aliance
¶ Si estoient enuiron cinq mille
Qui sen vindrent baissier les luces
Pour assieger sur pie sur bille
La ville & cite de constances
¶ Les anglops vng peu cōbatirēt
Cuidans resister par puissance
Mais au deuziesme iour rendirent
La dicte ville au roy de france
¶ De la le siege si fut mis
A sainct lo sans dilacion
Qui requist sur ce de estre aduis
A faire composicion
¶ Bien deux cēs anglops cōbatās
Estoient dedens pour ses assaulx
Mais la faim doubtans & craignās
Sen allerent tous leurs biēs saufz
¶ Et ia soit ce que au feu bon roy
Deuz ses gens darmes & puissance
Ses chefz de guerre & grant arroy
Len ne luy peust faire greuance
¶ Toutesuoies pour laduenemēt
De fortune la tres doubteuse
Et auoir le consentement
De celuy qui la donne eureuse
¶ Il fist faire processions
Par tout son royaume de france
Prieres intercessions
Pour auoir plustost recouurance

¶ Et fut a paris en ce temps
Une procession moult belle
Faictes par les petiz enfans
Chascun portans vne chandelle
¶ De la bouche des innocens
Et des prieres qui sont faictes
Par orphelins petiz enfans
Sont louenges a dieu complectes
¶ Len list de lempereur theodose
Qui iamais si nalloit en guerre
Quil ne fist deuant toute chose
Prier dieu pour luy & requerre
¶ Aussi tousiours il paruenoit
Dix contre cent a ses attaintes
Et victoire si obtenoit
Par doulceur/amour/ou ōtraintes
¶ Jadiz on tenoit la facon
Et lisons du conte mont fort
Qui vainquit le roy dartagon
Cōbien quil fust cent foiz plus fort
¶ Ledit roy lors estoit paien
Et se fioit en sa puissance
Et quil estoit grant terrien
Ayant gens argent & cheuance
¶ Ledit roy auoit bien vingt mille
Soubz lui combatans vaillās gēs
Et le conte estoit tant debille
Quil nen eust sceu finer cinq cens
¶ Si eut lors recours a leglise
En priant nostre seigneur dieu
Quil donne victoire & franchise
Ou il luy plaist en temps & lieu
¶ Si fist les prestres habiller
Sur leurs seurpliz harnoiz & armes
Et ainsi en bataille aller
En portant la croix pour ses armes
¶ Quant le roy & ses aduersaires
Vouldrent le conte surmonter
Il priant dieu par grant misteres
Fist veni creator chanter

¶ Et ainsi quon feut au verset
Hostem repellas longius
Ledit roy & son mahommet
Furent tuez & ruez jus
¶ Y la en mourut belle bille
Et obtint le conte monsort
Victoire contre quinze mille
Par laide de dieu & confort
¶ Ce la demonstre par lystoire
Que auant faire quelque main mise
Il fault pour obtenir victoire
Recourir a dieu & leglise
¶ Nauds nous pas du roy robert
Qui chantoit souuent en leglise
Ayant a dieu le cueur ouuert
Dont obtenoit paix & franchise
¶ Comme il chantoit a orleans
Agnus dei auec les prestres
Les murs du siege ou estoient ses gens
Cheurent en bas & furent maistres
¶ Durant le siege de vernon
Du peu pres en ces entreualles
Fut rendue la roche guyon
Par edouart natif de galles
¶ Il estoit marie en france
Et auoit sa femme auec luy
Qui estoit de la congnoissance
Messire denis de chailly
¶ Si fut traictie lappointement
Que sans frapper nul borion
Il rendroit au roy plainement
Le chastel de roche guyon
¶ Moyennant ce quil ioyroit
Des terres qui estoient en france
A sa femme & possideroit
Et quil en auroit deliurance
¶ Ledit chailly y besongna
Bien saigement & cautement
Car par ce moien len gaigna
Ledit chastel legierement

¶ Cest vne place belle & forte
Assise entre mante & vernon
Quon neust pas eue de bonne sorte
Sans ietter maint coup de canon
¶ En ce temps le duc dalencon
Par laide & consentement
Des bourgoys & gens de facon
Print la ville soudainement
¶ Les angloys si se reculerent
Incontinent dens le chasteau
Par quoy les francoys lassiegerent
En y mettant siege moult beau
¶ Ledit duc auoit huit cens lances
Vaillans gens & hommes de fait
Pour obuier aux resistances
Et assaillir par voye de fait
¶ Le chastel est comme imprenable
Mais les angloys qui la furent
Nonobstant quil feust fort tenable
Au duc en la fin se rendirent
¶ Moyennant ce quon demanda
De leurs corps & biens sauluement
Ce que le duc leur accorda
Et atant fut leur partement
¶ En ce temps le conte de foix
Garny des contes de lormeigne
Destrac lautier & bibernoys
Estans soubz luy & son enseigne
¶ Vint a dix mille arbalestriers
Courir ou pays de biscaye
Et de la a tous ses vaquiers
Vers guienne tira sa voye
¶ Or en effect de chaude colle
Fut pour le feu roy assieger
Le chasteau mauleon disposte
Assiz bien hault sur vng rochier
¶ Le chastel a prendre le cerne
Et a le diuiser en somme
Est vng des plus fors de guienne
Et pour tenir contre tout homme

h ii

¶ Le connestable de nauarre
En auoit le gouuernement
Soubz le nom du roy dengleterre
Du quel il tenoit nuement
¶ Le siege y fut mis de tous lez
Pour le chastel auoir & prendre
Et la maintz horions baillez
Auant quilz se voulsissent rendre
¶ Le roy de nauarre le sceut
Et vint a son ost & armee
Batant tant quil les aconsceut
A deux lieues pres de la eysnee
¶ Il auoit de cinq a six mille
Combatans de gascons anglops
Arbalestriers & gens de ville
Nauarrops & arragonnops
¶ Mais quant il fut bien aduerty
De gens dudit conte de foiz
Il & les gens de son party
Sen repentirent plusieurs foiz
¶ Le roy de nauarre enuoya
Audit conte qui estoit son gendre
Et par eulx instamment pria
De parler a luy & latendre
¶ Le conte luy tresmist seurte
Par quoy le roy vint tost apres
Parler a luy soubz feaulte
Au siege dun quart de lieue pres
¶ Si luy fist le roy remonstrance
Quil luy auoit baillee sa fille
Par amour & par aliance
Et dont auoit lignee vtille
¶ Quil auoit le chastel en garde
De par ledit roy dangleterre
Et estoit en sa sauuegarde
Par quoy ne le deuoit conquerre
¶ A ce le conte respondit
Questoit de la maison de france
Et seruiroit sans contredit
Le feu roy de corps & cheuance

¶ Aussi lauoit fait general
Lieutenant entre la gironne
Ayant pouoir especial
De conquester pour la couronne
¶ Si que iamais nen partiroit
Pour homme qui parlast ne femme
Jusques ledit chastel auroit
Par amour ou par assault ferme
¶ En autre cas au demourant
Lui offrit des biens abundance
Et de luy estre secourant
Contre tous, fors le roy de france
¶ Quant le roy de nauarre en fin
Oit le train & congneut les termes
Il sen alla a la parfin
En son pays & ses gens darmes
¶ Alors que ceulx du chastel virēt
Quilz nauoiēt aide ne secours
Audit conte si si rendirent
Et de la si prindrent leurs cours
¶ Le sire de luce anglops
Vassal a cause du chastel
Quon auoit rendu aux francops
Vint faire hommaige a coustel
¶ Et auoit six cens combatans
Auecques luy portās croys rouges
Allans venans & exploictans
A tout leurs harnoiz & leurs voul{s}
¶ Si fist audit conte de foiz (ges
Pour le roy la foy & hommaige
Et par tant il deuint francops
Et trestous ceulx de son bernaige
Et apres que eut fait le serment
Il de cueur & voulente franche
Fist a chascun habillement
De ses gens porter la croix blāche
¶ De la sen tourna au pays
Du de veoir lesdictes croys porter
Tous les gens furent esbahys
Et ne sen pouoient contenter

¶ Touteffoiz qͮt la verite sceurēt
Pourquoy lesdictes croix portoient
Bien apaisez z contens furent
Et trestous ioyeulx en estoient
¶ Puis sen guierme sen gaignoit
Places pour le roy bonnement
En normendie sen besongnoit
Dautre coste iournellement
¶ En ceste saison z mesmes an
Les contes de clermont dunoys
Furent assieger argenten
Neuers z dautres chiefz francoys
¶ La dentree canons si ietterent
En faisant leur aprochement
Tant que les angloys si prierent
Parler a eulx dappointement
¶ Et pendant quilz parlamētoiēt
Sur les articles de laccord
Les angloys fort se debatoient
Pour gaigner le temps par discord
¶ Et pource les gens de la ville
De lautre part secretement
Si tindrent entre eulx leur concille
Pour eulx garder de brouillement
¶ Si firent aux francoys scauoir
Que soubz vmbre de parlement
Len tachoit a les deceuoir
Et tenir par admusement
¶ Car tous les angloys de leans
Auoient serment z confiance
Tenir contre le roy ses gens
Et mettre la ville en defense
¶ Si prierent lors les bourgoys
Pour pourueoir en ceste matiere
A aucuns des seigneurs francoys
Quon leur baillast vne baniere
¶ Disans q̄ la ou ilz la bouteroiēt
Les francoys vinssent hardiement
Car dens la ville les mettroient
Qui quen groingnast aucunement

¶ Brief cōme les anglois estoient
A la porte pour le traicte
Les francoys sur les murs mōtoiēt
Pour entrer de lautre coste
¶ Et alors quant les āglops virēt
Que la pluspart estoit dedens
Ilz sen allerent z fouyrent
Du chastel auecques leurs gens
¶ Mais len ietta vne bombarde
Contre les murs de telle amplette
Que fist vng pertuys z passade
Du eust passe vne charette
¶ Les francois par lesdits pertuys
Du chastel quant z quant entrerēt
Par quoy les angloys tost depuis
Au donion si se reculerent
¶ Si furent la poursuiz de pres
Ainsi comme il estoit besoing
Et sen partirent tost apres
Vng chascun le baston au poing
¶ Ainsi la ville dargenten
Si fut prinse en ceste maniere
Du len eust mis bien demy an
Selle eust voulu tenir frontiere
¶ De la en fors dune autre part
Breze chailly tous dun arroy
Assiegerent chasteau gaillart
En la presence du feu roy
¶ Il estoit present a larmee
Et a veoir faire les aprouches
Du en la premiere esmee
Y eut de vaillans escarmouches
¶ Le siege si tint longuement
Car cest vng des pluffors chasteaulx
De normendie entierement
Assiz sur roc z des plus beaulx
¶ La place est forte z imprenable
A gens qui la vouldroient garder
Car il nest engin si greuable
Qui les sceust gueres inuader

l   iii

¶ Auecques ce dens le chastel
Estoient vnze vingtz combatans
Anglops de fait portans martel
Pour resister a tous venans
¶ Le roy y alloit voulentiers
Veoir les fortificacions
Que len faisoit a doubles tiers
Et les grans preparacions
¶ Puis apres les bastilles faictes
Vne partie des gens de guerre
Sen alla en ses entrefaictes
Assaillir ailleurs z conquerre
¶ La demourerent seullement
Breze z chailly pour le siege
Qui si porterent vaillamment
Et ne dormoient pas dens le piege
¶ Ilz auoient mille francs archiers
Qui les anglops si assailloient
En tirant iusques aux clochiers
Et tous les iours les traueilloient
¶ Si eurent anglois tant de peines
Au siege z de malle meschance
q̃ au bout de quatre ou cinq semaines
Se rendirent au roy de france
¶ Parmy ce q̃ auroient saufz leurs
Et sen yroient de prime face (biẽs
Sans ce quon leur demandast riens
Car suffisoit dauoir la place
¶ Ong peu auant le siege mis
Le herault du roy fut sommer
Gisors z anglops ennemys
De la ville rendre z fermer
¶ A quoy richart de mallery
Cheualier cappitaine z garde
Pour les anglops si fut marry
Disant quen piece nauroit garde
¶ Toutesfuoies pauyot croucelles
Qui estoient parens de sa femme
Eurent a luy promesses telles
Quil rẽdroit la place en brief terme

Moiennant que ses deux enfans
q̃ estoient prins au pontveau de mer
Luy seroient renduz quittes francs
Sans rancon ne aucun grief amer
¶ Et aussi que auroit desiurance
Des terres z de leritaige
Que sa femme auoit en france
Et en feroit son auantaige
¶ Cela fut fait/dit/appointe
Par lesditz traictiez z accords
Et tout acoup execute
Et ainsi fut rendu gisors
¶ En ce temps le roy de secille
A cent lances z ses archiers
En compaignie belle z gentille
Vint au roy de france a louuiers
¶ Si le receut ioieusement
En tresgracieuse maniere
A son ioyeulx auenement
Et luy fist acueil z grant chiere
¶ Si auoit le feu roy de france
De grans gens pres de sa persone
Tant de son sang que de ordõnãce
Qui luy tindrent compaignie bõne
¶ Tous estoient venuz luy aider
A conquester son bon pays
De normandie/z en vuider
Les anglops qui estoient enuays
¶ Messeigneurs les conte du may
Loumaigne/castres/tãcaruille (ne
Dallebret/le duc de lorraine
Dammartin/mongason/blanuille
¶ Culant grant maistre/precigny
Brion/monteil/destouteuille
Rochec/vesstere/prally
Valpergue/destampes/aigreuille
¶ Le baron traynel chancelier
Le feu seigneur de malicorne
Et dautres seigneurs vng millier
Pour bailler aux anglops sur corne

¶ Les cheualiers & escuiers
Au nombre de troys mille lances
Sans les coustilliers & archiers
Qui montoient a grādes puissāces
¶ Encor en ce nestoit comprins
Larmee du duc de bretaigne
Et dautres gens quon auoit prins
Pour le feu roy & son enseigne
¶ Ne larmee du duc dalencon
Des contes deu/saint pol/dunoys
Clermont/& seigneurs de facon
Conduisant lost pour les francoys
¶ Le roy se partit de souuiers
Et de la vint au pont de larche
En mandant chefz & conseillers
Sur le faict de la guerre & serche
¶ Les cōtes deu/saint pol/dunoys
Si vindrent a son mandement
Tout acoup & a vne voix
Et les autres diligemment
¶ Ce pendant le duc de bretaigne
Vint en la basse normendie
Garny de gens soubz son enseigne
Pour combatre a chiere hardie
¶ Dentree & du premier arroy
Il print le chastel de torigny
Vng autre fort nomme gauroy
Le pont dōme/sa haye au puy
¶ Puis le chastel de rogueuille
Dallongnes & mainte autre place
Et nauoit anglois si habille
Qui se osast la trouuer en place
¶ Le roy au pont de larche estant
Si enuoya sommer de rendre
La ville de rouen batant
Par vng herault qui ala tempre
¶ Mais qͭ les āglois lors si vi rēt
Quil vouloit au peuple parler
Au deuant de luy affouyrent
Et len firent bien tost aller

¶ Si leur dist sa sommacion
Dont les angloys le menasserent
De le mettre a destruction
Et de tout pouoir sempescherent
¶ Si relata tout & comment
Len luy auoit porte fermee
Par quoy le roy diligemment
Lors y enuoya son armee
¶ Tous y allerent en grant nōbre
En si belle & grand compaignie
Que les vngz si faisoient encōbre
Tant estoit larmee fort garnie
¶ Dunoys lieutenant general
Auoit charge de les conduire
Comme le chief & principal
A qui il ne failloit mot dire
¶ Si se allerent tous presenter
Deuant la ville de rouen
Pour les mouuoir & inciter
De la rendre par bon moien
¶ Si eut illec des escarmouches
Et des vaillances darmes belles
Saillies courses & grās aprouches
Dun coste & dautre a merueilles
¶ Vngz & autres couroiēt venoiēt
Comme se feust vng ieu de barres
Et aucunesfoiz en prenoient
Qui demouroient la pour les arres
¶ Vng vaillāt frācois de soubriers
A cause que son cheual cheut
Fut prins illec par les couriers
Et par fortune luy mescheut
¶ Les frācoys furēt la troys iours
Attendans sans leur esmouuoir
Et eurent mauuays temps & cours
Car il ne cessoit de plouuoir
¶ Si se misdrent tous en bataille
Et les angloys firent sommer
De eulx rendre pour seconde taille
Dont vouldrent lerault assommer

li iiii

⁌ Et pource que les frācoys virēt
Quilz ny auoit bon air ne vent
De la vng pou se retrairent
Sans proceder lors plus auant
⁌ Si misdrēt leurs gēs aux vilai/
Dilec autour pour hebergier (ges
En baillāt a chascun leurs charges
Jusque il fust temps de deslogier
⁌ Pendant aucuns de la cite
Qui aymoient le bien du royaume
Manderent au roy pour verite
Questoiēt pres de tēdre la paulme
⁌ Et que se cestoit son plaisir
De leurs bailler gens ꝯ secours
Ilz les metroient a leur desir
Sur les murs dēs certaines tours
⁌ Que de leur part se tinssēt seurs
Car vers la porte sainct hilaire
Ilz bailleroient vng pan de murs
Ou ses gens se pourroient retraire
⁌ Si renuoya le roy dunoys
Pour conduire ceste entreprinse
Et auiser sans coups ne harnoys
Comment la ville seroit prinse
⁌ Si deuisa dunoys larmee
Et en fist illec deux batailles
Dont lune si fut atermee
Pres le gibet vers les murailles
⁌ En ceste la pres de la ville
Estoient cusant seigneur dozual
Les sires de bueil blanuille
Et de ialongues mareschal
⁌ En tout auoit bien quatre mille
Gens combatans tous a cheual
Sans les archiers a pie vtille
Qui estoient en leur bataille aual
⁌ De lautre coste entre deux
Estoit la seconde bataille
Entre la ville ꝯ les chartreux
Assez bien pres de la muraille

⁌ La estoient les contes dunoys
De clermont/deu/saint pol/neuers
Breze/flocquet/brpon/beauuays
Et dautres grās seigneurs diuers
⁌ Ung homme vint de la cite
Leur dire que tost sauanssassent
Et quon estoit desia monte
Sur les murs ou ilz sadressassent
⁌ Si que chascun se mist a pie
Et contre la ville marcherent
Jusques a la muraille ꝯ pie
Du vng peu deschelles dresserent
⁌ Et ainsi que ia certain nombre
Estoient montez sur la muraille
Talebot si vint a lencontre
Frapper sus destoc ꝯ de taille
⁌ Les francoys fort se reuanchrēt
Et y eut de grans coups ruez
Par les anglois qui ses gaignerēt
Dont en eut de prins ꝯ tuez
⁌ A cest assault la ꝯ amplete
Si furent lors faitz cheualiers
Cousinot/riuiere/fapete
Et autres vaillans escuiers
⁌ Les roys de france ꝯ de secille
Doyans le train ꝯ la desmarche
Laisserent en ce point la ville
Et sen vindrent au pont de larche
⁌ Le dixseptiesme doctobre
Mil quatre cens quaranteneuf
Ceulx de rouen eurent iour sobre
Et entre eulx vng debat tout neuf
⁌ Les vngz tenoient pour les an/
En disāt ql failloit cōbatre (gloys
Et les autres pour les francoys
Qui ne se vouloient faire batre
⁌ Les vngz bourgoys ꝯ habitans
Si estoient tous dune aliance
Les dangiers ꝯ perilz doubtans
Rendre la ville au roy de frauce

¶ Comment la ville de rouen fut rendue

¶ Et pour messaige especial
Si esleurent tous dun accord
Des bourgoys & lofficial
Pour traicter la paix & accord
¶ Ceulx la vindrent devers le roy
Qui les receut benignement
Et leur accorda leur ottroy
Et sauconduit legierement
¶ Ce iour mesmes & non pas loing
Larceuesque & autres bourgoys
Vindrent au pont de sainct ouyn
Parler au conte de dunoys
¶ Si parlerent bien longuement
Et tindrent grant & long concille
Et par le quel finablement
Ilz promisdrent rendre la ville
¶ Parmy ce qlz ne perdroient riẽs
Que les angloys si sen yroient
Ou ilz vouldroiẽt a tout leurs biẽs
Et que leur pouoir en feroient

¶ Les ambassadeurs pour la nupt
Attendirent au lendemain
Sans entrer leans pour le bruyt
Des angloys qui estoit inhumain
¶ Larceuesque & ambassadeurs
Le lendemain matin si firent
Leur rapport devant les seigneurs
Et les offres du roy si dirent
¶ Cestoit en plain hostel de ville
Du la pluspart des habitans
Bien en nombre iusqs a trois mille
Estoient illecques escoutans
¶ Le pourparle fut aggreable
Et en furent trestous ioyeulx
Mais les angloys de ire greuable
Sen partirent fort desdaigneux
¶ Puis quant ilz virent le desir
Que les gens & commun avoient
Sen allereut par desplaisir
Au palays ou se retraioient

⊂ Si firent ceste nupt grant guet
Au chastel sur ponts & portaulx
En eulx mettans tous a leguet
Car ia sentoient venir leurs maulx
⊂ Ceulx de la ville se doubterent
En eulx mettant en point & armes
Et aussi au roy enuoierent
Pour faire venir ses gens darmes
⊂ Si ne faillirent a venir
Et le dimenche bien matin
Ceulx de la ville pour tenir
Eurent grant assault & butin
⊂ Si se esmeurent en leurs harnoys
Et par force de coups & armes
Firent reculer les anglois
Du chastel en bien rudes termes
⊂ Et quant est des murs & portaulx
Quilz tenoient a leurs auantaige
Ilz les firent par durs assaulx
Bien tost laisser a leur dommaige
⊂ Dunoys incontinent suruint
A tout ses gens breze flocquet
Et grande compaignie qui vint
Pour garder la ville da hocquet
⊂ Si arriuerent en bataille
Jusques a la porte martainuille
En frappant destoc & de taille
Pour secourir acoup la ville
⊂ En ce conflict impetueux
Si eut lors la iambe rompue
Ledit flocquet baily deureux
Par vng cheual demmy la rue
⊂ Le roy qui sceut tost les nouuelles
Des assaulx & de la crierie
Vint a tous ses gens & sequelles
En y menant lartillerie
⊂ Ce pendant dunoys fist sommer
Les anglois saincte katherine
Qui sans engins faire entamer
Se rendirent par paix & signe

⊂ Ilz sentoient le roy aproucher
Contre qui neussent peu tenir
Et puis la ville desrochier
Par quoy les failloit la venir
⊂ Ung herault du roy eut la charge
De les passer la & conduire
Affin quon ne leur fist dommaige
Par les gens darmes ne leur nuyre
⊂ Ilz estoiēt biē six vingtz āglois
Sur le chemin fort ennuieulx
Que se roy congneut a leur croix
Et sarresta pour parler a eulx
⊂ Si leur dist quilz ne prissēt biēs
Sur les bonnes gens sans paier
Mais ilz dirent quilz nauoiēt riēs
Et quilz ne scauroient ou logier
⊂ Alors le feu roy debonnaire
Pour mouuoir toꝰ couraiges frācs
Et creuer ceulx de son contraire
Si leur fist desurer cent francs
⊂ Oultre de sa grace benigne
Si leur fist ceste nupt logier
Audit lieu saincte katherine
Et a ses despens hebergier
⊂ O quelle liberalite
De donner a ses auersaires
Quel doulceur & benignite
Dauoir pitie de leurs misaires
⊂ Tous roys & princes vertueux
Doiuent auoir compassion
Des subiectz & estre piteux
Par euure de remission
⊂ Le roy des mouches a myel
Ainsi que senecque raconte
Na point desguillon ne fiel
Et si toutes autres surmonte
⊂ La rayson pource que nature
Luy osta par droit naturel
Comme excellent oultre mesure
Pour estre doulx & non cruel

¶ Seneque en autre pas recite
Que vne femme fut condemnee
A mourir en prison subite
Jusques elle eust la vie finee
¶ Et fut defendu au geolier
Sur sa vie que ne mengast riens
Et quil ne luy souffrist bailler
Par parent ne amy aucuns biens
¶ Quant sa propre fille y alloit
Consoller de langaige suaiue
Par tout sur elle len fouilloit
Pour la mere mourir a gleiue
¶ Seize iours neut riens a mēgier
Et toutesuoies ne mouroit point
Dont geolier cuidoit enrager
Car len le chargoit par ce point
¶ Si vid comme on la visitoit
Que de doulce amour naturelle
La fille sa mere allectoit
Sans viure que de sa mamelle
¶ Le geolier mesmes eut pitie
Et le dist au prince a iustice
Qui pour doulceur a amitie
Luy remist la mort a le vice
¶ Condemnee estoit iustement
Mais neantmoins en la faueur
De la fille a de saliment
Elle rechappa par doulceur
¶ Ad idem le roy alixandre
Fut tres piteux a debonnaire
Honorant tant petit que mendre
Et estoit de begnin affaire
¶ Vng iour si vid pallir la face
Duy cheualier qui auoit froit
Mais il descendit de sa place
Luy baillant son lieu a lendroit
¶ Apres la charite sus faicte
Les gens deglise a les bourgoys
De rouen en compaignie nette
Allerent par deuers dunoys

¶ A la porte de martainuille
Luy vindrent faire reuerence
Luy baillant les clefz de la ville
Pour en faire a son ordonnance
¶ En luy disant quil fist entrer
Des francoys en telle quantite
Quil vouldroit pour toustours mō
strer leur bon vouloir a loyaulte
¶ Dunois pour le feu roy de frāce
Les recueillit benignement
En receuant lobeissance
Et parla a eulx longuement
¶ Ce fait breze entra premier
Dedens la ville a tout cent lances
En vng train plaisant a sommier
Et les archiers des ordonnances
¶ Apres les cent lances dunoys
Et les archiers de lordonnance
Frigūs a tout leurs beaulx harnoiz
En toute triumphe a plaisance
¶ Les autres gens darmes ce iour
Si furent logez au vilaige
Pres dudit rouen sec autour
Pour garder la ville de charge
¶ Cestoit belle chose de veoir
Les roys de france a de secille
Et les gens qui faisoient deuoir
A lentree de la dicte ville
¶ Les angloys ce iour la rendirēt
Au soir le pont dicelle ville
Aux gens du roy qui y cōmisrent
Le feu sire de harenuille
¶ Le lendemain toutes les portes
De la cite furent ouuertes
Du gens entroiēt de toutes sortes
A veoir āglois q̄ estoiēt biē mathes
¶ Si fist len crier que tout hōme
Sur robbe chapperon ou manche
Grant ou petit portast en somme
La belle petite croix blanche

¶ Le duc de sobresset qui vist
La magnificence ℟ larroy
Aux francoys instamment requist
Que len le fist parler au roy
¶ De cela le roy fut content
Et furent commis cheualiers
Pour laller querir tout batant
Auec heraulx ℟ escuiers
¶ Si vint a saincte katherine
Ou estoit le roy son conseil
Et apres reuerence digne
Il conta tout son cas ℟ vueil
¶ Requerant que il sa femme enfãs
Talebot ℟ autres angloys
Si sen peussent en aller francs
Selon le traictie des francoys
¶ Le roy audit duc respondit
En sa personne grandement
Que luymesmes en fait ne en dit
Nauoit tenu lappointement
¶ Car il auoit garde de rendre
Ceulx de la ville ℟ la cite
Ne ny auoit voulu entendre
Par quoy en estoit deboute
¶ En oultre contre son vouloir
Tenoient le chastel ℟ palays
Dont auoit cause de douloir
Et ne le souffreroit iamais
¶ Si luy dist en fin plainement
Que iamais si ne partiroient
Jusques il eust entierement
Toutes les places quilz tenoient
¶ Mesmement harfleur honnefleur
Et autres lieux de caulx en point
Sur quoy le duc dit de harfleur
Que cestuy la ne rendroit point
¶ Car sestoit la premiere place
Que son seigneur roy dangleterre
Auoit conquis de prime face
Dont len ne le deuoit requerre

¶ Le roy en langaige abregie
Respondit quauroit pis ou mieulx
Et atant le duc print congie
Sans partir de la trop ioyeulx
¶ Les contes deu/breze/clermont/
Honnestement le conuoierent
Dautres gẽs auecques eulx mont
Et au chastel si le menerent
¶ Mais en passãt parmy les rues
De angloys veoiẽt les croix blãc.
Ainsi qlz feussẽt cheuz des nues ches
Chascun les regardoit par ranches
¶ Le roy tantost apres manda
Que len mist le siege au palays
Et aux gens darmes commanda
Quon y besongnast sans delays
¶ Du siege furent conducteurs
Culant de france mareschal
Oualautres plusieurs seigneurs
Et de breze le seneschal
¶ Si fut la tost le siege mis
Par dedens ℟ dehors la ville
Par les dessusnommez commis
Et par maniere bien subtille
¶ Tost acoup furent faitz fossez
Tranchees saillies ℟ grãs aproches
Les engins ℟ canons dressez
Sans le traict ℟ les escarmouches
¶ Brief quant le duc de sobresset
Vid quil neust peu la resister
Et quil estoit du tout a sec
Il requist a parlamenter
¶ Sur ce point furẽt faictes trief/
Pendant dunoys le lieutenãt (ues
Appointa en parolles briefues
Auec sobresset gouuernant
¶ Cestassauoir que luy sa femme
Et tous les angloys du palays
Sen yroient saufz sans laisser ame
En leur party ou a calays

Que tous leurs biēs emporteroiēt
Fors artillerie prisonniers
q aux marchās leurs debtes paieroiēt
Et au roy certains grans deniers
¶ Quilz rendroiēt aussi tācaruille
Arques/caudebec/honnefleur
Moustiuillier/debonne/lisle
Qui estoient de normendie la fleur
¶ Et pour acomplir ceste charge
Et obuier au vent damont
Demourerent lors en ostaige
Talebot ¿ le filz dormont
¶ Thomas heu ¿ ffoulq̄s hoston
firent les places deliurer
fors vng nomme maistre courson
Qui poit ne voust harefleur liurer
¶ Il estoit pour lors cappitaine
Et dist quil nen auoit point charge
Par quoy talebot fut en peine
Et demoura toustours pour gaige
¶ Le roy a saincte katherine
Si fist sa feste de toussains
A grant ioye ¿ chiere condigne
Remerciant dieu ¿ les saincts
¶ Puis lundi veille sainct martin
A rouen si fist son entree
Et du soir iusques au matin
Len fist banquetz ¿ chiere oultree
¶ Le roy estoit acompaigne
Du roy de secille ¿ seigneurs
Qui auoient en larmee besongne
De princes ¿ de gens plusieurs
¶ Les vngz portoient habillemēs
Dorfauerie/velours/¿ soye
Les autres diuers vestemens
En signe de lyesse ¿ ioye
¶ Premieremēt tous les archiers
Du roy de secille ¿ de france
Vestuz dabiz riches ¿ chiers
Cheuauchoient en belle ordonnāce

¶ Ceulx du feu roy auoiēt iaq̄ttes
De couleur rouge blanche ¿ verd
Semee dorfauerie bien faictes
A collet broude ¿ ouuert
¶ Les archiers du maine ¿ secille
¿ dautres plusieurs grās seigneurs
Les auoient en facon gentille
A soye de diuerses couleurs
¶ Ilz estoient bien six cēs archiers
A brigandines ¿ iacquettes
Montez sur roussins ¿ dextriers
A harnoiz ¿ armes complettes
¶ Des archiers estoiēt gducteurs
Messire theolde de valpergue
Prunelly ¿ dautres seigneurs
Vestuz de soye chascun a marque
¶ Apres le conte de sainct pol
Si estoit tout a blanc arme
Ayant vng collier dor au col
De riche pierrerye ferme
¶ Son cheual bien enharnache
De drap damas noir a fleuretes
Et sō champfrain tout embrainche
A fleurs dorfauerie bien faictes
¶ Derriere luy auoit trois paiges
Vestuz ¿ montez sur cheuaulx
De telles couleurs ¿ fueillaiges
Qui faisoient bien de leurs auiaulx
¶ Le premier portoit vne lance
Couuerte de velours vermeil
Lautre de drap dor a plaisance
Le tiers vng armet dor en duell
¶ Puis auoit son palefrenier
Tout abille de mesme serre
Tenant en main vng grāt destrier
Couuert de drap dor iusq̄s a terre
¶ Apres le conte de neuers
Si auoit huit hommes a ranches
Et leurs cheuaulx trestou⁹ couuers
De satin vermeil a croix blanches

❡ Apres iuuenel chancelier
Vestu de robbe descalate
Et mantel royal singulier
Venoit pas a pas selon lacte
❡ Deuant vne haquenee blanche
Couuerte de beau velours pars
A fleurs de sliz tout droit en branche
Qui reluisoient de toutes pars
❡ Puis auoit sur la couuerture
Ung petit coffret de plaisance
A fleurs de liz dor en brodure
Ou estoiēt les grās seaulx de frāce
❡ Et ioignant celle haquenee
y auoit vng varlet de pie
Par qui en main estoit menee
Sans y auoir autre entrepie
❡ Apres les banieres trompettes
Sonnans melodieusement
Lune apres lautre a voix parfaictes
Qui resiouissoient grandement
❡ Ioignāt venoiēt les heraulx dar
Reuestuz de leurs belles costez mes
Ou estoient les liurees et armes
Des seigneurs en diuerses sortes
❡ Puis marchoit pierre de fōtueil
Escuier sur destrier monte
Ayant vng beau bonnet vermeil
De velours deuant espointe
❡ Et puis auoit en lieu de cappe
Mantel rouge fourre dermines
Qui portoit au col en escharppe
Deuant le roy pour inter singnes
❡ Apres venoit de mesme taille
Le grant escuier descurie
Le sire poton dexantraille
Tout harnache dorfauerie
❡ Il estoit tout arme a blanc
Fringant sur vng destrier pare
Combien quil feust vieillart et blāc
Couuert de velours azure

❡ Cestuy en escharpe portoit
La grant espee de parement
Dont la croix et pommeau estoit
Tout de fin or moult richement
❡ La ceinture boucle et mordant
De la gayne dicelle espee
Estoit a fleur de liz ardant
De velours azure couppee
❡ Et apres le feu roy de france
Venoit sur vng courcier arme
Couuert de velours a plaisance
De fleur de liz dor tout seme
❡ Ledit velours si estoit pars
Brode de fil dor a desir
Que len veoit de toutes pars
Et y prenoit len grant plaisir
❡ Sur la teste auoit vng chapeau
De velours vermeil en carre
A houppe dor gorgeas beau
Et le demourant bien pare
❡ Aps lui cheuauchoiēt sespaiges
Vestuz de vermeil et leurs māches
Toutes semees a grās fueilages
Dorfaueries fines et blanches
❡ Les vngz portoient son armeret
Les autres son harnois de teste
Brief tout chascun lors labouret
A auoir bruyt en ceste feste
❡ A la destre dudit feu roy
Cheuauchoit secille en grant chiere
Et a la senestre dautre arroy
Le conte du mayne son frere
❡ Les dessusditz estoient armez
De leurs harnoiz cōpletz et beaulx
Et leurs cheuaulx couuers semez
De croix blanches a grās lābeaulx
❡ Apres le conte de clermont
Per de france et duc de bourbon
Cheuauchoit et gent de grant mont
Qui bruyoit et fringoit a bon

¶ Cestuy faisoit les espanades
Comme sil eust este en mesmes
Les saulx en lair tours ¶ Virades
Ayant pages ¶ gens de mesmes
¶ Puis venoient les autres sei-
Par ordre ¶ selon leur degre   (gneurs
Vestuz de diuerses couleurs
De satin ¶ soye a leur gre
¶ Derriere les paiges du roy
Hauart son escuier trenchant
Monte sur vng beau pallefroy
Suiuoit le train grāt pas marchāt
¶ Le panon portoit de veloux
A quatre grans fleurs de lix dor
Brode de grosses pierres es boutz
Et le seurplus beau ¶ tout dor
¶ Apres le grant maistre doftel
Culant arme de pie en cape
Portant en fourme de mantel
En son col vne grant escharpe
¶ Deuāt luy cheuauchoiēt ses pa
Habillez trespompeusement   (ges
Ayans iournades de soye larges
Et leurs cheuaulx beau parement
¶ Assez pres de luy a lescart
Venoit vng escuier pare
Portant du feu roy lestandart
De satin noir a fil dore
¶ Apres venoient les hōmes dar-
Estans en nōbre bien six cēs (mes
A tout leurs harnoiz ¶ leurs armes
Tous en point ¶ tenās leurs rans
¶ Chascun deulx portoit vne lāce
A panon de satin vermeil
Ou la ou meillieu pour plaisance
y auoit dor vng bel soleil
¶ Plusieurs gens de toute cōtree
Arriuoient ¶ suiuoient la flote
Pour veoir le roy ¶ son entree
Habillez en diuerse sorte

¶ Enuiron le moulin a vent
Larcheuesque de sa cite
Et autres furent au deuant
Du feu roy en grant dignite
¶ Les euesques abbez prieurs
Et gens deglise en abondance
Acompaignez dautres seigneurs
Vindrent faire la reuerence
¶ Cela fait tost sen retournerent
Et apres dunoys lieutenant
Et ses compaignies arriuerent
Pour faire au roy le bien venant
¶ Ledit dunoys estoit monte
Sur vng cheual plaisant a lueil
Enharnache bien appointe
Et couuert de veloux vermeil
¶ Et dessus ceste couuerture
y auoit vne grand croix blanche
Faicte de fildor a brouderie
Qui estoit ou millieu en tranche
¶ Et en lieu de harnoiz de teste
Il portoit vne cramignolle
De veloux noir fort ronde en feste
Et vne huppe perruquolle
¶ Au coste pendoit son espee
La croix pommeau estant tout dor
Qui estoit dun ruby encharpee
Extime vingt mille escuz dor
¶ Apres si le suiuoient de court
Breze iacques cueur largentier
Auec le sire de gaucourt
Tenans les rancs de leur quartier
¶ Ces troys estoiēt vestuz de mes
De iacquettes ¶ parement (mes
Comme dunoys ¶ en tous esmes
Sans diference aucunement
¶ Apres eulx si venoiēt les paiges
Aussi habillez richement
Leurs cheuaulx a couuertes larges
Trayuans a terre largement

¶ Au deuant du roy sur les chãps
Vindrent les bourgoys de la ville
De rouen z les gros marchans
En compaignie belle z gentille
¶ Ilz estoient tous vestuz de pars
A rouges chapperons dessus
Acueillans gens de toutes pars
Car ilz estoient a leur dessus
¶ Au roy firent la reuerence
Et parlerent bien longuement
En doulx langaige z attrampance
Aussi les receut doulcement
¶ Si luy baillerent en la place
Les clefz de la ville en estraine
Et les baille de prime face
A breze quil fist cappitaine
¶ Apres ledit breze lez ly
Venoit cousinot cheualier
Esleu nouuellement bailly
Habillie dabit singulier
¶ Sa robbe de veloux bleu large
Et son cheual z couuerture
Estoient de mesmes a fueillaige
De ruisseaulx dargent z brodure
¶ En entrant breze seneschal
Soubz son office z seigneurie
Receut par cas especial
Precigny en cheualerie
¶ Le roy du coste des chartreux
Fist en la ville son entree
Du clercs prestres religieux
Si vindrent en belle assemblee
¶ Les vngz portoiẽt croix z banie-
En belle ordre z procession   (res
Les autres ioiaulx reliquieres
En signe dexultacion
¶ Toutes les rues estoiẽt parees
Et tendues a ciel richement
Les maisons deuant preparees
De tapicerie grandement

¶ Les enfans noel si crioient
Par my les rues z carrefours
Menestriers tabourins iouoyent
Es escherfaulx z sur les tours
¶ Les prestres chantoiẽt en leglise
De cueur Te deum laudamus
A orgues selon ce la guise
Dont anglois estoiẽt bien camus
¶ Quatre bourgoys de la cite
Portoient sur le roy a lentree
Vng beau ciel vermeil veloute
Aux armes du roy z liuree
¶ La y auoit de gens sans cesse
Que lẽ neust sceu pour riẽs chasser
Et de tous costez telle presse
Quon mist bien vne heure a passer
¶ Es rues y auoit personnaiges
Et vne tres belle fontaine
Iettant per les tuiaulx bruuaiges
Ypocras vin z eaue de seine
¶ Vng peu plusauãt sur vng cof-
Cõme les gens se retiroient   (fre
Len veoit p la vng bel togre
Et les petiz qui se miroient
¶ Puis au carrefour de leglise
y auoit vng beau cerf volant
Portant en son col par deuise
Vne couronne dor bouillant
¶ Et quant le roy illec alla
Dire ses graces en leglise
Ledit cerf si sagenoulla
Par honneur z plaisance exquise
¶ La endroit estoient es fenestres
La femme du conte dunoys
Talbot z ses anglois ancestres
Non bien aises en leurs harnois
¶ Le roy tost apres descendit
En leglise de nostre dame
Du illec ses oraisons dist
Et vint sans sarrester a ame

¶ Les habitans de la cite
Celle nupt si firent grant feste
Jeuz/esbaz/dances/a plante
Jusques au vendredi de reste
¶ Le lendemain de lentree eurent
Processions fort solennelles
Du larceuesque (z autres furent
Rendans graces espirituelles
¶ La feste si dura cinq iours
Et neust len veu la que viandes
Tables es rues (z carrefours
Vins/pastez/(z tartes friandes
¶ Ceulx dicelle ville (z cite
Au roy (z a ses gens donnerent
Presens (z dons a grant plante
Puis touchant leur fait proposerent
¶ Le enhortant de suiure guerre
Nonobstant liuer (z nupsance
En offrant pour villes conquerre
Luy aider de corps (z cheuance
¶ Le roy estant assiz en chaize
Faicte de drap dor singulier
Si les oyt tout a leur aize
Puis fist parler son chancelier
¶ Qui pour le roy les mercya
Remonstrant le cas (z le temps
Et tellement y besongna
Quilz sen partirent trescontens
¶ Vray dieu puissant (z glorieux
Ottroiez repos pardurable
A lame du trespiteable
Le roy charles victorieux
        Antiphona
¶ Les roys (z princes vertueux
Doiuent auoir compassion
Des subiectz (z estre piteux
Par euure de remission
        Antiphona
¶ O bon dieu (z bon createur
     Octauus psalmus

Pres icelle entree parfaicte
Le roy arme de brigandines
Et par dessus vne iacquette
De beau drap dor a fleurs dermies
¶ Si departit dicelle ville
Garny de seigneurs vng grant tas
Et mesmes du roy de secille
Tous en point (z en grans estas
Et auoit le conte sainct pol
Vng champfrain prise trente mille
Que portoit son cheual au col
En vne facon tresgentille
¶ Le roy (z gens de son armee
Tirerent dela a harresleur
Du misdrent le siege dentree
En grande puissance (z vigueur
¶ Et tant que le siege dura
Le roy pour ses gens eueillier
Et soliciter se tira
Pres dillec a montiuillier
¶ Audit siege pour lors estoient
Sainct pol/dunoys/deu/(z clermont
Neuers/(z autres qui portoient
Le faitz donc eurent peine mont
¶ Cestoit ou meillieu de lyuer
Du les gelees pluyes (z froidures
Auoient cours (z le floc de mer
Dot nauoiet chault en leurs armeu
¶ Encores pour maleurete (res
Ny auoit maison a lentour
Non pas vng seul arbre plante
Du len eust sceu faire seiour
¶ La ville si fut fort batue
De bombardes canons vnglaires
Et si asprement combatue
Q anglops y auoient moult dasaires

                     l i

℣ Ilz estoient bien mille & cinq cēs
Mais voyans qlz ney pouoiēt plus
Se rendirent eulx & leurs gens
Au roy leurs corps & biens exclus
℣ Pendant ce le duc de Bretaigne
Qui auoit mis siege a fougieres
Fist valoir si fort son enseigne
Quenglops furent mis a bassieres
℣ Les bretons si firent aprouches
Trenchees mynes fossez tempeste
Et de si vaillans escarmouches
Quon neust ose monstrer la teste
℣ Et brief francois laragonnoys
Rendit la place entierement
Fors q̄ il ses gens cheuaulx harnoiz
Luy furent renduz seullement
℣ Peu apres la reducion
Dicelle ville de fougieres
Le duc tost sans dilacion
Si fist retraire ses banieres
℣ En lost eut grant mortalite
Dont trestous furent esbahys
Et tant que pour auoir seurte
Chascun alla a son pays
℣ En ce temps le conte de foix
Fut mettre le siege a guisant
Lors occupe par les angloys
Qui est vng chastel fort plaisāt
℣ Assiz est aupres de bayonne
Et est ledit chastel si fort
Que a paine canons ne personne
Le pourroit auoir sans confort
℣ Quāt les āglops le brupt oyrēt
Du siege mis deuant la ville
Incontinent y assouprent
Jusques au nombre de trops mille
℣ Le connestable de nauarre
Soliton maire de bayonne
Auoient la charge de la guerre
Et y vindrent en point a bonne

℣ En nefz & vaisseaulx se bouterēt
Pour venir illecques descendre
Pres du chastel ou arriuerent
Cuidans les francois sec surprēdre
℣ Mais q̄nt ceulx du siege le sceu/
Ilz allerent secretement   (rēt
Au deuant / & les aconceurent
En les assaillant asprement
℣ Si se frapperent & ferirent
Vngz & autres de telle suite
Que les francoys les desconfirent
En mettant la plus part en fuite
℣ Et la y eut que prins que mors
A ceste rencontre & besongne
Douze cens angloys des plusfors
Et les autres mis en eslongne
℣ Soliton qui vid la destrousse
De sen aller fut diligent
Mais il fut reprins a la coursse
Auec la plus part de sa gent
℣ Quant ceulx dudit chastel oyrēt
Les nouuelles de la rencontre
Au roy tost apres se rendirent
Sans resister ne venir contre
℣ Plusieurs places dentre la mer
Dacre / & la ville de Bayonne
Furent aussi sans grant amer
Renduz au roy & la couronne
℣ Du moys de ianuier ensuiuant
Fut mis le siege a bonnefleur
Et aprouches faictes deuant
Par les francoys a viuefleur
℣ Dedens auoit cinq cens āglois
Dont estoit chief maistre courson
Qui apres plusieurs grans effrays
Si se vint rendre a lamesson
℣ Et fut fait vng apointement
Par lequel promisdrent de rendre
Ladicte ville entierement
Silz nauoiēt secours pour desēdre

⸿ Par quoy fut le champ ordonne
Ou les francoys estoient en point
Pour combatre au iour assigne
Mais les āgloys ny vindrēt point
⸿ Aussi les angloys si rendirent
Ladicte ville temprement
Et atant dicelle partirent
Leurs corps (z biens a saulnement
⸿ Deuant le siege qui fut fort
Fut tue arnault de guilhen
Ung nomme iehan de blanchefort
Et ung autre de Bourguignen
⸿ En ce temps ceulx de sa cite
Et ville de londres se esmeurent
Contre la souuerainete
Et les seigneurs qui y la furent
⸿ Si prindrent le conte suffort
Pour la perte de normendie
Dont ilz luy vouloient donner tort
Et faire male compaignie
⸿ Peu apres le duc dalencon
Si mist le siege a beleftine
Ou auoit des gens de facon
Pour lauoir par assault ou myne
⸿ Matago leans cappitaine
Promist icelle ville rendre
A certain iour de la sepmaine
Se angloys ne le venoiēt defendre
⸿ Si tint ledit duc dalencon
La tournee (z bataille haulte
Ayant auecques luy poton
Mais les angloys y firent faulte
⸿ En ceste saison (z mesme an
Le roy vint a vne abbaye
Que len appelle gerbertan
De honnefleur a lieue (z demye
⸿ Si voulut quon mist au fresnoy
Et essoy le siege batant
Mais les angloys doubtans le roy
Ne vouldrent pas attendre tant

⸿ Eulx estās lors en grāt mesaise
Sen partirent trestous dun train
Pour tirer vers caen (z falaise
Et nen demoura pas vng grain
⸿ Apres du pays dangleterre
Vit trois mille āgloys a chierbourg
Pour faire au roy de france guerre
Et garder la place (z le bourg
⸿ Messire thomas kyriel
Estant conducteur de larmee
Fist vng amast (z attriet
De gens pour auoir renommee
⸿ Et pour cōmencer ses besongnes
Et apres aucun pensement
Mist le siege deuant valongnes
Ou se tint assez longuement
⸿ Les francoys sur ce sassēblerent
y acourans a braz tendu
Mais auant que illec arriuerent
Valongnes estoit ia rendu
⸿ Ung appelle aubert rouault
Qui en estoit lors cappitaine
y fist son deuoir bas (z hault
Et y endura moult de peine
⸿ Mais il fut de si pres presse
De grans assaulx (z horions
Que le lieu leur fut delaisse
Luy saulue (z ses compaignons
⸿ Les angloys apres celle prinse
Assemblerent les garnisons
De la autour (z se amasserent
Pour tenir les champs (z maisons
⸿ Et de la ville de baieulx
Bien six cens combatans partirēt
Et de vire bien autant que eulx
Puis tous assemble se rendirent
⸿ Et en effect a tout conter
Les angloys de six a sept mille
Estoient en point pour conquester
Et tenir leur ranc (z bastille

ℓ ii

¶ De norbery et matago
Estoient leurs chiefz et cappitaines
Et cheuauchoient la a gogo
Sans plaindre leurs pas ne leurs
¶ Si deslogerēt et passerēt (peines
Ensemble les guez saint clement
Ou les francoys les rencontrerēt
Tenans les champs pareillement
¶ Couuren/et ioachin/rouault
Desqlz ne se donnoient pas garde
Frapperent vng peu en sursault
Sur leur queue et arriere garde
¶ Cela si fut fait en passant
Et ny eut pas grande besongne
Car chascun sen alloit pensant
De frapper lun lautre a la trongne
¶ Le quatorziesme iour dauril
En lan mil quatrecens cinquante
Pour obuier au grant peril
Des anglois la tenans leur tente
¶ Les gentilz conte de clermont
De breze et autres francoys
Si eurent de la peine mont
Pour trouuer aux chāps les āglois
¶ Richemont vaillant cōnestable
Qui estoit venu pres sainct lou
En belle compaignie notable
Denoit apres en pas de lou
¶ Si eurent ce pendant nouuelles
Que les anglois tenoiēt les chāps
Faisans illec mons et merueilles
En allant les francoys cerchans
¶ Si se misdrent en ordonnance
Pour marcher et tirer auant
Ou auoit six cens fustz de lynce
Sans les archiers q alloient deuāt
¶ La estoient contes de clermont
Castres/breze/rieux/admiral
Mony/rouault/maugny/daumont
Et de bourbon le seneschal

¶ Mongascon/robert conigan
Et autres francoys qui allerent
Iusques aupres de quarantan
Ou les anglois la rencontrerent
¶ Entre baieulx pres dun vilaige
Que len appelle fourmigny
Ou il y eut moult grant dōmaige
Pour celuy qui fut enuahy
¶ Quāt les āglois les appceurēt
Ilz se misdrent tous en bataille
Et entre eulxmesmes cōseil eurēt
De frapper destoc et de taille
¶ Si manderent hastiuement
Matago le matin party
Quil retournast soudainement
Comme estant chief de leur party
¶ Si furent anglois et francoys
Lun deuant lautre biē trops heures
Pour batailler en leurs harnoys
Et faire valoir leurs armeures
¶ Et la furēt faitz grās aprouches
Dun coste et dautre et faitz darmes
Saillies/retraites/escarmouches
A q mieulx mieulx selon les termes
¶ Les anglois amont et aual
Firent des fossez et tranchees
Affin que les gens de cheual
Ne feissent sur eulx aprouchees
¶ Et a vng trait darc par derriere
Auoit arbres et iardinaige
Et vne petite riuiere
Dont faisoient leur apuy et targe
¶ Le connestable richemont
Qui sceut le bruyt tost cheuaucha
A tout son ost tira amont
Et tāt que aupres deulx saproucha
¶ Illec auoit soubz son enseigne
Loheac/conte de laual
Le feu mareschal de bretaigne
Saincte fere et seigneur dorual

¶ La bataille de fourmigny

¶ En effect estoient troys cēs lāces
Et les archiers tous gens de fait
Pour faire armes τ vaillances
Comme ilz monstrerent par effect
¶ Si tirerent la en auant
Et se misdrent tous en bataille
Au dessus dun moulin a vent
En ordre chascun en sa taille
¶ Mais qͭ lesdiz āglops les virēt
Ilz eurent paour de leur baniere
Et de leur champ se retrairent
Pour mettre a leur dos la riuiere
¶ Et adonc ledit connestable
Et ses batailles si passerent
La riuiere en vng gue endable
Et tant que les anglops trouuerēt
¶ Si bataillerent vaillamment
Main a main tant quil est possible
francops τ anglops tellement
Que lassault fut dur τ terrible

¶ Anglops grandement si porterēt
Car du premier commencement
Deux couleuurines si gaignerent
Sur les francops bien vaillamment
¶ Et alors breze seneschal
Et ses gens misdrent pie a terre
Et dun couraige parcial
Vint frapper sur eulx de grant erre
¶ Le cry fut grant τ les vaillances
Et si tresbien la se porta
Que les anglops de quatre lances
fist reculler τ rebouta
¶ Si recouura ses couleuurines
Et y eut en ceste rencontre
Deux cēs anglops y nōbre τ signes
Mors sur la place lec encontre
¶ Breze y acquist grant honneur
Et tous ceulx de sa compaignie
Car les anglops auoient vigueur
Et leur eussent fait vilenie

c iii

¶ Brief les francois si bien ouurerēt
Quilz eurent ce iour la victoire
Et la bataille en champ gaignerent
Dont a tousiours sera memoire
¶ Quatre mille anglois et sept cēs
Sur la place mors demourerent
Par le rapport des bonnes gens
Et de ceulx qui les enterrerent
¶ La fut prins henry norbery
Basquier/& autres de leurs gens
Estimez par le commun cry
Au nombre de quatorze cens
¶ Et quant de leur chief matago
Robert Vere & autres tieulx
Ilz tourent lors de tergo
Et sen fourent a bayeulx
¶ Ceste iournee fut fort louable
Pour le pape & roy de france
Et y acquist le conneftable
Honneur/renommee/& vaillance
¶ Pareillement breze/clermont
Et les gens de leur estandart
Y obtindrent louenge mont
Et chascun deux en leur regard
¶ Saincte seuere/mongascon
Si porterent moult vaillamment
Et le sire de chalencon
Auecques autres largement
¶ La furent faiz en la desmarche
Cheualiers ledit de clermont
Le filz du conte de la marche
Dauuert/& dautres seigneurs mōt
¶ A ceste iournee se porterent
Tous les francoys bien grandemēt
Et de leurs gens ne demourerent
Que six ou sept mors seullement
¶ Si ne fault point autremēt dire
Que ce ne feust grace de dieu
De pouoir vng tel cas conduire
Comme il aduint/& veu le lieu

¶ Les victoires de dieu se donnent
A qui il plaist/& fait merueilles
Selon ce que les cas se addonnent
Et que len a iustes querelles
¶ Se dieu la bataille ne garde
Et veille dessus la cite
En vain trauaille qui la garde
Car sans luy nest riens explete
¶ Naudz nous pas de la victoire
Que dieu donna a male sorte
Contre gilde son auersaire
Qui loultraigoit en mainte sorte
¶ Gilde auoit bien quatre vingtz
Et lautre nen auoit q̄ cinq (mille
Et si gaigna lost & bastille
Par la grace de dieu qui vint
¶ Aussi de iudas machabee
Ionathas/symon/& ses freres
Qui dix contre vng en leur armee
Obtindrent victoires prosperes
¶ Et finablement de moyse
Qui obtint comme dit lystoire
Par grace de dieu paix franchise
Et sur ses ennemys victoire
¶ Apres ceste desconfiture
Les francoys allerent de tire
A toute leur bonne aduenture
Mettre le siege deuant vire
¶ Messire henry de norbery
Qui estoit de leans cappitaine
Ne voult pas estre prins au bry
Ains rendit la ville sans peine
¶ Parmy que quatrecens anglois
Estans leans en garnison
Sen proient a tout leurs harnoiz
Et leurs biens saufz en leur maisō
¶ En ce temps le conte suffort
Qui estoit a londres en prison
Se eschappa pour fuire la mort
Quon luy offroit ceste saison

¶ Mais ainsi quil estoit sur mer
Les gens du duc de sobresset
Par vng voiage tresamer
Le prindrent dedens vng fosset
¶ Et en lieu de luy faire feste
Pour les cas dont ilz le chargerent
Luy couperent illec la teste
Et le corps a londres menerent
¶ Puis pour sõ seruice z bienffaiz
Le pendirent a quatre portes
Par quartiers qui en furent faiz
Et ses oz mis aux bestes mortes
¶ Apres la prinse dudit vire
Le connestable z de laual
Sen allerent de belle tire
Au duc qui venoit en aual
¶ De la tous furent à auranches
Deuant lequel le siege misdrent
En faisant aprouches z tranches
De canons dont ilz le assaillirent
¶ Le duc y fut mesme en personne
Bien lespace de trops sepmaines
En faisant diligence bonne
Et y print merueilleuses peines
¶ Leans auoit cinq cens anglops
Qui canons tous les iours iettoiẽt
Contre les taudiz z pauops
Et tres vaillamment se y portoiẽt
¶ Au derrenier eut telle castille
Dengins z assaulx pres z loing
Quilz rendirent la place z ville
Eulx partans le baston au poing
¶ Semblablement z sãs grãt peine
Se rendit vng chastel notable
Du pays nomme tumbelayne
Qui est vne place imprenable
¶ Assiz est sur vng roc en mer
Et quant leans auoit mengeaille
Len ne le scauroit entamer
Par engins canons ne bataille

¶ Quatre vingtz ãglois sen ptirẽt
Et allerent droit a chierbourg
Aussi ceulx de vire si mistrent
y faisans leur retraict z bourg
¶ Ainsi le duc z richemont
Conquestoient pays a plante
Et pendant dunops z clermont
Si besongnoient dautre coste
¶ Ledit dunops/clermont/en map
La marche z des seigneurs plusieux
Sen allerent planter le map
Et mettre le siege a bayeux
¶ Si se logerent aux faulxbourgs
Du coste de caen en trauers
Et la estoient en leurs secours
Les contes deu z de neuers
¶ Doual/z autres cheualiers
Bueil/le sire de culan
Et du coste des cordeliers
Montenay/louuain/coningan
¶ Si fut le siege mis z cloz
De tous costez dicelle ville
Du les anglops furent encloz
Et a toute heure auoient castille
¶ Lespace de bien seize iours
Icelle ville fut batue
De ẽgins q̃ abatoiẽt murs z tours
Et preste de estre combatue
¶ Bõbardes iettoient bas z hault
Pour effundrer z transglutir
Tant que eust este prinse dassault
Mais le roy ny voult consentir
¶ Il estoit piteux z plaignoit
Les trauaulx z maleurete
Que le peuple de la gaignoit
Comme plain debonnairete
¶ Mais il nen cuida estre maistre
Ne les seigneurs mesme en saillir
Car les gens darmes a bras destre
Pour gaigner vouloient assaillir

l iiii

¶ Et de fait en vng mesme iour
Dun coste deux foiz le assaillirent
Et eurent les anglops grant paour
Mais au derrenier se retrairent
¶ A ses assaulx la z effors
De luy z de lautre coste
Y en eut de tuez z mors
Dont tresfort sesmeut la cite
¶ Matago qui estoit le chief
Preuoiant la destruction
Et pour obuier au meschief
Si vint a composicion
¶ Par laquelle ledit Bayeulx
Fut rendu au feu roy de france
Dont tous francops furēt ioyeulx
Et y firent chiere a oultrance
¶ Neuf cēs āglois des pl⁹ vaillās
Qui estoient leans a ce besoing
Resistans z contre assaillans
Partirent le baston au poing
¶ Reseruez aucuns gētilz hōmes
A qui pour lonneur de noblesse
Len laissa leurs cheuaulx z sommes
Tout en faueur de gentillesse
¶ Lors partirent de la cite
Bien de troys a quatre cens femes
Portans leurs enfans au coste
En tresdolens z piteux termes
¶ Dunoisz les seigneurs frācois
Firent pour porter leurs mesnaiges
Leur baillier charrettes harnoiz
Et plusieurs autres auantaiges
¶ Apres celle reduction
Dunops z son armee notable
Tindrent aux champs leur mācion
En attendant le connestable
¶ Et ce pendant print Bricquebec
Puis si mist le siege a Valongnes
Ou la neust guerre que de bec
Car firent tresbien leurs besōgnes

¶ Tout cela se rendit francops
Auec les adiacens du bourg
Et sen allerent les anglops
Biē six vigtz retraire a chierbourg
¶ Pendāt ce tēps les mareschaulx
Tant de france que de bretaigne
Allerent a moult grans trauaulx
Mettre plusauant leur enseigne
¶ Deuāt sainct saulueur le vicōte
Si firent le siege bouter
Qui est forte place pour conte
Et pour contre tous resister
¶ Si furent la faitz des fossez
Et aprouchemens mis a point
Engins habillez z dressez
Mais pourtant ne tirerent point
¶ De robesart le capitaine
Ayant o luy deux cens anglops
Doptant quil eust perdu sa peine
Si rendit la place aux francops
¶ Moienāt qlz auroiēt huit iours
De faire leur vuidange a traict
Et atāt la prindrent leur cours
A chierbourg ou estoit leur retraict
¶ A laprochement z effort
De la place ainsi que len charge
Dun traict fut occis blanchessfort
De berry de quoy fut dommaige
¶ Les mareschaulx de la tirerent
Iusques a vng villaige pres caen
Ou le connestable trouuerent
Et le seigneur de montauban
¶ La estoient le conte laual
Luxembourg/Breze/stouteuille
Boussac/coitiuy/admiral
Et dautres seigneurs belle bille
¶ Ce iour la mesmes quant z eulx
Les contes de dunops/clermont
Castres/flocquet/bailly deureux
Se partirent tirant amont

⁋Messire geuffroy cormiren ⁋De gentilz hommes cheualiers
Mongascon/mouby/la fayete   Gens darmes de trait & de lance
Tirerent tous vers ledit caen Guisarmiers/archiers/coustilliers
Et estoit bien larmee complete Et de toutes gens a puissance

⁋Comment le connestable mist le siege deuant caen

⁋Ledit richemont connestable   ⁋Si se logerent aux faulx bourgoys
Ayant de frācs archiers deux mille De Valongnes ou tost apres
Tout a pie en bataille estable   firent a leur aide & secours
Mist le siege deuant la ville   Vng beau pont & passaige expres
⁋Illec les gens de son enseigne   ⁋Par lequel tost apres passerent
Se logerent deuers bayeulx   Les contes deu & de neuers
Pres labbaye de sainct estienne   Bueil/& autres qui allerent
En faisant aprouches plusieux   En vne abbaye la aupres
⁋Dunoys/le conte de clermont   ⁋Pendant ledit siege de caen
Culant/ialongues/mareschal   Les roys de france & de secille
Les seigneurs diury & beaumont   Si se partirent dargenten
Montenay/& seigneur dorual   Ayans de gens plus de six mille
⁋Allerent de lautre coste   ⁋Les ducs de calabre/alencon
Acompaigniez de cinq cens lances   Du mayne/sainct pol/tancaruille
Darchiers guisarmiers a plante   Lorraine/& grans gens de facon
Et dautres gens en grās puissāces Traynel/poully/& de blainuille

¶ Si vindrent a compaignie viue
Au chemin de caen hebergier
Au lieu de sainct pierre sus diue
Ou le roy voult la nuyt logier
¶ Le lendemain vint a argences
et puis aux faulxbourgs de vaucelꝰ
Ou fist passer ses gens ⁊ lâces, les
Quil faisoit beau veoir a merueilles
¶ Le roy passa par la riuiere
Et sur le pont sa appointe
Puis de la vint en sa barriere
Es faulxbourgs de la trinite
¶ De la vint en vne abbaye
Pres de caen appellee ardaine
Ou il ses gens ⁊ compaignie
Se tindrent toute la sepmaine
¶ Tout acoup ⁊ du premier sault
Que a caen le siege fut mis
Le boulleuert fut prins dassault
Dont eurent paour les ennemys
¶ Ledit boulleuert si estoit
A la porte deuers bayeulx
Ou ainsi quon le conquestoit
y eut faiz darmes merueilleux
¶ Quant ledit boulleuert fut pris
Les anglois la porte murerent
Pour crainte quilz feussent surpris
Par quoy les francois le laisserent
¶ Tost apres la venue du roy
Dunoys si fist baillier lassault
En telle facon ⁊ arroy
Que les anglois eurent grât chault
¶ Toꝰ les boulleuers de vaucelꝰ
Qui estoiêt sur la riuiere dorne, les
Furent assailliz a merueilles
Et eurent les anglois sur corne
¶ Toutesfoiz ilz se defendirent
Bien vaillamment par bas ⁊ hault
Mais leurs boulleuers si perdirent
Et dura longuement lassault .

¶ Cestoit belle chose de veoir
Les engins qui estoient la dressez
Et les mynnes a dire veoir
Dont on alloit dens les fossez
¶ Ceulx du coste du connestable
La muraille si fort mynerent
Et vne forte tour greuable
Que ses murs a terre tumberent
¶ Quât les âglois virent abatre
Leurs murs ainsi soudainement
Et quon estoit prest a combatre
Ilz requirent appointement
¶ Et côbien quen feusset idignes
Deux les assaulx ⁊ grans effors
Neantmoins par graces benignes
Le roy leur fut misericors
¶ Et pour garder loccision
Des hommes femmes ⁊ enfans
Et de tout sang effusion
Fist tenir la chose en suspens
¶ Et ayant regard aux eglises
Et a la desolacion
De tât de gens ⁊ aux mains mises
Les print a composicion
¶ O doulceur ou estez vous cy
Que ne faictes vous la cruelle
Anglois dictes en grant mercy
Car vous leschappatez bien belle
¶ O roy piteux ⁊ debonnaire
Chascun te loue de ta clemence
Et qui veult acquerir victoire
Fault estre piteux sans vengence
¶ Valere dit que marc marcel
Voyant destruire la cite
De ciracuse ⁊ le chastel
Pleura pour seur maleurete
¶ Et de sa pitie ⁊ clemence
Fist sauluer le chastel ⁊ ville
En ostant rancune ⁊ vengance
Qui fait souuent guerre ⁊ castille

¶ Ayez pitié et miséricorde
Si gardent le roy en son trosne
Ausquelz paix et verité saccorde
Par iustice qui tient le prosne
¶ Cesar si conquist par doulceur
Et par pitié plus de pays
Quil ne fist par force et riguer
Dont trestous estoient esbahys
¶ Len vint dire a Thiberius
Quil devoit prendre et mener guerre
Lever sur son peuple tribus
Affin den augmenter sa terre
¶ Mais il respondit par doulceur
Ung mot qui fut a savourer
Cestassavoir que ung bon pasteur
Ne doit ses brebiz devorer
¶ Cressus qui estoit ung muet
Quant len vouloit tuer son pere
Pour le aider parler ne povoit
Dont il portoit douleur amere
¶ Si se print si fort a pleurer
Et estre piteux en couraige
Que dieu pour le remunerer
Luy donna parolle et langaige
¶ Alors son pere revancha
Contre ung persien aversaire
Et par pitié si lestancha
Tant quil le garda de mal faire
¶ Les bons et iustes floriront
Bon chemin finist a bon port
Et les piteux tousiours viveront
Victorieux iusques a la mort
¶ Moyse, Helye, Iob, et plusieurs
Qui ont esté piteux paciens
Sont trespassez tous glorieux
Avecques les peres anciens
¶ Aussi qui vouldroit au contraire
Parler des cruelz et tyrans
Il sera deulx tousiours memoire
A leur damp et de leurs parens

¶ De Neron, Denis le tyrant
Et dautres gens cruelz extresmes
Que desespoir print en mourant
Et puis se tuerent eulx mesmes
¶ Zarabry tua son seigneur
Qui estoit roy, puis sen alla
Au palays cuidant estre asseur
Mais chascun le poursuit y la
¶ Quant il se vid enclos acoup
Sans pouoir saillir ca ne la
Par raige mist le feu par tout
Et luymesmes si se brusla
¶ Achab fist aussi lapider
Naboth sans cause et sans raison
Dont les chiens feirent linvader
Et burent son sang a foison
¶ Athalye femme trescruelle
Qui des roys destruit la semence
Souffrit honte perpetuelle
Et fut estainte par vengence
¶ Sysara qui fut si cruel
En fin fut occiz dune femme
Et Saul tourmentant Daniel
De son glaive tua son ame
¶ Benadab cruel en tout lieu
Fut descollé sans eschaffaulx
Par le commandement de Dieu
Pource quil faisoit tant de maulx
¶ Iozias et Olofernes
Pour leur tyrannie et tourment
Senallerent ad infernes
Et moururent piteusement
¶ Aman voulant faire mourir
Les enfans disrael a tort
Sans ce quon le peust secourir
Si fut pendu et mis a mort
¶ Pensez exemples et hystoires
Princes doivent estre piteux
Et paciens en leurs affaires
Sans eulx venger ne estre ireux

¶ La ville dessus nomee caen
Si estoit forte et imprenable
Propre pour bien tenir ung an
Se lassault neust este grenable
¶ La auoit quatre mille anglops
Dont ver beau frere de suffort
Auoit la charge des harnops
Et messire henry roddessort
¶ Et pour conclure le traicte
Le lieutenant conte dunops
Breze, bureau, pour le conte
Si furent esleuz des francops
¶ Et de lautre quartier et ton
Pour ceulx de la ville de caen
Messire richart heriton
Labbe, le bailly, decouuren
¶ La composicion fut telle
Que la ville au roy se rendroit
Silz nauoient a vng iour nouuelle
Et secours que len attendoit
¶ Parmy que le duc sobresset
Les anglops femmes et enfans
Et trestous ceulx de leur verset
Sen partiroient francs de leans
¶ Que ilz retourneroient en leur
et quō leur bailleroit vaisseaulx tire
Pour les passer en angleterre
Et porter leurs biens et trousseaulx
¶ Que ilz laisseroiēt les prisōniers
Quilz tenoient du party francops
Auecques sommes de deniers
Deues aux marchās la et bourgois
¶ Reseruee lartillerie grosse
Et autres grans pointz et lagaiges
A plain contenuz en la grosse
Et dont ilz baillerent ostaiges
¶ Le traictie fait incontinent
Les clefz si eut le connestable
Qui les bailla au lieutenant
Dunops pour le roy aggreable

¶ Ledit lieutenant general
Apres entra dedens la ville
Acompaignie du mareschal
Et dautres seigneurs belle bille
¶ Deux cēs archiers auoit de pie
Auec les heraulx et trompettes
Qui sonnoient illecques en trepie
En leurs cottes darmes biē faictes
¶ Si fist mettre sur les portaulx
Les banieres du roy de france
Que trops escuiers sur cheuaulx
Portoient deuant en sa presence
¶ Apres lesquelx trops escuiers
Apie auoit cent hommes darmes
Habillez de harnoiz moult chiers
Qui la marchoient en grās termes
¶ Le sixiesme iour de iuillet
Le roy a caen fist son entree
Acompaignie de gens illec
Et des seigneurs de son armee
¶ Le roy de secille, calabre
Dalencon, du mayne, dunops
Clermont, neuers, et gens de labre
Du noble sang royal francops
¶ Les contes sainct pol, tācaruille
Mareschal, ialongues, lohe ac
Le sire de rieux, stouteuille
Et coittuy lors admiral
¶ Les bourgops de ladicte ville
Luy vindrent faire reuerence
En belle compaignie vtille
En luy rendant lobeissance
¶ Deux escuiers deux cheualiers
Ung beau ciel sur le roy portoient
Puis tabourins et menestriers
En passant plaisamment iouoient
¶ Les maisons si estoient tendues
De tappicerie et de soye
Les enfans crians par les rues
A haulte voix noel de ioye

¶ Comuent le siege fut mis a falaise   171

¶ Ce iour fut assiege falaise
Par poton Bailly de Berry
Du bureau arriua malaise
Et fut vng tantinet marry
¶ Il conduisoit lartillerie
Mais des que les anglovs le virēt
En grant bruyt tumulte z crierie
Saillirent sur luy z ferirent
¶ Poton si vint a son secours
Auec ses gens sus pie sus bille
Et frapperent tant de coups lours
Qui les chasserent dens la ville
¶ Pendant le roy partit de caen
Pour venir aupres de falaise
A sainct saluin vers argentey
En vng lieu ou il fut tresaise
¶ Et tantost apres sa venue
Les francoys falaise assaillirent
Qui ne fist pas grande tenue
Ains traictie z tresues requirent

¶ Dunoys par le commandemēt
Du roy a eulx parlamenta
Et fist illec lappointement
Lequel tint comme il traicta
¶ Cestassauoir qͭͭz deuoient rēdre
La ville dedens certains iours
Ou cas quilz ne scauroient defēdre
Et qui ne leur viendroit secours
¶ Pourueu q̄ talbot leur maistre
Qui estoit prisonnier a eureux
Et quilz reputoiēt leur bras destre
Seroit deliure quant z eulx
¶ Si fut la iournee attendue
Mais les anglovs ne vindrēt point
Par quoy la ville fut rendue
Et la eut le roy par ce point
¶ Atant les anglovs de falaise
Estant mil cinq cens combatans
Se partirent tous en mesaise
Et de la ville mal contens

ℭ Pour le sire de talebot
En estoit chief z cheuetaine
Anglops messire andry tabot
Puis poton en fut cappitaine
ℭ Quant talebot fut deschargie
Et deliure comme bon homme
Il vint au roy prendre congie
Disant quil sen alloit a romme
ℭ Le roy luy fist acueil ioyeulx
En parlant a luy longuement
Et par vng adieu gracieulx
Luy offrit des dons largement
ℭ Oultre si le fist conuoier
En mandant par ses bonnes villes
Que len le voulsist festoier
Et luy faire chieres fertilles
ℭ O de la grant liberalite
De donner a son aduersaire
Lui monstrant doulceur pour durte
Qui est signe de roy debonnaire
ℭ Le roy alixandre estoit
Remply de liberalite
Et par cela plus conquestoit
Que par force de la moitie
ℭ Les seruiteurs des ennemys
Denoient auec luy demourer
Et se faisoient tous ses amys
Pour le priser z honorer
ℭ Car il leur faisoit de grãs biens
Et donnoit a tous a foison
Grandement sans espargnier riens
Qant uestoit temps z par raison
ℭ Par dons z liberalite
Len acquiert terre z seigneurie
Grant renom loz prosperite
Sans que cheuance en soit perie
ℭ Salomon fut tres liberal
Cirus nabugodonosor
Qui renuoya comme seal
Les vaisseaulx z blez toꝰ plains dor

ℭ Et aussi le roy assuere
Qui donna a la royne hester
Partye du royaume z repaire
Comme appert ou liure de hester
ℭ Policrate sur ce raconte
Que titus fut si liberal
Que chascun de luy tenoit conte
Et le aymoient tous en general
ℭ Et la iournee quil ne donnoit
Aumosne ou present gracieulx
Il disoit que mal luy venoit
Et nestoit point ce iour ioyeulx
ℭ Les rõmains aussi furẽt larges
Dont leur seigneurie augmẽterẽt
Renuoyant a ceulx de cartages
Les finances quilz presenterent
ℭ Alixandre si reffusa
Les grans dons du roy darius
Qui cent mille marcs dor puisa
Pour luy presenter, voire plus
ℭ Pourueu qͥl print sa fille a fẽme
Mais parmenon vng seruant sien
Qui aymoit argent dist par blasme
Quon ne deuoit refuser rien
ℭ Alixandre plein de franchise
Dist lors que liberalite
Ne gisoit point en couuoitise
Ains en la franche voulente
ℭ Ainsi tous princes couraigeux
Si doiuent estre liberaulx
Donner du leur, estre piteux
Cõbiẽ quõ leur eust fait des maulx
ℭ Apres les francoys tout dun frõt
Si sen allerent assieger
La ville z chastel de dampfront
Qui se rendit pour abregier
ℭ Moyẽnãt ꝗ au feu roy paieroiẽt
Certaine somme de deniers
Et que leurs biens emporteroient
En ce exceptez les prisonniers

¶ En ce têps fut mis a chierbourg
Le siege par le connestable
Pour assaillir chastel & bourg
En grande compaignie notable
¶ Le conte & sire de laual
Loheac mareschal de france
Rieux/coitiuy admiral
Et dautres gens en abondance
¶ Breze/mongascon/nigan
Mouy/le seigneur de ialongues
Destouteuille/coningan
Qui y firent vaillans besongnes
¶ Et puis deux mille frâcs archi-
Auec eulx habillez en point (ers
Sans les coustilliers guisarmiers
Qui ny faillirent pie ne point
¶ Ledit chierbourg quoy qͥl auien-
Est des plus fors de normẽdie (gne
Pendant francois duc de bretaigne
Si trespassa de maladie
¶ De la mort du qͥl fut dõmaige
Car il estoit ieune & vaillant
Prince tres gracieux & saige
Par tout ayme & bien veillant
¶ Ledit chierbourg si se fist batre
De bombardes engins canons
Iusques aupres dillec combatre
Et aux murs mettre les panons
¶ Len ne vid plus subtillement
Bombardes asseoir ne ester
Car dedens la mer proprement
Len les faisoit traire & ietter
¶ Pres dudit chierbourg & autour
Du fráçoys leurs engins dressoiẽt
Venoit le flot deux foiz le tour
Dont anglops fort sebahissoient
¶ Bureau y la fist vng chief deu-
Car par vne facon soubtiue (ure
Il fist par dedens & hors euure
Les couuir de cheures doliue

¶ Ainsi quant la mer si venoit
Et le flot a grandes plongees
Les bombardes point ne amenoit
Ains demouroiẽt toutes chargees
¶ Cestoit la non pareille chose
Que len vist en piece & verra
Tenir vne bombarde close
Leaue dessus/& qui iettera
¶ Audit siege y eut vng canon
Et quatre bombardes rompues
De grant exaussement & nom
Et dautres besongnes perdues
¶ Es aprouches pres dune minne
Pergent/coitiuy admiral
Fut tue dune couleuurine
Par cas soudain & general
¶ Cestoit vng gentil cheualier
Tresprudent couraigeux & saige
De nom vaillãt entre vng millier
Et fut de sa mort grant dommaige
¶ Aussi fut tue de celle erre
Tudual lors bailly de troyes
Vng tres vaillãt homme de guerre
Ainsi que engins ruent y les voyes
¶ Durãt le siege eut belles armes
Faictes deuant ladicte place
En assaulx & rigoureux termes
Pour combatre la face a face
¶ Mais messire thomas gouet
Chief soy voyant presse de court
Rendit au feu roy le chastel
Et la ville dudit chierbourg
¶ Parmy ce quil auroit son filz
Estant a rouen prisonnier
Et que tout luy seroit remis
Sans paier maille ne denier
¶ Et aussi que tous les anglops
Estans mille bons combatans
Sen yroient a tout leurs harnoiz
Leurs biens et bagues emportans

¶ Apres le roy si fist bueil
Dicelle ville cappitaine
Qui auoit eu beaucoup trauueil
En ladicte armee & grant peine
¶ Par ainsi la derreniere ville
Et le pays comme il se addonne
Fut rendu par conqueste vtille
Au feu roy & a la couronne
¶ Et ycy fine la conqueste
De la duche de normendie
Dont chascun fist grant ioye & feste
Et par tout grant chiere esbaudye
¶ Si fait ycy bien a noter
Que en mains dun an & de six iours
Le feu roy si fut conquester
Ladicte duche de grant cours
¶ Voire sans grant occision
Destruction de peuple & lieu
Ne de sang faire effusion
Qui est vng miracle de dieu
¶ A tousiours en sera memoire
A lonneur de tous roys de france
Et de la louenge & victoire
Acquise en si peu de distance
¶ Et messeigneurs du sag de fra̅
Qui si ont voulu emploier   (ce
Et monstrer leur bien & vaillance
En seront tousiours a louer
¶ Barons/cheualiers/escuiers
Nobles/gētilz hōmes/gēs darmes
Archiers/coustilliers/guisarmiers/
Et to⁹ autres eulx meslas darmes
¶ Cestoit lannee du grant pardon
De romme nomme iubilee
Ou dieu fist au feu roy grant don
De luy redduire la contree
¶ Ledit pays de normendie
De long/a six grosses iournees
Quatre de large quoy quon die
A les prendre a grans embrassees

¶ Et a en icelle duchie
Six eueschiez speciaulx beaulx
Auecques vne archeuesche
Et plusieurs villes & chasteaulx
¶ Si fault noter que en la cōq̅ste
Len ne prenoit nulz prisonniers
Laboureux/beufz/cheuaulx/ou be-   (ste
Ne exaction de deniers
¶ Et pour reduire icelle terre
Y trauailla bien grandement
Dunoys lieutenant de la guerre
Et si porta tres vaillamment
¶ Les contes de clermont/neuers
Deu/castres/saint pol/tancaruille
Culant/ialogues/bueil/beauuers
Breze/loraine/stouteuille
¶ Potō/flocquet/beauuau/dorual
Moup/coningan/de blanuille
Louuain/& autres en general
Estans la de sept a huit mille
¶ Aussi il fist chose louable
Ledit francoys duc de bretaigne
Richemont vaillant connestable
Et les gens dessoubz leur enseigne
¶ Le conte & seigneur de laual
Loheac mareschal de france
Montauban/comiren/tudual
Et autres grans gens de vaillance
¶ Et pour loyaument conseillier
Lentretenement & police
Y auoit traynel chancelier
Et autres grans gens de iustice
¶ Dalpgne/le seigneur gaucourt
Sire iacques cueur argentier
Et autres gens suiuans la court
Faisans deuoir en leur cartier
¶ Mesmement ledit iacq̅s cueur
Touchant largent & les finances
Et qui y traueilloit de cueur
Faisant extremes diligences

¶ Aussi firent les tresoriers
Hardouyn bezar cheualier
Pour distribuer les deniers
A ceulx a qui failloit baillier
¶ Et quant est de lartillerie
Bureau qui en estoit gouuerneur
y fist vne tryumpherie
Et y acquist moult grant honneur
¶ Qui vouldroit tout du long descripre
Lartillerie belle & notable
Il fauldroit vne heure a le dire
Et quasi il est increable
¶ Canõs/vulgaires/coleuurines
Ribaudequins/grosses bõbardes
Coullars/crapaudins/serpentines
Pour abatre murs/tours/& gardes
¶ Engins a tauldiz & manteaulx
Boulles de fer/artillerie
Pour eueiller villes chasteaulx
Et la faire vne effundrerie
¶ Cestoit grant esbahissement
De veoir les fossez boulleuers
Que len faisoit soudainement
Trenchees & mines en trauers
¶ Le roy pour garder le pays
y mist six cens lances bien prinses
De archiers & coustilliers garnis
Et resister aux entreprinses
¶ Et pour en faire au long & large
Dudit duchie en general
En baillia a breze la charge
Quil establit grant seneschal
¶ Apres le roy si vint a tours
Ou y la fist belle ordonnance
Pour de la victoire & secours
Rendre a dieu grace & excellence
¶ Et fut dit que processions
Si seroient faictes generales
Par tous pays & nacions
Tous les ans & sans interualles

¶ Quãt dieu dõne aucun benefice
A quelque roy prince ou victoire
Il luy en doit faire seruice
Car a luy appartient la gloire
¶ Jadiz les bons anciens peres
Quãt auoient victoire en vng lieu
En leglise faisoient prieres
Et en rendoient graces a dieu
¶ Job a qui ne demoura riens
Et que dieu depuis sacta
En luy remettant tous ses biens
Le loua & remercia
¶ Et du prophete danyel
Qui beneissoit dieu de ses biens
Aussi des enfans disrael
Louans dieu en ioignãt les mains
¶ Quant furent hors de seruitute
Et quilz gaignerent desuoe
Ilz rendirent beatitude
En leglise crians noe
¶ Dauid loua ses seruiteurs
De le seruir en son affaire
Dont contre ses persecuteurs
Il auoit tousiours la victoire
¶ Le bon thobie regracia
Lange qui auoit gary son pere
De la veue/& le mercia
De louenge bien singuliere
¶ Mais q̃ dirõs nous des ingraz
Fors ce que dieu a deuise
Disant ie les ay nourriz gras
Mais en la fyn mont desprise
¶ Dauid fist a saul plusieurs bies
Et que il ne pouoit ignorer
Mais il ne len prisoit de riens
Ains sefforca de le tuer
¶ Absalon si coursa son pere
Et si luy pardonna la mort
Quil auoit commise en son frere
En soy monstrant ingrat a tort

m i

176

¶ Ad idem. amon lorgueilleux
La mort des enfans disrael
Procura/& nonobstant que eulx
Le tinssent amy naturel
¶ Jeroboam si fut seigneur
De dix lingnees & roy regna
Mais de seruir dieu le greigneur
Son peuple apres si destourna
¶ Ananias si prospera
Et eut par laide dieu victoire
Mais les ydoles adoura
Et fina mal & en misere
¶ Semblablement aussi feront
Roys & princes qui ont victoire
Quant a dieu graces ne rendront
Car cest raison quil ait la gloire

¶ Comment le roy assembla les gẽs de son sãg & conseil pour scauoir se il deuoit aller conquester guyenne

¶ Oudit an cinquãte en septẽbre
Le feu roy fist deliberer
Par les gens de son sang en chãbre
Sil deuoit plusauant tirer

¶ Et apres plusieurs ouuertures
En ce que la guerre concerne
Fut dit par oppinions pures
Quon yroit conquester guyenne
¶ Et en procedant tout dun trac
Le roy fist lieutenant panthieure
Affin dassiegier bergerat
Qui est vne place fort griefue
¶ Auecques luy estoient culan
Le filz dalbret seigneur doual
Poton/pambailles/chambellan
Et ialongues se mareschal
¶ Louuain/sainct belin/& plusieurs
Tant cheualiers comme escuiers
Ayans cinq cens lances auec eulx
Sans les coustilliers & archiers
¶ Le siege tindrent grandement
En toute vigueur & vaillance
Tant que par leur gouuernement
Le roy en eut lobeissance
¶ Et pource que liuer estoit
Lesditz seigneurs sen retournerent
Car plus mais len ne conquestoit
Et en leur pays sen allerent
¶ En cest an le seigneur doual
Amenion dit dalbret
Et plusieurs lances de cheual
En bordelays firent vng tret
¶ De bazas si estoient partans
Lespinasse de tholoresse
Petit lo vaillans combatans
Jusque a cinq cens gens de proesse
¶ Et en la course gaignerent proye
Et eurent des biens a moussraulx
Mais anglois pour rõpre leur voye
Saillirent en point de bourdeaulx
¶ De la partirẽt dix mille hõmes
A sallades & a iacquettes
Portans licoz cordes a pommes
Pour pendre francoys es charettes

¶ Si se froient en leur grāt nōbre
Et en leur hardie voulente
Sans seruir que de faire encombre
Car nul nauoit guerre hante
¶ Or le ieu fut a laprouchier
Et a monstrer lors la vaillance
Car quāt vint aux bastōs coucher
Peu scauoient le tour de la lance
¶ Toutesuoies ilz se rencontrerēt
Vngz contre autres si asprement
Que des āglops mors demourerēt
Bien deux mil ou plus largement
¶ Autre deux mille prisonniers
Dudit bourdeaulx gens de facon
Qui grandes sommes de deniers
Si paierent pour leur rancon
¶ Le residu par boys bruperes
Fupoient tant quilz pouoient courir
En laissant leurs gens & banieres
Car lors ne cuidoient mieulx mourir
¶ Les vngz sen alloient en iaquette
Les autres a pie tous dessains
Et fut ceste rencontre faicte
Le propre iour de la toussains
¶ Dorual vaillammēt si conduit
Et fut cela commencement
De faire a bourdeaulx grant bruyt
Du rop & son aduenement
¶ Mil quatrecens cinquante vng
Le rop si establist dunops
Pour aller auecques vng chascun
Sur les marches de guiennops
¶ Si fut general lieutenant
Luy baillant ayde de mesme
Et la venu incontinent
Seruint le conte dangoulesme
¶ Il auoit bien quatre cens lances
Auec trops mille francs archiers
Bureau/souuain/gēs de vaillāces
Sans coustilliers & guisarmiers

¶ Et du fin premier horion
En attendant les seruenans
Misdrent le siege a mont guion
Pour resister a tous venans
¶ Le siege y tint bien huit iours
Mais vopans anglops la puissāce
Et quilz nauoient point de secours
Se rendirent au rop de france
¶ Apres celle redduction
L'edit dunops tout dune voye
Assiega sans dilacion
L'une des grans portes de blaye
¶ Et ainsi quen ordre se misdrent
Sainct belin & de la Bessiere
Auec huit vingtz lances ioingnirēt
En renforcissant leur baniere
¶ Et le samedi parauant
Chabannes/ioachim/rouault
Si estoient venuz au deuant
Pour aider a bailler lassault
¶ Ceulx la si auoiēt deux cē lāces
Auec deux mille francs archiers
Gens de fait pour faire vaillances
Habillez de hocquetons chiers
¶ La arriua foison nauires
Que Boursier general de france
Si faisoit venir a grans tires
Chargez de biens a grant puissance
¶ Et dedens y auoit gēs darmes
Arbalestries & gens de traict
Pour assaillir & la faire armes
En cas de reffuge & retraict
¶ Ainsi que pres blaie aproucherēt
Ilz trouuerent cinq grās vaisseaulx
Que les anglops la amenerent
Chargez de viures a monceaulx
¶ Ce estoit pour blaye auitailler
Et alors les francops frapperent
Et se prindrent a batailler
Tant que plusieurs āglops tuerēt

m ii

Apres le chasserent a fort
Jusque aupres du port de Bordeaulx
Et en cela traueilla fort
Ledit boursier & ses vaisseaulx
Apres renuoya de belle erre
Son nauire au port dudit Blaye
Ou la ville par mer & terre
Fut assiegee en mainte voye
Cependant panthieure seruint
A tout troys cens arbalestriers
Et a dunoys ioindre se vint
Auec cent lances & archiers
Si furēt faiz de grās aprouches
De fossez minnes & tranchees
Bombardes iettās a deux couches
Dont les tours furent esbauchees
Si fut la ville tant batue
De canons & engins ardans
Que la plus part fut abatue
Des murailles de par dedens
Et vng iour quon changeoit le
Frācs archiers & leur ŏpaigniĕ guet
Sen allerent monter de guet
Sur les murs & faire assaillie
Si combatirent bas & hault
En faisant si grande vaillance
Que ledit Blaye fut prins dassault
Et rendu au feu roy de france
Lesditz frācs archiers q̄ mōterēt
Et bataillerent main a main
Soubz maugouuerne se nōmerent
Et des gens pierre de louuain
Deux cēs āglops q̄ pris q̄ mors
En la place si se trouuerent
Les autres fuyans par dehors
Et dens le chastel se bouterent
Y la le maire de Bordeaulx
Soubz maistre seigneur de lespere
Prindrent pour logis les carneaulx
Auec autres gens dangleterre

Et quant ilz virent les efforts
Et quilz nauoient assez puissance
Se rendirent prisonniers lors
Au vouloir du feu roy de france
Apres fut mis par mer & terre
Vng gros siege par deuant Bourg
Qui est forte place de carie
Ou il nya vilaige ne bourg
Mais quāt les āglois y la virēt
Jetter les canons & bombardes
Huit iours apres ilz se rendirent
Leurs biē̄s saufz auecq̄s leurs gars
Dedē̄s quatre cē̄s cōbatās des
Auoit pour le roy dangleterre
Qui sen allerent tout batans
A Bordeaulx & la prendre terre
Puis fut mis le siege a fronsac
Et tout au ioignant de la Bourne
Vng herault du roy tout dun trac
Alla sommer ceulx de libourne
Et fault noter en ce nocturne
Que len mist tout dun horion
Quatre sieges. primo liborne
Le second deuant castillon
Le tiers fut mis deuant fronsac
Qui regiba de leguillon
Le quart qui ne fist pas grant clac
Fut mis deuant sainct melyon
Ceulx de libourne qt ilz virent
Si grande puissance & extresme
Pour le roy tantost se rendirent
Es mains du conte dangoulesme
Et au regard de castillon
Qui est situe en perigort
Et du chastel sainct nichyon
Ilz ne se tindrent pas trop fort
Panthieure/ialongues/bureau/
Qui auoyent la charge & cōduite
Y firent si bien & si beau
Quilz les gaignerent tout de suite

¶ De fait incontinent tresirent
Les clefz en toute diligence
Et au feu roy se redduisirent
En baillant plaine obeissance
¶ Ceulx dudit bordeaulx requirēt
Quon leur gardast le compromis
Ce que lesditz francoys si firent
Sans quelque point y estre obmis
¶ Atant les batailles marcherent
Et les gens darmes a mouceaulx
Ou la bureau instituerent
Pour leur maire dudit bordeaulx
¶ Si fist la le serment tout hault
Deuant le chancelier notable
Aussi fist iouachim rouault
Pour estre leans cōnestable
¶ Et pour prendre possession
Des portes dicelle cite
Dalpergue bailly de lyon
y entra bien empoint monte
¶ Apres entrerent les archiers
De dunoys mareschaulx de frāce
A beaulx hocquetons dargēt chiers
Estans mille en belle ordonnance
¶ De ceulx la ioachim rouault
Comme de bordeaulx connestable
Auoit la charge bas et hault
Et si leur estoit bien traictable
¶ Apres si venoit lauangarde
Des hommes darmes tous a pie
Armez tous a blanc en salade
Et les mareschaulx en trepie
¶ Cestassauoir loheac, ialongnes,
Et aupres deulx comme en trauers
Venoient a petites allongnes
Les contes darmignac, neuers
¶ Le viconte y vint de lommaigne
Frere dudit conte de foiz
Bessiere et ceulx de son enseigne
Auec troys cens archiers de poiz

¶ Aps venoiēt trois mil archiers
Dont Bessiere et roche fourcault
Estoient les gouuerneurs et chiefs
Pour les conduire bas et hault
¶ Tout ioignāt et de ceste marche
Les suiuoient pie a pie illec
Le feu chancelier de la marche
Guy bernard leuesque dalec
¶ Puis messire tristan lermite
Jadiz preuost des mareschaulx
Et ses gens apres tous de suite
Tous en armes et en cheuaulx
¶ Apres les clarons et trompettes
Les poursuiuans et heraulz darmes
A toutes leurs cottes bien faictes
Selon le deuis de leurs armes
¶ Puis venoit vne hacquenee
Couuerte de beau cramoisy
Toute de fleurs de liz semee
Sur vng beau veloux pars choisy
¶ Dessus y auoit vng coffret
A fleurs de liz dor dexcellence
Ou estoient les seaulx de secret
Et les grans seaulx du roy de frāce
¶ Et puis venoit le chancelier
Habille de veloux vermeil
Sur vng cheual fort singulier
Couuert de veloux iusques a sueil
¶ Poton escuier descuierie
Venoit sur vng courcier arme
Et couuert tout dorfauerie
A grant fueillages dor seme
¶ Dunoys, dāgoulesme, clermōt,
Castres, vēdosme, et les seigneurs
Habillez de bas iusques amont
De veloux de toutes couleurs
¶ Et puis leurs paiges et cheuaulx
Couuers de grandes couuertures
De drap dor traynant a lambeaulx
Plains de fueillaiges et brodures

m iiii

¶ Puis venoit de mesmes coste
La bataille des hommes darmes
Dont chabannes maistre doste
Estoit chief lors en point darmes
¶ La auoit mille (et) cinq cens lances
Et ceulx de mōseigneur du mayne
Tous armes (et) gens de vaillances
Dont bessin estoit cheuetaine
¶ Apres venoit larriere garde
Du les gens ioachim rouault
Armez de harnoiz (et) salade
Estoient tous en point bas (et) hault
¶ Si vindrent defendre les cōtes
Audit bordeaulx deuant leglise
Dont le peuple tenoit grant cōtes
En criant noel (et) franchise
¶ Et la larceuesque (et) chanoines
Leur vindrent donner leaue benyte
En portans reliques pdoines
Quilz baiserent a lintroite
¶ Dunoys larceuesque trapnel
Chancellier alloient en ce lieu
Tous trops ensemble a vng mōcel
Larceuesque estant ou millieu
¶ Deuāt eulx auoit deux heraulx
Habillez de leurs cottes darmes
Portans par cas especiaulx
Les bannieres du roy (et) armes
¶ Apres dunoys venoiēt derriere
Les contes (et) seigneurs dun train
Et atacherent la banniere
Du roy au cueur deuant lestrain
¶ Quant eurent fait leur oraison
Tous messeigneurs si sen allerent
Chascun disner en sa maison
Fors aucuns qui la demourerent
¶ Cestassauoir le chancelier
Et aucuns grans gens du conseil
Pour la receuoir en plurier
Le serment en siege (et) en se el

¶ Messire oliuier coitiuy
De guyenne grāt seneschal
Si vint p la en grant conuy
Faire le serment general
¶ Cestassauoir que deuement
Il feroit a chascun iustice
Seruiroit le roy loyaument
Et tiendroit le peuple en police
¶ Le lendemain semblablement
Tous les nobles de bordelops
Si vindrent faire le serment
Destre bons (et) leaulx francoys
¶ Montferrant / oplande / lesparre
Leusac / rosson / danglade / lisle
Qui tous le serment de ceste erre
Firent / (et) hommage seruille
¶ Reserue messire gascon
Captau / de buch / dautre matiere
Et son filz qui auoient le baston
De lordre (et) serment de iartiere
¶ Lesdiz seigneurs estoiēt puiss̄
Ayans places en abondances
Touteuoies comme obeissans
Rendirent tout au roy de france
¶ Ainsi la duchie de guyenne
Si fut reduite a la couronne
Qui est longue en circuit (et) cerne
Excepte seullement libourne
¶ Et auoit bien en la conqueste
A conter lances (et) archiers
Gens de traict a harnoiz de teste
Vingt mille combatans entiers
¶ Apres ceste redduction
Et que tout fut mis en arroy
Furent par acceptacion
Aucuns enuoiez vers le roy
¶ Neuers / clermōt / (et) de la marche /
Qui y alloient fort esiouiz
Et plusieurs seigneurs dautre mar
Sen allerent en leurs pays   (che

¶ Moiennant composicion
Que les anglois estans leans
Sen proient sans dilacion
Tenir ailleurs villes ou champs
¶ Durant le siege de fronsac
Qui estoit fort & imprenable
Seuruint le conte darmignac
En belle compaignie notable
¶ Poton/ses quatre seneschaulx
Thoulouse/rouargue/agenetz
Guyenne lun des mareschaulx
Montez sur haulbins & genetz
¶ Poton y estoit/& en sommes
De gens de guerre & de vaillances
Archiers/escuiers/gentilz hommes
y auoit pres de sept cens lances
¶ Et ce mesmes temps arriua
Le conte de foiz en puissance
Qui ledit siege bien riua
Et y auoit cinq cens fustz de lance
¶ Dalbret viconte de tartas
Et son filz le sire dorual
Ayans des gens aussi grant tas
Cheuaucherent tirans aual
¶ Si vindrent assiegier la dacre
Estant du coste de bordeaulx
Du dorual moult terrible sacre
leur fist bie maschier leurs morceaulx
¶ Foiz & dorual sans les archiers
Si auoient en leur compaignie
Quatre bons mille arbalestriers
Qui besongnoient en arquemye
¶ Ceulx la nalloient point sãs bis
Et brief le siege si fut mis (sac
De tous costez deuant froussac
Du fors estoient les ennemys
¶ Le chasteau ou estoiet les ãglois
Est vng des plusfors de guyenne
Et y mist le siege de foys
De lun des costez de vienne

¶ Dunoys & les autres seigneurs
Auec bureau y traueillerent
En faisant des assaulx plusieurs
Dont les anglois se espouenteret
¶ Brief qñt ilz virent les bõbardes
Et les canons prestz a ietter
Auec les mynnes bouleuardes
Ilz requisdrent parlamenter
¶ Et pource qlz nauoiẽt puissãce
De tenir ne de resister
Contre si grant armee de france
Ilz vouldrent cheuir & traicter
¶ Si fut lors fait lappointement
Contenant que se les anglois
Ne combatoient vng iour briesmẽt
Ilz se rendroient trestous francois
¶ Non pas de frousac seullement
Mais de bordeaulx & dautres villes
Dont sen faisoient fors bonnemẽt
Pour cesser noizes & castilles
¶ Si fut ledit iour assigne
La veille de sainct iehan baptiste
De lan que dessus designe
Du larmee ne fut pas petite
¶ Dunoys & les dessus nommez
y estoient en propre personne
Et dautres seigneurs renommez
Pour faire honneur a la couronne
¶ A ceste iournee & desmarche
Les contes de neuers clermont
Penthieure/vendosme/la marche
Si y vindrent & dautres mont
¶ Cestoit une moult belle chose
De veoir les gẽs darmes en point
Et la bataille la enclose
Mais les anglois ny vindret point
¶ La si furent faiz cheualiers
Les contes & bastard de vandosme
Plusieurs nobles & escuiers
Qui eurent la coslee & paulme

m iii

¶ Turaine/la rouche foucault
Rochechonart/de commercy
Des Barres/montmorin/pringault
La baye/grantcy/destorcy
¶ Messire regnault de boudeilles
De lestrange/tristan lermite
Louuain/se sire fonteneilles
Jusques a soixante de suite
¶ Et auenant le lendemain
Les anglois a dunops baillerent
Les clefz du chastel en sa main
Et a raison si se rangerent
¶ Si fut mande lors tout dun trac
Aux sieges dacre & de rion
Que tenoient foiz & armignac
Les leuer sans dilacion

¶ Puis si tost q eurēt les nouuelles
De la dicte redduction
Sen vindrent auec leurs sequelles
Pour en faire exultacion
¶ Ainsi le pays de guyenne
Si fut rendu entierement
Qui est long en circuite & cerne
Fors que bayonne seullement
¶ Si fut a ceulx dillec mande
Par vng herault quilz se rendissēt
Mais on auoit contremande
Et dit que point ny obeissent
¶ Si fut vng cheualier de guerre
Qui estoit venu en la cite
Dire que le roy dangleterre
Leur enuoioit gens a plante

¶ Comment ceulx de Bordeaulx se rendirent au roy & apporterent les clefz

¶ Apres dunops & sa puissance
Si descendit en grans vaisseaulx
Aupres dune lieue de distance
Du lieu & ville de Bordeaulx

¶ Si fist ceulx de Bordeaulx som̄
Dentretenir la conuenance
Qui pour leur serment confermer
En firent toute diligence

Antiphona
℄ O bon dieu et bon createur
Que dirons nous cy dexcellence
Si non que tu es protecteur
Tousiours du royaume de france
Antiphona
Il nest point de me
moire dhomme
Monus psalmꝰ
pres la prinse de li-
bourne
Lre vssiere int en la cite
Pour prendre possession bonne
De ce quon auoit acqueste
℄ Leuesque si vint au deuant
Et furent mises les bannieres
Du feu roy isa en auant
Sur les chastel tours et portieres
℄ A celle heure arriua au port
La grant nauire de Biscaye
Chargee la de viures a fort
Et de gens darmes a montoye
℄ Les bisquins a douze vesseaux
Nommez viuates balleniez
Si y vindrent a grans mouceaux
Pour le roy et ses aliez
℄ Pour lentree de ladicte ville
Monseigneur le conte de foez
Ayant deuant luy archiers mille
Et plusieurs nobles bourdelois
℄ Deuant luy auoit deux heraulx
Du roy portās leurs cotes darmes
Et estoient couuers leurs cheuaulx
De drap de soye a grandes larmes
℄ Apres venoit bertrād despaigne
Seneschal du pays de foez
Portant la banniere et enseigne
Deuant le conte a blanc harnoys
℄ Sur vng courcier estoit monte
Couuert de veloux cramoisy
De fueillaige dor brochete

Traynant a terre bien choisy
℄ Puis venoit le conte dun train
Sur vng courcier tout couuert dor
Et portāt sur luy vng champ frais
Prise quinze mille escuz dor
℄ Tout au ioignāt dun mesmes trait
Venoient aps les grans seigneurs
Le frere du conte lautret
Le grāt maistre et autres plusieurs
℄ Apres eulx sept cens hōmes dar
Venoient apie esgallement (mes
A tout leurs harnois et leurs armes
Bien habillez et richement
℄ De lautre part de la cite
Venoit monseigneur de dunoys
Tout seul sur vng courcier monte
Et arme tout de blanc harnoys
℄ Il auoit vne couuerture
De veloux a orfauerie
Et la receut pour sauenture
Plusieurs gens a cheualerie
℄ Messire iamet de saueuze
Montmorin, montion, de Boursal
Et apres dunoys heuze a heuze
Cheuauchoit soheac mareschal
℄ Saueuze portoit la baniere
Deuant ledit conte dunoys
Et puis apres venoient derriere
Six cens lances a blanc harnoys
℄ Les seigneurs si vidrēt descēdre
En leglise ou se rencontrerent
Leuesque estant pour les attendre
Et sa les reliques baiserent
℄ Ce fait chascun si sen alla
En son logis de grant randon
Et lors le conte de foiz la
Laissa cinq cens escuz en don
℄ Le lendemain q estoit dimenche
Si fut faicte procession
Du chascun de voulente franche
Y sut en exultacion

⁋ Puis les nobles de la cite
Si vindrent faire le serment
De obeissance & feaulte
Pour servir le roy loyaulment
⁋ Les seigneurs apres se partirent
Et gens darmes pareillement
Du pays se retrahirent
En autres lieux separement
⁋ Apres les gens des trops estaz
De bordelovs en bel arroy
Acompaignez de gens grant tas
Sen allerent devers le roy
⁋ Il estoit lors a taillebourg
Ou firent la foy & hommaige
En ratiffiant audit bourg
Les traictiez dont avoient la charge
⁋ Le roy les receut voulentiers
Et dargent promis a bayonne
Par pitie leur laissa le tiers
En leur disant/ie le vous donne
⁋ Tost apres en ce mesmes moys
Les contes de foix dalebret
Et ledit conte de dunoys
A taillebourg furent dun tret
⁋ Et la trouuerent en la ville
Du mayne de nevers clermont
Vendosme/castres/tancaruille
Et des contes & seigneurs mont
⁋ Le roy y estoit en personne
Qui les receut ioyeusement
Et leur fist vne chiere bonne
En les festoiant grandement
⁋ Et apres quilz eurent conte
Toute la conqueste & maniere
Il leur fist des biens a plante
Et vne ioye fort singuliere
⁋ De taillebourg le roy sen vint
Faire son puer en touraine
Et chascun qui pla seuruint
Alla en sa terre & demaine

⁋ En cest an fedric duc dantioche
Si fut couronne empereur
A romme sans aucun reprouche
Ou la luy fut fait grant honneur
⁋ Le pape pour lors nicolas
A la fille de portingal
Si lespousa en grant solas
Puis en almaigne vint de val
⁋ Oudit an se sourdit vergongne
Et vne guerre extrauagant
Entre philippe duc de bourgongne
Et ceulx de la ville de gant
⁋ Le debat & noize fut telle
Le duc vouloit sur eulx leuer
Ung nouueau tribut de gabelle
Que tous si vouloient escheuer
⁋ Grande fut la diuision
Qui dura assez longuement
Dont se ensuiuit occision
Et des maulx en fin largement
⁋ Las ce nest pas petite chose
De mettre sus nouuel truaige
Car es liures na texte ou glose
Qui le conseille ne encharge
⁋ Immo de droit sont defendu
Si luy a cause de les tollir
Car apres quilz sont espanduz
Len ne les peut pas abolir
⁋ Len recite dun cardinal
Qui fut inuentif de gabelle
Mais depuis par conte final
Lyssue & fin ney fut pas belle
⁋ Car depuis quil fut enterre
En sa fosse vindrent crappaulx
Et serpens dont fut dessire
Et mis en plus de cent morceaulx
⁋ Regardons a la penitence
De celluy qui leua la maille
A paris sur la pourueance
Du poisson vendu en lescaille

¶ Et qͭ des frācs archiers sūs nō
Ilz partirent semblablement
Car ilz ne seruoient que de encōbre
Et en auoit trop largement.
¶ Du moys daoust dicelle annee
Si fut mis le siege a libourne
Par de foix / τ ceulx de larmee
Qui y firent vaillance bonne
¶ Chabannes / valsgue / bressiere
Lantrac / rouault / bastard bierne
Petit lo / nonaiches / testiere
Leudem / τ autres de guienne
¶ Y la auoit bien sept cens lances
Barons / banerez / cheualiers
Du pays τ gens de vaillances
Sans archiers τ arbalestriers
¶ Puis y estoit tristan lermite
Qui les vtures de tous costez
Faisoit venir en grant poursuite
Les brigans τ larrons ostez
¶ Et bureau pour lartillerie
A tout ses tauldiz τ pauois
Et la eurent cheualerie
Plusieurs nobles seigneurs frācois
¶ Le filz du grant maistre cussac
Messire bertrand de lespaigne
Son frere le sire benac
Et furent seize dune enseigne
¶ Enuiron midy de ce iour
Dunoys entre les deux riuieres
Vint mettre le siege a lentour
En y atachant ses banieres
¶ Et auoit loheac mareschal
Dachien / le seigneur de ialongues
Louuain / boniface / dozual
Jusque a six cens gens en besongne
¶ Et auenant le lendemain
Les francoys tellement presserent
Les angloys frapans main a main
q̄ faulxbourgs dun coste gaignerēt

¶ Scilicet ceulx de sainct leon
Du coste du conte de foiz
Ou la y eut maint horion
Assaultz tempestez τ effroiz
¶ Le grant nōbre des couleuuries
Qui rompoient les gens τ palitz
Ribaudequins τ serpentines
Misdrent agloys en grāt brouillitz
¶ Tellement quant ilz auiserent
Quilz ne pouoient plus resister
Le feu es eglises bouterent
Et es maisons pour tout gaster
¶ Et se les fossez des faulxbourgs
Neussent eu grant parfondite
Deu la diligence τ secours
Len eust dens la ville monte
¶ Les francoys si se retrairent
Esditz faulxbourgs y eulx gaignez
Et le feu par tout destaingnirent
Estans la bien enbesongnez
¶ Du coste de deuers bordeaulx
Talebot τ son filz tartas
Vindrent logier a grās mouceaulx
Au sainct esperit qui est plus bas
¶ Et la auoit vng pont de boys
Faisant vne limite ou borne
Par lequel venoient les angloys
A ceulx du siege de lyborne
¶ Ledit pont si fut rue ius
Et le matin angloys saillirent
Contre les francoys sus τ ius
Pour en prēdre aucuns cōe ilz firēt
¶ Lors messire bernard byerne
Et ses gens si les rescouyrent
En frappant au doz τ au carne
Tant que bien tost ilz sen fouyrent
¶ Bierne en icelle escarmouche
Fut frappe dune couleuurine
Contre deux ostz dōt fut en couche
Et apres eut garison digne

¶ Le lendemain par siege cault
Fut prinse vne eglise moult forte
Moitie demblee moitie dassault
Du anglops faisoient leur cohorte
¶ Aucuns de leans se sauluerent
Eulx retirans audit liborne
Et francops les autres tuerent
Ne ny en demoura personne
¶ Ainsi fut la ville assiegee
Ruez ius les ditz boulleuars
Et fut lartillerie chargee
Pour ietter sa de toutes pars
¶ Qui eust voulu souffrir tirer
Les engins canons et bombardes
Len les eust fait tous deuorer
Nonobstāt leurs tours et leurs gar
¶ Ainsi qt ilz virēt laproche (des
Et dengins le preparement
Ilz furent alors doulx en bouche
Et parlerent dappointement
¶ Les contes de foix et dunops
Si traicterent par tel arrop
Que la ville et tous les anglops
Demouroient prisonniers du rop
¶ Quilz bailleroiēt leur capitaine
Pour en faire a son ordonnance
Et qlz paieroiēt pour faulte et peine
Quarante mille de finance
¶ Partant la ville fut rendue
Au rop et a son obeissance
Et larmee illec estandue
Dens la ville en grant affluance
¶ Ong vendredi le lendemain
Dudit mops daoust le vingtiesme
Nostreseigneur doulx et humain
Mōstra au ciel vng signe extresme
¶ Car peu apres souleil leue
Au ciel sapparut la croix blanche
Sur la ville en signe esleue
Lespace dempe heure franche

¶ Cela ne fault repputer fable
Car dix mille gens si la virent
Nil nest chose plus veritable
Dont les anglops fort sesbaprent
¶ Et quant ilz virent si grāt signe
Que dieu si faisoit en tel cerne
Ilz recongneurent le rop digne
Estre vrap seigneur de guyenne
¶ De fait osterent leurs croix rou
Et pūdrēt en ce lieu de blāches (ges
En iettāt leurs harnoiz et voulges
Pour demourer personnes frāches
¶ O bon dieu et bon createur
Que dirons nous cy dexcellance
Si non que tu es protecteur
Tousiours du royaume de france
¶ Le royaume trescrestien
Du ta foy est enluminee
Du nabite iuif ne paien
Car son erreur seroit dannee
¶ Du charite est decoree
Du bonte et doulceur abonde
Du ton eglise est honnoree
Et tous les autres biens du mōde
¶ Deux cens ans p auoit ou plus
Que la duche estoit anglesche
Par quoy nest merueille au seurpl?
Se le ciel en a fait rebresche
Du les hommes ne peuent toucher
Dieu souuent se monstre exēplaire
Du lup plaist et le cas est chier
Que denhault si vient la victoire
¶ Si fist le feu rop trespasse
Rendres graces a dieu notables
Car quant len aura tout trasse
Ce furent choses fort louables
¶ O vrap dieu puissant et glorieux
Ottroiez repoz pardurable
A lame du trespiteable
Le rop charles victorieux

¶ Et comment pour y satisfaire
Fut condemne de prime face
Pour perpetuelle memoire
Faire leglise sainct eustace.
¶ Les gantoys resistans au cours
Dudit tribut firent effroy
Et tant que pour auoir secours
Enuoierent deuers le roy
¶ Requerans pour leur narratiue
Quil luy pleust de les subuenir
Et tendans en persuasiue
Que biens luy en pourroient venir
¶ Brief le feu roy fort inciterent
Pour leur donner force et gens darmes
Et plusieurs choses remonstrerent
Pour venir a leurs fins et termes
¶ Le roy assembla son conseil
Pour scauoir quil estoit de faire
Du la matiere en grant traueil
Fut desduite comme on peut croire
¶ Et aux gantoys finablement
Si fist response et remonstrance
Que iadis par appointement
Fait a arraz pour aliance.
¶ Le duc et luy auoient serment
De ne donner aide ou confort
Contre lun lautre aucunement
Ne leurs subiectz fust droit ou tort
¶ Par quoy secours ne leur donroit
Pour faire guerre ne excercice
Mais voulentiers leur bailleroit
Lettres en forme de iustice
¶ Cestassauoir adiournement
En cas dappel pour les eyr
En iustice en son parlement
Et pour la verite enquerir
¶ A leure qui eust volu harer
Les leuriers pour chasser en flandres
Len eust fait p̄ la deuorer
Plusieurs villes et mettre en cendres

¶ Car le roy au dessus estoit
De ses desirs et voulentez
Et de tous quartiers conquestoit
Par quoy ne fussent arrestez
¶ Mais le bon seigneur debōnaire
Aymoit mieulx garder son serment
Nourrir paix et guerre retraire
Que de venir a vengement
¶ O noble roy noble couraige
Inuenteur de tranquillite
Pasteur de paix/hayant dommaige
Qui gardoit foy et loyaute
¶ Cest vne chose fort requise
Entre princes et cheualiers
Car se foy et verite nont mise
Des maulx en viennent a milliers
¶ Du temps passe les gentilz hommes
Ne scauoient que sestoit de lettre
Ne dobligacion de sommes
Mais souffisoit en main promettre
¶ Et marchās en leur marchādise
Que vne parolle ny auoit
Sans que cedulle en feust requise
Car la foy de lettre seruoit
¶ Mais maintenant quāt lon aura
Cedulles obligacions
Encores sur ce on trouuera
Cent mille cauillacions
¶ Socrates dit qui pert sa foy
Il ne peut gueres perdre plus
Et celluy qui ne tient sa loy
Est de honneur et renom forclus
¶ Valere dit que fabius
Acheta plusieurs prisonniers
Pour les rommains luy fort pius
De hanibal certains deniers
¶ Si vint pour querir la rancon
Mais les senateurs lescondirent
Par vne meschante fason
Et quilz nen paieroient riēs lui dirēt

¶ Adoncques pour garder sa foy
Fist tout son patrimoyne vendre
Et les biens quil auoit chies soy
Pour sa rancon paier q rendre
¶ Et disoit ql vailloit trop mieulx
Garder sa foy q loyaute
Que dauoir des biẽs iusques aux
Car il nest tresor que verite (yeulx
¶ Il eut aussi vng cheualier
Qui sur sa foy prins en bataille
Promist par serment singulier
Paier rancon a iour sans faille
¶ Mais quant il fut en sa maison
Il dist que len sauoit trompe
Par quoy paier nestoit raison
En soy tenant pour eschappe
¶ Mais la iustice des rommains
Sans partie le fist prisonnier
En le enferrant par piedz q mains
Jusque a paye du derrenier denier
¶ Par cela est assez note
Que tous princes q gens de bien
Doyuent garder foy q verite
Car sans cela tout ne vault rien
¶ En lan que dessus declaire
Le cardinal destouteuille
Vint deuers le roy bien pare
Comme legat du sainct concille
¶ Et remonstra que le sainct pere
Pape nicolas fort dolent
Si estoit de la guerre amere
Dentre les deux roys pululant
¶ En disant que les mescreans
A ceste cause conquestoient
Plusieurs pays des crestiens
Dont maintes gens si se sentoient
¶ En fin le feu roy enhorta
De faire paix de son coste
Qui a ce point ne resista
Ains si offrit de voulente

¶ Ledit pape pareillement
Enuoya au roy dangleterre
Pour faire paix semblablement
Et trouuer moien de la querre
¶ Mais les anglops si respondirẽt
Que quant ilz auroient conqueste
Tant de pays que francoys firent
Ilz diroient lors leur voulente
¶ Le cardinal fut receu
Du royaume bien grandement
Et ny eut ville ne lieu sceu
Ou il neust honneur largement
¶ Ainsi sen alla sans riens faire
Quant a pacification
Mais au reste de son affaire
Il parfist sa legacion
¶ Lan quatre cens cinquantedeux
Le roy si fist sa penthecouste
A chisse pres tours fort ioyeulx
Et de la vint a mehẽun de route
¶ Et pour plusieurs extorcions
Que faisoit le duc de sauoye
Luy enuoya sommacions
De repparer en briefue voye
¶ Si mena son ost en forest
Ou le legat qui eut nouuelles
Retourna au roy sans arrest
Et fist la paix des deux querelles
¶ Brief ledit duc si vint au roy
Et permist a son bon plaisir
Repparer q mettre en arroy
Le discord selon son desir
¶ Du moys doctobre ensuiuãt
Talebot vint deuãt bourdeaulx
Ou il mist sa baniere auãt
Et cinq mille ãglops en vaisseaulx
¶ Montferrãt/dãglades/lesparre
Par dessus leur foy contendans
Enuoierent les anglops querre
Pour les mettre a leur gre dedens

¶ Quāt ceulx de la ville le sceurēt
Entre eulx tindrent conseil estroit
Par lequel alors ilz conclurent
Que dens la ville on les mettroit
¶ Aucuns furent dopinion
Que aux francois ne deuoient tous
Et que par paix & vnion   (chier
Len les deuoit tous relaschier
¶ Mais acoup lē ouurit les portes
Dont les angloys en grant conuy
Prindrent frācoys de toutes sortes
Du fou/soubz maire/& coittiuy
¶ Le roy qui en sceut les nouuelles
Y enuoya hastiuement
Pour mettre garnisons nouuelles
Es villes dentour largement
¶ Aussi les mareschaulx de france
Le sire dozual/& rouault
Cappitaines gens de vaillance
Bien six cens lances ou plus hault
¶ Pendant le conte de clermont
Qui estoit lors duc de bourbon
Y pena & traueilla mont
En y faisant deuoir tres bon
¶ Car auant que larmee du roy
Arriuast iamais au pays
Il mist les gens en bon arroy
Dont angloys estoient esbays
¶ Toutesuoies p leur grāt puissā
Et grāt nōbre de gēs de guerre (ce
Eurent en leur obeissance
Vne grant partie de la terre
¶ Camus le bastard sobressent
Nicolas le filz de talebot
Et dautres seigneurs six ou sept
Si vindrent a leur aide acop
¶ Et auoient quatre vingtz vais
Chargez de lars & de faries (seaulx
Pour bien auitailler bordeaulx
Et garder leurs gens de famines

¶ Lan quatrecens cinquantetroys
Le feu roy si partit de tours
Et lors talbot & les angloys
Vindrent a froussac a grant cours
¶ Si lassiegerent bas & hault
Et en estoit lors cappitaine
Pour le roy ioachim rouault
Qui se tint & en eut grant peine
¶ Mais auāt que larmee fust p̄ste
Icelluy chastel si fut prins
Par composicion honneste
Corps & biens en ce non comprins
¶ Du moys de iuing en cestuy an
Le roy & ses gens auec luy
Se partirent de sezingnen
Venans a sainct iehan dangely
¶ Pendant le grant maistre dostel
Penthieure/boussac/& rouault
Et leurs gens prindrent le chastel
De chaloines de bel assault
¶ La y auoit bien cinq cens lances
De francoys sās les frācs archiers
Barons/nobles gens de vaillāces
Qui se y monstrerent bien entiers
¶ Et des angloys dedens la place
Y auoit huit vingtz combatans
Qui aux assaulx de prime face
Furent vaillans & resistens
¶ Lesditz assaulx furent si fors
Que quant vint a la resistance
Y eut quatre vingtz angloys mors
Et les autres prins par puissance
¶ Et de ceulx qui furent la prins
Pour leurs grandes desloyautez
Et des cas ou auoient mesprins
Ilz furent tous decappitez
¶ Danglades venant au secours
Quant il oyt lors ces nouuelles
A bordeaulx si tira son cours
car pour luy nestoiēt pas trop belles

¶ La iournee τ Bataille de castillon ou talbot τ plusieurs autres furēt tuez

¶ Du moys de iuillet ensuiuant
A castillon en pierregort
Si fut mis le siege deuant
Ou y eut moult terrible effort
¶ La y firent grandes besongnes
Pantieure/bueil/admiral
Loheac/chabannes/talongues
Bureau/τ tous en general
¶ Chascun si y fist grant deuoir
Et se y employa en grans termes
Et des francoys a dire voir
Estoient seize cens hōmes darmes
¶ Sans les archiers τ leur baniere
Dont estoit chief τ cheuetaine
Beauuau/le sire de vessiere
Pour les gens du conte du mayne
¶ Pour ceulx de neuers/ τ la mar- (che
Messire ferry de grancy
Et autres qui eurent la charge
Et moult grant soing peine τ soucy

¶ Pour les gens du duc de Bretai-
Montauban/de la benaudaye (gne
Et autres gens soubz leur enseigne
Qui firent faire place τ voye
¶ Y la sa grosse artillerie
Et la menue pareillement
Estoit pour faire effondrerie
Et dautres engins largement
¶ Bureau alors ne dormoit pas
Car auoit sept cens manouuriers
Qui faisoient fossez par compas
En vng champ clos audit douuriers
¶ Dens ledit champ si fut enclose
Toute ladicte droguerie
Et besongnoient ouuriers sās pose
A asseoir lartillerie
¶ En ce faisant furent nouuelles
Que talebot τ les angloys
Si venoient a grandes sequelles
Leuer le siege des francoys

¶ De fait talebot si partit
De bordeaulx bien hastiuement
Et ses gens darmes departit
Pour y venir soudainement
¶ Il auoit de six a sept mille
Angloys vaillans & gens de fait
Pour conduire guerre & castille
Comment monstrerent par effect
¶ Si arriuerent deuant iour
Deuant ledit champ & fossez
Et rouoient illecques a lentour
Pour veoir ou seroient adressez
¶ Lors les francoys si se serrerent
Dens le champ a leur auantaige
Et les paiges sy renuoierent
Auec leurs cheuaulx & bagaige
¶ Addcquens qnt les agloys virēt
Les pouldres qui es chāps voloiēt
Pour les cheuaulx/ entre eulx dirēt
Que les francoys si sen fuyoient
¶ Et ainsi on le relata
A talbot qui oyoit messe
Lequel tantost si se hasta
Pour y venir a grant lyesse
¶ En attendant ses gens de pie
fist dresser vne queue de vin
Pour boyre chascun en trepie
Et besongner mieulx de cueur fin
¶ Pendant les francoys arriuerēt
Au parc & champ de tous costez
Ou la leur bataille ordonnerent
Et furent engins apprestez
¶ Et du coste de la venue
Dudit talebot & angloys
Lartillerie grosse & menue
Si fut tournee a contre poys
¶ Du chemin ledit talebot
Trouua grāt tas de frācs archiers
En vne ambusche ou grāt bruyt ot
Car tous la furent depeschez

¶ Lesditz archiers apie estoient
Allans venans puis ca puis la
Ne iamais ilz ne se doubtoient
Que talebot abordast la
¶ Si frapperent de prime face
Sur lesditz francoys tellement
Quil en demoura en la place
Six vingtz tuez legierement
¶ Et les autres se retrairent
Audit champ bien hastiuement
Ou les angloys les pourfuiuirent
Courans apres eulx asprement
¶ Quant talebot vid la le parc
Et le champ ainsi habille
Il fut esbay de sa part
Et en soy fort esmerueille
¶ La estoient loheac mareschal
Panthieure/ chabannes/ rouault
Bureau/ beaumont/ bueil/ admiral/
Et dautres chiefz par bas & hault
¶ Talebot si estoit monte
Sur vne petite haquenee
Et autres pres de son coste
Huit cens ou mil angloys dāplette
¶ Gascons vaillās gēs de cheual
Lesquelz il fist tantost descendre
Et mettre apie illec aual
Pour mieulx assaillir & defendre
¶ Aps eulx venoiēt huit banieres
Et cinq mille bons combatans
Qui vindrēt iusques aux barrieres
Des francoys pour entrer dedens
¶ La y eut de grans escarmouches
Et des vaillances darmes faictes
Dun coste & dautre es aprouches
Et des choses plus que parfaictes
¶ Les vnys & autres combattirent
De lances haches & de traict
Ou eut des angloys qui saillirent
Vaillāment le chāp tout dun traict

Et planterent leur estandart
Es fossez qui ny arresta guiere
Car len les mist tost a lescart
Et furent reboutez arriere
℄ Si furent tuez de cest erre
Edouart/choul/auonigan
Trente cheualiers dangleterre
Et le sire de pingnyllan
℄ Montauban/z la benaudoye
Auec leurs gens archiers z lances
Lors vindrent acop par la voye
Et firent de moult grans vaillāces
℄ Eulx z autres francois passerēt
Leurs banieres si asprement
Que lesditz anglops reculerent
Et eurent du pir grandement
℄ Et quāt la voye fut destournee
Si tirerent canons vulgaires
Quon ne veoyt ciel ne nuee
Dōt āglops eurēt moult daffaires
℄ Enserrez se tenoient ensemble
Mais les engins z coleuurines
Leur faisoient voler bras z iambes
Et les mettoient en piteux signes
℄ Et pla si fut assenee
Dun coup de couleuurine au vētre
De talebot la haquenee
Par quoy tost luy conuint descēdre
℄ Mais tout acoup vng franc ar=
Qui talebot ne congnoissoit (cher
Le tua z fist detrancher
Pour auoir sa robbe z corset
℄ Son filz z dautres cheualiers
Furent tuez semblablement
Anglops nobles lances archiers
Jusque a troys mille largement
℄ De talebot si fut dommaige
Car auoit bien seruy son maistre
Et estoit couraigeux z saige
Pour le fait de guerre congnoistre
℄ Aussi estoit auentureux

Fort renomme en angleterre
Tresuaillant z cheualereux
Faisant grant honneur a sa terre
℄ Il y eut beaucoup prisonniers
Molus z dautres largement
Qui a grans sommes de deniers
Se ranconnerent grandement
℄ Et pource q plusieurs fouyrent
Panthieure/z bailly de touraine
Acheual tout acoup se mistrent
Tout acoup sans reprendre alayne
℄ Jusque a sainct million tirerent
Et anglops la venans a fille
Du chemin prindrent z tuerent
En en despeschant belle bille
℄ Mille z cinq cens se retrairent
Dens le chastel de castillon
Des mieulx armez z la fouyrent
Pour sa faire leur pauillon
℄ Candalle/rozen/montferrant
Lesparre/le sire danglade
Si y allerent tout courant
Et des seigneurs grande brigade
℄ Et le lendemain ensuiuant
Les francops le siege si misdrent
Canons z bombardes deuant
Mais lesditz anglops se rendirent
℄ Tous a la voulente du roy
Mais lesparre trouua maniere
De se eschapper par desarroy
Et de sen aller par derriere
℄ Cestoit celluy qui talebot
Si fut querir en angleterre
Par quoy bon marche lors en ot
Car en eut perdue vie z terre
℄ Apres quoy eut pris castillon
Les francops trestout dun venant
Assiegerent sainct million
Qui se rendit incontinent
℄ Si fist la ville de lybourne
Dont le feu roy si eut pitie

Car il les print a grace bonne
Nonobstant toute inimitie
¶ Et fut trouue que la pluspart
Des bourgoys ont anglois la prin
Si sen allerent autre part (drent
Et que leur party point ne tin
¶ Durant la bataille & iournee
Oultre la gironde & dourdongne
Le roy auoit vne autre armee
Et huit cens lances en besongne
¶ Dont estoit chief & lieutenant
Clermont vaillant duc de bourbon
Qui estoit allant & venant
En y faisant deuoir tresbon
¶ Le conte de foiz, dallebret
Dorual, valpergue, poton
Tureine, bierne, lentret
Belin, & seigneur de lenton
¶ Auecques autres cappitaines
Si estoient soubz ledit clermont
Ou ilz prindrent beaucoup de peines
Et pour le roy souffrirent mont
¶ Tous les iours les francoys cou
En lisle & pays de medot (roient
Du anglois & leurs biens prenoient
Sans ce que aucun leur dist mot
¶ A Bordeaulx auoit bien huit mille
Anglois tant bons comme meschans
Mais ilz nosoient partir la ville
Ne escarmoucher parmy les champs
¶ Lesditz clermont & dalbret
Le siege a chasteau neuf bouterent
En iettant canons engins tret
Et la quinze iours demourerent
¶ Billon cheualier qui estoit chief
Et pour les anglois cheuetaine
Rendit la place sans meschief
Et fut petit le cappitaine
¶ Apres cela & tout dun traict
Fut mis le siege a blanchefort
Ou lesditz clermont & dalbret

Pour le roy trauaillerent fort
¶ Foez mist le siege a chadilhac
Et poton deuant sainct magnaise
Du ceulx du conte dermignac
Et autres nestoient a leur aise
¶ Dallebret laissa blanchefort
Et vint a langon & villendre
Ou il besongna si tresfort
Que tantost les fist au roy rendre
¶ Puis blanchesfort a vng matin
Fut prins du conte de clermont
Qui mist le conte dammartin
Et dela tira a lermont
¶ Dun des costez de la gironde
Estant le siege a cadilhac
Si se trouua beaucoup de monde
Pour frapper en bloc & en blac
¶ Les contes de castres, neuers
Poton, le sire de ialongnes
Destampes estant en trauers
Si conduisirent les besongnes
¶ Et tant que le siege dura
Clermont si alloit & venoit
Sans ce que point desempara
Ledit siege oupres se tenoit
¶ Lors le roy partit dangoulesme
Pour sen venir en bordeloys
En belle compaignie extresme
De nobles & seigneurs francoys
¶ Les contes dangoulesme, du may
Destampes, neuers, de la marche, ne
Vendosme & autres du demaine
Qui y vindrent la dauantaige
¶ Le roy tira iusque a libourne
Et fut mis le siege a fronssac
Ou pour crainte de sa personne
Si si rendirent tout dun trac
¶ Puis passa larmee la riuiere
Dentre deux mers ou prit chasteaulx
Villes & places de frontiere
Iusque pres des murs de bordeaulx

n ii

¶ Tout se rendit au roy de france
Et si fut aux anglops besoing
De eulx en partir a diligence
Ung chascun le baston au poing
¶ Le roy sen vint a montferrant
Et puis fist faire une bastille
Aupres de lermont acourant
Pour a bordeaulx faire castille
¶ Dens la bastille de lermont
Estoient loheac/de Bueil
Panthieure/chabannes/beaumont
Montauban/& gens a merueil
¶ En effect de gens de vaillances
y auoit en icelle armee

Jusque enuiron seize cens lances
Tous gens de fait & renommee
¶ Bureau menoit lartillerie
En grant diligence & poursuite
Et pour garder de pillerie
y la estoit tristan lermite
¶ Le roy partie dicelle armee
A cadilhac si enuoya
Du quant elle fut la semee
Tantost la place si gaigna
¶ Et au regard du cappitaine
Qui auoit sa loyaute faulsee
Et fait aux francoys tant de peine
Il en eut la teste tranchee

¶ Comment le siege fut mis deuant bordeaulx

¶ Puis fut mis le siege a bordeaulx
Au moins bastilles & approuches
Preparatoires des assaulx
Et y eut de grans escarmouches
¶ Les anglops si auoient fait faire
Une bastille pres lermont

Par ou se pouoient bien retraire
Et qui aux francoys nuysoit mont
¶ Car y la gardoiet les vaisseaulx
Qui apportoient mengier & viures
Et furent deux moys en assaulx
Sans en pouoir estre deliures

¶ Or estoit en icelle ville
Quatre mille anglops dangleterre
Et des menues gēs bien vigt mille
Qui ne sauoient ou prendre terre
¶ Les sires de camus/cliscon
Rozen/le bastard sombresset
De lisle/lesparre/gascon
Et dautres seigneurs six ou sept
¶ Ceulx la auoient entierement
Dicelle ville de bordeaulx
La charge & le gouuernement
& trāchoiēt aux gēs leurs morceaulx
¶ Toutesuoies au derrenier qͥt vi
La grant fortiffication   (rēt
Et larmee des francops/requisirēt
Eulx rendre a composicion
¶ Le roy en fist difficulte
Non sans cause au commencement
Attendu leur desloyaute
Et infraction de serment
¶ Si en demanda au conseil
Dont les vngz disdrēt leur raison
Quilz deuoient mourir en traueil
Veu leur faulte & leur traison
¶ Les autres q̄ estoient pl⁹ piteux
Si remonstrerent au contraire
Que vng roy misericordieux
Doit estre piteux debonnaire
¶ Disant que ce seroit dommaige
De ainsi mettre a confusion
La ville par meurtre & oultraige
Et les gens a occision
¶ Si que le roy tres debonnaire
Considerant beaucoup de choses
Qui luy reuenoient a memoire
Et estant en son cueur encloses
¶ Et aussi que la pestillence
Se prenoit fort a ses gens darmes
Si voulut vser de clemence
Et les receuoir par doulx termes

¶ Et fut la composicion
Telle que anglops dangleterre
Sen yroient en leur nacion
Leurs biēs saufz sās pͣmener guer
¶ Et des habitās & bourgoys (re
Si fut dit que la se tendroient
Comme bons & loyaulx francops
Et que en leur estat demourroient
¶ Pourueu quilz feroiēt le sermēt
De ne iamais eulx rebeller
Contre le roy aucunement
Et les secretz luy reueller
¶ Et au regard daucūs seigneurs
Qui auoient en angleterre
Fait machinacions plusieurs
Contre luy/& commence guerre
¶ Il en auoit vingt espanis
Telz quil luy plairoit de nommer
Qui seroient du pays bannys
Tant quil les vouldroit reclamer
¶ Desquelz vint le sire duzas
Aussi le seigneur de lesparre
Et autres sur point de ambezas
Sen allerent en angleterre
¶ Ainsi la ville de bordeaulx
Fut reddite au roy plainement
Auec les places & chasteaulx
A la couronne entierement
¶ Et pcy finist la conqueste
Et seconde redduction
De bordelays qui fut honneste
Pour le royaume & nacion
¶ Qui vouldroit dōner la louēge
A tous ceulx qui ont fait deuoir
La chose seroit fort estrange
Car len ne les scauroit scauoir
¶ Toutesuoies pour bailler cou⸗
A gens de bōne voulente (raige
En dirons vng mot au passaige
Selon le cas & en briefuete

n iii

¶ Premierement le feu bon roy
Si y fist diligence bonne
En mettant ses gens en arroy
Et y fut mesmes en personne
¶ Aux vngz bailoit mandement char(ge)
De aller/venir/monter/descendre
Et aux autres donnoit couraige
De assaillir ⁊ de deffendre
¶ Ses gens darmes entretenoit
En leur baillãt cheuaulx armeures
Et de largent quil leur donnoit
Selon le cas ⁊ auentures
¶ Au tour du roy la assistoient
Les conte du mayne/angoulesme
Neuers/estampes/qui estoient
Pour faire diligence extresme
¶ Apres monseigneur de clermõt
Qui fut lieutenant general
Et le quel y eut peine mont
De noble cueur ⁊ liberal
¶ Messeigneurs les côtes de foix
Dallebret/lentrac/pãthieure/orual
Et dautres grãs seigneurs frãcois
Qui ne sont pas a mettre aual
¶ Loheac/talongne/mareschaulx
Ch. Bannes/bueil/admiral
Montauban/⁊ les seneschaulx
Et plusieurs autres en general
¶ Petit lo/sainct bellin/poton
Le seigneur de la henaudoye
Dalpargne/bailly de lyon
Rouault/⁊ dautres grant montioye
¶ Pour conduire lartillerie
Les bureaulx en eurent la charge
Qui seruirent la seigneurie
Au loz du roy ⁊ auantaige
¶ Barons/cheualiers/escuiers
Nobles/gẽtilz hõmes/gẽs darmes
Lances/arbalestriers/archiers
A tout leurs voulges ⁊ guisarmes

¶ Tous si porterent vaillammẽt
Et fut leuure si bien conduite
Que par leur moyen bonnement
La duchie fut au roy redduite
¶ Helas qui bien cy penseroit
Aux biens que ceulx la procurerent
A tousiours mais len les loueroit
Et tous autres qui y aiderent
¶ Feusse pas grant soulaigement
De anglois hors de paris bouter
Qui la venoient iournellement
Les francois greuer ⁊ gaster
¶ Prendre poures gẽs de villaige
Les marchans lyer destrousser
Tuer meurdrir faire pillaige
Et tous maulx quon scauroit pẽser
¶ Les circunuoisins habitans
En eussent eu beaucoup du pire
Car larrons ⁊ mal prouffitans
Neussent point cesse de leur nuyre
¶ Tousiours eust fallu estre au guet
Viure en crainte/soing/⁊ tourmẽt
En mengant son pain en esguet
Sans ozer dormir seurement
¶ Et ainsi en conclusion
Quant le feu roy nauroit gaigne
Que pays sans occision
Si a il beaucoup espargne
¶ Mais il y a tant de gens bestes
Qui le sauourent meschamment
Et leur semble que les conquestes
Se font ainsi legierement
¶ Au fort il les fault excuser
Car ilz nentendent pas les termes
De guerre dont conuient vser
Et en parlẽt comme clercs darmes
¶ Apres la redduction faicte
Les anglois a tout leur puissance
Sen allerent pour leur retraicte
Tous hors du royaume de france

⁋ Les vngz si tirerent par terre
Droit en la ville de calais
Et les autres en angleterre
Sans riens demourer de relais
⁋ Le roy son armee departit
Et en mist en villes et tours
Puis de bordelays se partit
Pour faire son puer a tours
⁋ Et pour la garde de bordeaulx
Et le pays en general
Laissa pour villes et chasteaulx
Bourbon lieutenant general
⁋ Dalpergue bailly de lyon
Jehan bureau tresorier de france
Et des gens vng droit million
A qui il auoit grant fiance
⁋ Auecques ce il fist paier
Nobles venuz a sa requeste
Et toutes gens sallarier
Qui auoient este a sa conqueste
⁋ Doyre a conter par la rayson
Du tout et du commencement
Qui estoient partiz de leur maison
Et leur fist faire entier paiement
⁋ Et silz auoient perduz cheuaulx
Ou de grans maulx a endurer
En ayant regard aux trauaulx
Il les en fist remunerer
⁋ Aussi cela donnoit couraige
De le seruir aymer et suiure
Pour le grant bien et auantaige
Que soubz luy sen veoit ensuiure
⁋ Qui veult bos seruiteurs auoir
Il les conuient stipendier
Selon ce quilz font leur deuoir
Et de leurs vertuz premier
⁋ Len list sur ce pas dalixandre
Que quant faisoit vne conqueste
Il ordonnoit tous les biens prendre
Pour les donner a sa requeste

⁋ Puis les departoit aux gēs dar
Aux gens nobles et cheualiers mes
En leur tenant si tresbons termes
Que pour cens en auoit milliers
⁋ Du moys de may cinquāte trois
Le turc si print constantinoble
Et fist maulx en plusieurs endroys
Contre la crestiente noble
⁋ Lan quatrecens cinquātequatre
Le roy enuoya a bordeaulx
Pour demolir lieux et abatre
Et la faire diuers chasteaulx
⁋ Affin de la ville tenir
En seurte et subiection
Et que angloys ny peussent venir
Pour auoir dominacion
⁋ Cest an charles duc de Bourbon
Donna sa fille a charrolops
Par mariage et accord bon
Dont len fist chiere en toꝰ endroys
⁋ Tost aps le roy iehā despaigne
Mou rut aage de cinquante ans
Dont fut dommaige pour lēseigne
Car gens soubz luy auoiēt bō tēps
⁋ En mars si trespassa de suyte
Le feu bon pape nicolas
Et en son lieu fut mis calixte
Qui regna en ioye et solas
⁋ Cest an le sire de lesparre
Par proces fait solennellement
Si eut la teste mise a terre
A poitiers tout publiquement
⁋ Lan quatrecens cinquantecinq
Larceuesque daulx fut esleu
Et tel le pape si maintint
Par decret et droit resolu
⁋ Si voult prendre possession
Mais le conte lors darmignac
Luy fist trouble et oppression
Soustenant autre de sa part

n iiii

¶ Le feu roy qui ouyt la plainte
Et fut coursse (et) dolent mont
Et y envoya dune attainte
Bourbon lors conte de clermont
¶ Loheac mareschal de france
Dammartin/le bailly deureux
Et autres gens de grant vaillance
Qui y allerent auec eulx
¶ A lestaure le siege misdrent
Qui ne se tint pas longuement
Car les gens tantost se rendirent
Et le pays entierement
¶ En effect toute la conte
Darmignac (et) de valladoys
Rouergue (et) pays a plante
Furẽt pris en moinz de trois moys
¶ Et fut le vray esleu remis
En sa terre (et) arceuesschie
Et le conte bien bas desmis
Dont se trouua fort empeschie
¶ Car luy cõuint pour prẽdre terre
Et auoir reffuge ou seurte
Tirer vers le roy de nauarre
Qui estoit de sa parente
¶ Mõseigneur iehan duc dalencon
Fut par dunoys prins a paris
Et autres grans gens de facon
¶ De la fut mene a chantelle
Par le commandement du roy
En bonne compaignie (et) belle
Sans faire grant bruyt ne effroy
¶ En cest an le duc de sauoye
Et sa femme vindrent au roy
Qui les receut a bien grant ioye
En leur faisant certain ottroy
¶ Apres le prince de pymont
Filz aisne dudit de sauoye
Si eut vng beau filz du quel mont
Par tout le pays eut grant ioye

¶ Ledit prince auoit espousee
La fille du feu roy de france
Qui estoit premiere (et) aisnee
Dont y eut grant resiouissance
¶ Le cardinal dauignon lors
Auec des docteurs quatre ou cinq
Vint en bretaigne pour le corps
De sainct vincent des iacopins
¶ Ledit sainct fut canonize
Par toute eglise vniuerselle
Et comme sainct solennize
Dont on fist feste solennele
¶ Cest an mõseigneur le daulphin
De douze hommes enuironne
Vint vers bourgongne son affin
Et se partit du daulphine
¶ Apres le roy fut a vienne
Pour les troys estaz la tenir
Et y mist pollice (et) gouuerne
Pour le pays entretenir
¶ Cest an mõseigneur de bourbon
Si alla de vie a trespas
De goutes/(et) en eage bon
A moulins ou fut son repas
¶ Cestoit vng prince doulx (et) saige
Gracieux (et) de bon affaire
De la mort du quel fut dommaige
Car il estoit tres debonnaire
¶ Lan quatrecens cinquantesept
Les ambassadeurs de bretaigne
Et de grans seigneurs six ou sept
De lambassade (et) roy despaigne
¶ Vindrẽt vers le feu roy de frãce
Luy faire honneur (et) reuerence
Et pour confermer laliance
Ainsi quelle estoit ancienne
¶ Les ambassadeurs de hongrye
Et boesme pareillement
Vindrent en belle compaignie
Habillez trespompeusement

¶ Demander lors en mariage
Dame magdaleine de france
Pour le roy de hongrye dont charge
Auoient de faire lalliance
¶ Lesditz ambassadeurs si furent
Par tout festoiez a oultraige
Et de grans dons & presens eurent
En faueur dudit mariage
¶ Mais au retour de lambassade
Trouuerent le roy de hongrye
Estre au lict couche & malade
Et apres tost fina la vie
¶ Du moys daoust dicelle annee
Breze pour lors grant seneschal
Si eut la charge dune armee
Que le roy fist aller aual
¶ Luy & flocquet bailly deureux
Clermont, cousinot, & de termes
Carbonnel, & autres auec eulx
Estans bien quatre mille en armes
¶ Se partirent dessus la mer
Pour la trouuer leur auenture
Mais le temps leur fut tresamer
Et la rencontre du vent dure
¶ De troys iours ne peurent trouuer
Maniere de descendre a terre
Et en fin vindrent arriuer
Deuant sanduich en angleterre
¶ Si se misdrent en troys batailles
Bien diuisees & ordonnees
Gens de cheual & les pietailles
Selon les places destinees
¶ Carbonnel auoit lauangarde
Et soubz ladmiral du perier
Et portoit lenseigne & la darde
Des premiers philippe suillier
¶ Pierre michel, thomas lorralle
Dauid bohain, flocquet blosset
Si estoient en lautre bataille
Et dautres seigneurs six ou sept

¶ Celle du bailly de rouen
Des contes deu & de dunoys
De caulx, de gisors & de caen
Soubz breze & les chefz francoys
¶ La trouuerent mauuais chemin
Et quant furent au bouleuart
Qui estoit deuant sanduich
Par armes prindrent lestandart
¶ Si fut la donne aspre assault
Et y en eut de bien frotez
Depuis le bas iusques en hault
Danglovs, francoys, de tous costez
¶ Toutesuoys ledit bouleuart
Si fut prins par force virille
Et se tirerent a lescart
Les anglovs dens icelle ville
¶ Flocquet qui estoit lauangarde
Ne marcha point deuant lassault
Ains demoura pour prendre garde
Que aglovs ne vinssent en sursault
¶ Breze, cousinot, de giresme
Des termes & gens de louuain
Firent par mer deuoir extreme
De ayder a leurs gens main a main
¶ Plusieurs combatans amenerent
Et quant & quant les gens de pie
De lautre coste arriuerent
Qui se misdrent la en trespie
¶ Quant ceulx de la ville si virent
Les francoys en telle ordonnance
Entre eulx mesmes si sesbayrent
Et changerent leur ordonnance
¶ Si vindrent iusqs pres du haure
Ou auoit vne grant nauire
Danglovs, troys nefz, vne carraq
Qui ne cessoient aux francois nupre
¶ Breze les enuoya sommer
De eulx en aller legierement
Ou quilles feroit consommer
Et bruler leurs nefz tempremēt

¶ Lors les anglops de la nauire
Parleret doulx au haraulc darmes
Offrans de cesser/z reduire
Pouruen q̃ leu leur tint bõs termes
¶ Si en eust fait appointement
Par le quel deuoient cesser guerre
Auoir leurs corps a saulnement
Et eulx retirer en leur terre
¶ Le traictie fut entretenu
Et apres pour prendre la Ville
Len fist crp ou fut contenu
Que alassault chascun fust habille
¶ Mais breze fit commandement
A tous sur peine de la mort
Quon ne touchast aucunement
Es eglises/fust droit/ou tort
¶ Que len gardast le honeur des fẽ
Quõ ne boutast feu en maisõ (mes
Et quon ne tuast par durs termes
De sang froit/z hors de raison
¶ Cela fut garde sans desroy
Dont les anglops entierement
Si souerent fort le feu roy
Et tous ses gens pareillement
¶ En effect ceulx de pie allerent
Par la porte dedens la Ville
Et ceulx de la mer aborderent
Dedens le haure belle ville
¶ Les anglops fort y resisterent
En leur donnant a besongner
Et plusieursfops se ralierent
Pour cuider les francops gaignier
¶ Mais lesditz francops en effect
A grant force z Vaillance darmes
Les bouterent de Voye de fait
Hors de la Ville par durs termes
¶ Nonobstant lequel boutement
Tous les anglops circunuoisins
Vindrent donner empeschement
Et ruer maintz coups z latins

¶ En effect lassault si dura
Lespasse dix heures entieres
Du chascun beaucoup endura
Escarmouches z saillies fieres
¶ Et a chascune des saillies
Ledit breze grant seneschal
Et les gens de ses compaignies
Faisoient merueilles a cheual
¶ Y la furent faitz cheualiers
Les baillis de chartres/deureux
Carbonnel/z autres escuiers
Jusques a trente auec eulx
¶ Finablement lesditz francops
Les anglops fort espouenterent
Et gaignerent biens z harnops
Puis en apres sen retournerent
¶ Trestout le pays dangleterre
Si fut esmeu soubdainement
Et ny eut homme de leur terre
Quil neust effroy bien largement
¶ Lan quatrecens cinquantehuit
Le rop tint son lit de iustice
A Vendosme ou homme ne Vid
Plus belle ordonnance z police
¶ Tous messeigneurs les pers de
Et conseilliers de parlemẽt (frãce
Y estoient en magnificence
Et autres seigneurs largement
¶ Gens de iustice z de facon
Qui le proces si Visiterent
Du feu iehan seigneur dalencon
Et a mort si le condannerent
¶ Mais le feu rop q̃ fut piteux
Par pitie z beniuolence
Luy fut misericordieux
En luy donnant grace z clemence
¶ Car ne Vouloit point q̃l mourust
Nonobstant le crime z exces
Et si a ses hoirs secourut
Comme il appert par le proces

¶ Lan quatrecens cinquanteneuf
Si mourut le pape calixte
Et fut en son lieu pape neuf
Pius piteux de grant conduite
¶ Du moys daoust si deceda
Pierre pour lors duc de Bretaigne
Puis en son lieu si succeda
Richemont qui maintint lenseigne
¶ Il vint au roy faire hommaige
Et en ianuier subsequemment
Il mourut dont fut grant dommaige
Car auoit regne vaillamment
¶ Ledit richemont connestable
En son temps fut cheualereux
Tres vaillant grant iusticiable
Et en bataille fort eureux
¶ Apres ledit trespassement
Le filz de ma dame destampes
Seur dorleans print temprement
La possession sans grans trempes

¶ Le trespas du feu roy

¶ Lan quatrecens soixante et ung
Le roy a lentree de iuillet
Si fut embouche par aucun
Qui bien honneur ne luy vouloit
Et luy fut donne a entendre
Quon le vouloit emprisonner
Et que a son cas deuoit entendre
Pour sen garder et destourner
¶ Il mist cela tant sur son cueur
Que oncques puis neut iope ne sante
Ne pour parolle ne doulceur
Nen peut oster sa voulente
¶ Si fut lespace de sept iours
Quil ne pouoit boire ou mengier
A regretz et souspirs tousiours
Qui sa vie firent abregier
¶ Et luy voyant son finement
Il se ordonna et confessa
Receut son derrenier sacrement
Et comme bon roy trespassa
¶ Oultre voult par son testament
Estre a sainct denis enterre
En la chappelle et monument
De ses ancestres prepare
¶ Et le iour de la magdaleine
Quil auoit seruie comme dame
Le mecredy vingt et deuziesme
De iuillet rendit a dieu lame
¶ Il trespassa a mehun sur yeure
Ou auoit sa ieunesse duitte
Et fist ainsi que le bon lieure
Qui se rend tousiours en son giste
¶ Ce iour fut veue vne nuee
Sur ledit mehun noire et obscure
Dont venoit vne pluye nouee
Assez menue mouillant et dure
¶ Et tost apres vne nue clere
Ou estoit le soleil luysant
Si vint departir la premiere
Et fut tout le ciel reluisant

¶ Que cela veult signifier
Il sen fault rapporter au maistre
Qui peut luy seul certifier
Et des faitz de la sus congnoistre
¶ Ledit tour de la magdaleine
Quant le roy rendit lesperit
Chascun frappoit a sa poictrine
Ne oncques plus grãt dueil ne vid
¶ Les gens et serviteurs pleuroient
A chauldes larmes fondamment
Et les escossoys hault crioient
Par forme de gemissement
¶ Cestoit grant pitie de la estre
Pour les regretz souspirs et plours
Quon faisoit a dextre et senestre
Car tout estoit plain de doulours
¶ Cestoit vng roy de tous ayme
Piteux misericordieux
Et par ses haultz faitz reclame
Le roy charles victorieux
¶ Si fut en la chambre deux iours
Descouuert quon veoit sa face
Ainsi quon fait des roys tousiours
Dont chascun pleuroit en la place
¶ Apres son corps fut mis en biere
En vne fierte de peson
Et en vne de boys legiere
Ou auoit des oudeurs foison
¶ Puis de la si fut admene
A paris honorablement
Et tout au tour enuironne
Des seigneurs du sang richement
¶ Hors la ville vng soir reposa
Dedens nostre dame des champs
Et ce pendant len disposa
Le receuoir selon le temps
¶ Le lendemain qui fut ieudy
Sizieſme daoust a paris
Fut apporte apres mydy
Et y eut grans plaintes et crys

¶ Chascun lamoit parfaictement
Par quoy quant on le vid passer
Hommes femmes entierement
En pleuroient es rues sans cesser
¶ De la maniere du conuoy
Et la forme de lordonnance
Tout fut conduit en tel arroy
Que chascun y prenoit plaisance
¶ Premier auoit vingtquatre hõ-
Portãs vingtquatre fonetes (mes
Vestuz de noir selon les fourmes
Chapperons a courtes cornetes
¶ Et quant on les oyoit sonner
Ensemble comme ilz faisoient
Len neust pas ouy dieu tonner
Tãt grãt bruyt ses gẽs la menoiẽt
¶ Puis y auoit quatrecẽs poures
Vestuz de noir portans les torches
A deux rancs dun coste et dautres
q̃ alloieut iotngnãt lesdictes cloches
¶ Apres venoient les cordeliers
Mendians carmes iacopins
A leurs croix et beaulx chandeliers
Et puis apres les augustins
¶ Derriere eulx si venoiẽt les pre
Des eglises parrochialles   (stres
A crois a destre et senestres
Et puis ceulx des collegialles
¶ Apres venoient ceulx de leglise
Du palais et de nostre dame
Chantans en doulce voyx exquise
Pour le defunct et pour son ame
¶ Et puis y auoit dun coste
Le recteur auec ses bedeaulx
Et ceulx de luniuersite
A tout leurs chappes et manteaulx
¶ De lautre coste les abbez
De sainct magloire/saint germain
Sainct victor/autres enchappez
Venans deux a deux/main a main

¶ Apres eulx venoient les euesq̄s
Tous enchappez/crossez/mittrez
Dont il y auoit treze/ou presques
Tous de ranc z bien atiltrez
¶ Euesques de senlis/beauuais
De troyes/chartres/z orleans
De meaulx/de paris/dangiers
Et dautres prelatz z grans gens
¶ Puis seul venoit le patriarche
De bayeulx ou ioingnant du corps
A tout lestoffe deuant larche
Et le cercueil chantant des mors
¶ Ce iour fut commis a loffice
Et a faire lenterrement
Comme il fit/z tout linstruite
Ou il saquitta grandement
¶ Apres auoit vne lytiere
Ou le corps du defunct estoit
Auecques le pelomp z biere
Que a force de gens on portoit
¶ Et dessus y auoit vng lict
Ou estoit estandue sa figure
Quon auoit fait paindre au vif
Au plus pres de sa pourtraicture
¶ Une tunicque auoit vestue
De beau velour pars azure
A tout de fleurs de liz bastue
Et vng bel oillier dore
¶ Il estoit habille en roy
Portant le ceptre z la couronne
Et quant on le vid au conuoy
Il fit pleurer mainte personne
¶ Le pouelle estoit dū fin drap dor
Quon neust sceu de milleur reqrre
Et le brochiz tout fait a or
Traināt denhault iusques en terre
¶ Les conseilliers de parlement
Uestuz de robbe descarlate
Tenoient le pouelle honestement
Et des presidens trops ou quatre

203

¶ Aucūs auoiēt leur mātheau rou
En exemple z signifiance   (ge
Que iustice iamais ne bouge
Pour trespas du roy/ne muance
¶ Ioingnāt messeigneurs dorleās
Dangoulesme/deu/z dunoys
Uenoient apres le dueil faisans
A cheual de tout noir harnoys
¶ Puis y auoit cinq grās cheuaulx
Couuers de beau noir veloute
Tirans le chariot a cerceaulx
Ou le roy si fut apporte
¶ Le veloux traynoit iusq a terre
Et ne veoit on que les yeux
Des cheuaulx en petite carre
Car estoient couuers en tous lieux
¶ Au loing du chariot z la planche
Y auoit vne couuerture
Et ou millieu vne croix blanche
Tout de veloux z sans bordure
¶ Apres cela venoient six paiges
Sur six tresbeaulx cheuaulx extres
A couuertes de velour larges(mes
Robbes z chapperons de mesmes
¶ Puis monseigneur le chancelier
Garny des maistres des requestes
Et dautres seigneurs vng millier
Tous vestuz de noir fort honestes
¶ Les notaires z secretaires
Les bons comensaulx seruiteurs
Qui iettoient y la pleurs notoires
Et en auoit de bien piteulx
¶ Trestous ceulx la firent le dueil
Et estoient en courte cornette
Ayans souuent la larme a lueil
En regardant la biere z fierte
¶ Dautre coste les gēs des cōtes
Les generaulx de la iustice
Les gens de la ville z grans mōtes
Tous en ordre z belle police

¶ Apres le preuost de paris
Ceulx du palais ⁊ chastellet
Marchans ⁊ bourgoys fort marris
De la mort qui a tous douloit
¶ En la fin si venoit la foulle
Et tous les estaz de la ville
Du lez neust sceu mettre vne boule
Tant en y auoit belle bille
¶ Le corps porte a nostre dame
Furent chantees dessus vigilles
Pour le defunct ⁊ pour son ame
Dont len prioit en toutes villes
¶ La y auoit vne chappelle
De boys noyr plaie de grát cierges
Ou estoit le roy riche ⁊ belle
A double croix sans nulles farges
¶ Le cueur, lautel ⁊ parement
Estoient a veloux noir tenduz
Au tymbre du roy richement
Et en trops rancs la espanduz
¶ A tous les pilliers de leglise
Auoit cierges ardans ⁊ torches
Armoyez selon ce la guise
Et sonoient trestoutes les cloches
¶ Le patriarche de Bayeulx
Chanta le matin la grant messe
Ou aucuns pleurerent des peulx
Tant auoient de dueil ⁊ tristesse
¶ Euesques si firent loffice
Sans ce que autres aucunement
Si sen tremissent du seruice
Qui fut fait magnificquemét
¶ Et quant vint a faire loffrende
Messeigneurs du sang seulement
Faisans le dueil ⁊ douleur grande
Y furent tous separeement
¶ Apres si prescha chasteaufort
Vaillant docteur en theologie
Qui exaussa le defunct fort
Et les faiz de toute sa vie

¶ Et puis quant vint a declarer
Les biens quil auoit fait en france
Tout chascun se print a pleurer
Et a plaindre sa doleance
¶ Si remonstra lors en commun
Le dueil ⁊ pitie du trespas
Que mort est commune a chascun
Et quil fault tous passer le pas
¶ Quon ne se doit gloriffier
Es biens ne es ioyes de ce monde
Aux honneurs ne es hommes fier
Quant lun batist lautre deffonde
¶ Si furent en ceste iournee
Baillees messes a tous venans
Et aux poures grande donnee
Tant quen y eust des remenans
¶ De la si fut porte le corps
A sainct denis pour senterrer
Du misteres dedens ⁊ hors
Furent faitz longs a declarer
¶ Si vindrent les religieux
Deuant le corps oultre la porte
Et plusieurs prelatz auec eulx
Chantans la Libera en note
¶ Tout pareil ⁊ autre seruice
Quon auoit fait a nostre dame
Fut fait la en belle police
Pour le feu roy ⁊ pour son ame
¶ Et quant vint a lenterrement
Len porta le corps ⁊ la biere
En la chapelle ⁊ monument
Ou estoit enterre son pere
¶ Come on descendoit en la fosse
Et que les pierres frapoient fermes
Y eut vne criee moult grosse
De pleurs souspirs ⁊ grosses larmes
¶ Filz nestoit pas de bonne mere
Qui nen neust dueil ⁊ desplaisance
Et douleur au cueur tresamere
Car estoit prince de clemence

¶ Ce fait vng herault vint crier
Vous messeigneurs qui estes cy
Plaise vous pour le roy prier
Et que dieu le preingne a mercy
¶ Ung autre herault vint depuis
Aussi tost crier hault assez
Viue le noble roy loys
Dieu ait lame des trespassez
¶ Lors les huissiers z seigneurs dar
Du feu roy a terre ietterent (mes
Leurs masses en trespiteux termes
Sur la fosse/z puis sen allerent
¶ Alors chascun si se partit
Criant z plorant dens leglise
Puis le peuple se departit
Pour aller disner a sa guise
¶ Si fut en icelle abbaye
Le disner ce iour appreste
Pour tous ceulx de la compaignie
Qui au seruice auoient este
¶ Table generalle z typnier
Furent publiquement tenuz
Sans paier maille ne denier
Et furent la tous bien venus
¶ Le disner fait/z graces dictes
Ung peu auant que mercier
Les aucuns par douleurs subites
Se prindrent fort a lermoier
¶ Et lors monseigneur de dunoys
Commenca a dire z parler
Par vng doulx langaige courtoys
Il est temps de nous en aller
¶ Nous tous cy deuds recognoistre
Quil nous fault tyrer autre voye
Nous auons perdu nostre maistre
Et pource chascun se pouruoye
¶ Et aussi tost que eut dit cela
Les paiges du feu roy crierent
A haulte voix puis ca puis la
Et les autres leur saoul pleurerent

¶ Cestoit grant esbahissement
De veoir les gens q lacrimoient
Par souspirs z gemissement
Et tant que presques se pausmoient
¶ Ainsi le regard de ce monde
Apres quon a eue grant liesse
Tousiours en pleurs z dueil redon
Et la ioye finit en tristesse (de
¶ Et nest roy/empereur/duc/côte
Qui ne soit subiect a la mort
Et quil ne faille rendre conte
De ce quon a fait droit ou tort
¶ Helas qui bien y penseroit
Les choses yroient autrement
Et tant de maulx on ne feroit
Car craindre fault le iugement
¶ Il nest point de memoire de hôme
Que oncques roy si fust tât pleure
Que a este le defunct en somme
Ne tant prise z honnore
¶ Or ay dieu puissant z glorieux
Ottroyez repos par durable
A lame du trespiteable
Le roy charles victorieux
    Antiphona
¶ Il nest poit de memoire de hôme
Que oncques roy si fust tant plore
Que a este le defunct en somme
Ne tant prise z honnore
    Versus
¶ De lentree du feu z tourment
De purgatoire z dannement
   Responsorium
¶ Veuillez garder
Sa poure ame
¶ Et luy aider
Comme on reclame

¶ La septiesme lecon
chantee par iustice

Justice suis a tous distri-
butiue
ferme/coustant/pour ri
en non mutatiue
Cree de dieu/fondee en verite
Faisant viure le monde en equite
Selon vertu/z la loy de nature
Et a chascun luy rendre sa droicture
Sans lueil auoir a amour ne faueur
Mauuaiz pugnir selon ce la rigueur
Aux bons loyer/z honneur leurs faitz rendre
Larrons mauuaiz aussi mourir z pendre
Selon les cas crimes delitz exces
Je ne faiz riens pour port faueur ne aces
Tout si mest vng/ma voyé est generale
Aussi nommee suis vertu cardinale
Pour faire droit/z a chascun raison
Si ay este long temps en la maison
Du feu bon roy charles victorieux
Qui ma amee dont il sest trouue mieulx
Car pour son regne z du commencement
Nauoit aide si non de parlement.

Qu'il fist tenir & seoir a poictiers
En y mettant gens vertueux entiers
Saiges/lettrez/renommez en science
Qui conduisoient le royaume en prudence
En corrigent les abuz & les vices
Et y donnant les remedes propices
Ne ny auoit nul de si grant maison
Que l'en ne fist venir a la raison
¶ Et si hardy de piller au royaume
Pour les chappōs si portoiẽt leur heaulme
C'est adire quon eust ose touchier
Es biẽs dautruy sans le papier cerchier
Par mon moyen le feu roy prosperoit
Chascun le aymoit/le peuple le honouroit
Tous si craingnoient le bon sire offenser
Car bien acoup les eust fait redresser
Las de son temps iay este en vigueur
Et luy ay fait auoir renom/honneur
Par les arrestz sentences iugemens
Que l'en donnoit en ses beaulx parlemens
Mais que fut ce de larrest de Bordeaulx
Touchant la prinse des nauirez bateaulx
Qui furent prins par les gens du feu roy
Sur les anglois trouuez en desarroy
Ou il auoit de toutes marchandises
Draps de soye/espiceries exquises
Blanchetz/estaing/& mercerie fertille
Quon estimoit valoir descuz cent mille
Et desqlz biẽs desia tous les gẽs darmes
En auoiẽt prins leur butin p faiz darmes
Car ilz disoient quilz estoient confisquez
Et quilz deuoient estre au roy appliquez
Sur quoy anglois si vindrent a recours
Du parlement qui tenoit les grans iours
Lors a Bordeaulx/ou ilz furent oyz
Et monstrerent pla des sauconduitz
Daucūs des chiefz establiz pour la guerre
Qui debatuz si furent de belle erre
Auecques ce les gens du roy maintindrēt
Que confisquez estoient/& le soustindrent

o i

En concluant en leurs fins & requestes
Sur quoy apres les premieres & enquestes
Finablement si fut dit par arrest
Que les nauires hors estans en arrest
Et tous les biens estans prins & leuez
Ausditz anglois si seroient deliurez
A pur & plain/& ceulx q̃ auroient fait prẽdre
Contrains de fait a les bailler & rendre
Dõt le feu roy nonobstant ses grãs offres
Qui en auoit eu trente mille en ses coffres
Se consentit le premier a les rendre
Pour obeir a iustice & entendre
Et en effect les conuint desbourser
Qui fut vng dur morceau a le passer
Car toutes gens enuiz si restituent
Mesmement princes qui ne les euertuent
Mais le defunct estoit si debonnaire
Quil aymoit mieulx iustice satiffaire
Et de bailler aux ennemis du sien
Que reprouche luy fust den auoir rien
Oultre raison tant estoit vertueux
Du quel arrest les anglois tant ioyeulx
Sen allerent apres en angleterre
Louans le roy/sa iustice/& sa terre
Et en firent au pays si grant feste
Que les enfans si inclinoient la teste
Deuant les seaulx estãs a fleur de lis
Et en estoient en leurs patoys iolis
O quel honneur pour le roy & royaume
De la iustice lors portant le heaume
De hõneur.renom.preudõme.vertueuse
Forte.constante.& sans crainte paoureuse
Amour.faueur.qui varient tressouuent
Les iugemens selon ce que le vent
Des mõdains iuges si les veullẽt tourner
Faisans tort.droit.& raison decliner
Au gre plaisir des princes & seigneurs
Pour demourer es offices honneurs
Dont en ya aucuns tant aueuglez
Si dissoluz.corrumpuz.desriglez

Qui escriproit faites mourir et pendre
Gens innocens bien viuans sãs mesprēdre
Ilz le feroient a tort et sans raison
Pour complaire et auoir lachoison
Des gouuernans et ceulx qui sōt en brupt
Mais cest mal fait/et tel pechie fort nupt
Car a telz gens et ceulx de leur lignee
Il leur meschiet plusieursfoiz en lannee
Ne ne viuent tout leur cours de nature
Et silz ont hoirs quelque malauenture
Leur aduiendra en membre ou en cheuance
Si est la fin qui crie a dieu vengance
Et vient souuent par faulte de iustice
Et des abuz de ceulx de lexcercite
Que roys et princes si en pdēt leurs terres
Et quen leur tēps ilz nōt q̃ dueil et guerres
Par quoy fault bien auoir ministres bons
Juges prudens non corrumpuz par dons
Saiges/lettrez/et ou tout bien se applique
Voulans mourir pour la chose publique
Car plusieursfoiz les mauuaiz gouuerneurs
Ou leurs seruans qui appettent hōneurs
Si fōt des maulx soubz leur maistre et sa tou.
Qui nē peut mais. et sen a le reprouche(che
Et dit xerces ung saige philosophe
Que en iustice na point de pire estopphe
Que de faueur et simulacion
Et vauldroit mieulx en resolucion
Pour iustice mourir sans seigneurie
Que viure en court des roys par flaterie
Mais regardons du roy charles le quint
Comment regna.et le royaume tint
En paix.seurte.et en bonne police
Pour seulement faire regner iustice
Ledit roy charles se tenoit a paris
Ou a vicennes selon ce ses desirs
Et tout son vueil son attente et plaisance
Sestoit dauoir gens clercs et de prudence
Pour gouuerner le fait de sa iustice
Et pour la guerre gens vaillãs dexcercice

o ii

Comme bertrand de claquin & plusieurs
Cappitaines cheualiers & seigneurs
Ledit charles le quint si conquestoit
Ediffioit/& tresors acquestoit
Il amassoit faisoit armee & guerre
Et par iustice auoit paix en sa terre
Len treuue aussi iadiz au temps passe
Que le royaume a este exausse
Plus par iustice & euures vertueuses
Que par conquest de villes platureuses
A ce propoz le pape sainct gregoire
Comme len lit en cronique & hystoire
Si exaussa le royaume de france
Pour la iustice & la haulte excellance
Des iugemens quen tous lieux on donnoit
Dont bruyt louenge de tous quartiers venoit
Et qui plus est il dun bon esperit
Si rescripuit lors au roy childeric
Quil nauoit garde de trahyson malice
Tant quil tendroit son royaume en iustice
Car sans elle ne peuent les roys regner
Peuple regir/ne subiectz dominer
Ne sans elle il est autant possible
De viure en paix/que tenir leau au crible
Et ou iustice na son cours & lumiere
Cest vng pays destruit & larronniere
Car les plus fors le gaignent & emportent
Et les floibes le mal soubz eulx suportent
Cil qui est cruel/si a auctorite
Et le poure tousiours est tourmente
Sans iustice nest riens bon ne parfait
Regardons mesmes larrons q ont forfait
Prins & pillie quant vient au departir
Si fault iustice pour leur butin partir
Car autrement entre eulx se combatroient
Touchant leur part & souuent se tuoient
Et si doncques aux larrons fault iustice
Et aux mauuaiz qui viuent en leur vice
Il fault dire quelle est bien necessaire
A toutes gens/commun/ou populaire

Princes seigneurs sans personne excepter
Et sur ce pas rey est a noter
Que plusieurs sõt faingnãs aymer iustice
Qui en parlent en tres bonne excercice
Et sont vaillans a bien dire de bouche
Mais sil aduiẽt q̃ vng peu le cas leur tou-
Soit en p̃ces/ou q̃ de largẽt doiuent (che
Cest pourneant la raison ne conçoiuent
Ne ne veullent iamais payer denier
Et leur souffist de plaider et nyer
En menassant leur partie de greuance
Et ses gens la en effect et substance
Ne sont dignes de estre establiz en iuges
Car ilz feroient trop de maulx et deluges
Et fault que iuges soient bõs et vertueux
Saiges/lettrez/et non impetueux
Et treuue len passe a cinq cens ans
Que sarrasins paiens et mescreans
Qui auoiẽt plaitz pour leurs faitz et vsures
Et des proces selon les aduentures
Denoient au roy et royaume de france
Pour le renom et la haulte excellance
De la iustice lors regnant tres haultaine
Querir iustice comme la souueraine
En tout honneur et humble reuerence
En suppliant au noble roy de france
Que leur cas fust soubzmis au iugement
De sa iustice et noble parlement
Et lors le roy si leur ottroyoit lettre
Pour congnoistre de leur cas et permettre
Den decider et leur faire raison
Et en cela la tres noble maison
De france estoit exaulsee honnoree
Et foy de dieu des paiens reueree
O royaume nomme trescrestien
Tant que iustice y tendra son lyen
Tu nas garde de mal ne trahison
Car dieu ayme sur tout ceste maison
Aussi sa croix et couronne despines
Clouz/fer de lance/et autres intersignes

o iii.

Qui ont serui a sa passion dure
y sont gardez en excellente cure
Et se en france des persecutions
A eu iadis ɚ tribulacions
Ce na este que par pechiez ɚ vices
Orgueil/rapine/ɚ les grans iniustices
Ayans lors cours dont dieu grace ɚ mercy
Et le feu roy qui a eu maint soucy
A tout oste ɚ remis en police
En paix amour par sa noble iustice
Si prions dieu quil luy face pardon
Et doint a lame tel loyer ɚ gardon
Que les sainctz preux ɚ roys eurent iadis
En son royaume lassus en paradis
   Amen

   Les respons

☞ Nous gouuerneurs de la iustice
Qui auions soubz luy lexercice
De gens iugier ɚ condenner
Te prions que luy soies propice
Et tous ses messfaiz pardonner
   Versus
☞ Il a fait extirper le vice
Pugnir abuz/tollir malice
Et iustice tousiours regner
   Responsorium
☞ Nous gouuerneurs de la iustice
Qui auions soubz luy lexercice
De gens iugier ɚ condenner
Te prions que luy soies propice
Et tous ses messfaiz pardonner

  ☞ L huitiesme lecon
chantee par paix

aix vient de dieu/et ou
dieu est/paix est
Paix vient damour/et
de iustice naist
Paix hayt guerre/hayne/z diuision
Paix fait garder peuple de effusion
De sang/meurtres/noises/z tempestes
Paix entretient les hommes z les bestes
En ioye/doulceur/z toute vnion
Paix z amour si ont communion
A iustice qui auec eulx se accorde
De paix vient grace/pitie/misericorde
Bonte/secours/acueil/benignite
Vertu/lyesse/z toute humilite
Cil qui a paix est humble de couraige
Humain/piteux en fait z en langaige
Et fault dire que cest grant bien de paix
Quant nostre dieu aux apostres pour laiz
Qui tant eurent de peine z de misaire
Ne leur laissa que sa paix pour salaire

Qui estoit grant don ſoper et recompence
D auoir touſiours ioye et paix de conſciēce
Et la maiſon ou guieres paix ne habite
Ne dure point ains eſt bien toſt deſtruicte
Par quoy vous roys et princes qui regnez
Entre vous meſmes la paix entretenez
Pour le peuple qui de guerre eſt foulle
Batu pillie et ſouuent traueillie
Car ſe ſcauiez les maulx quil en endure
Auriez pitie et feriez paix en ſeure
En querant paix dieu ſi vous aidera
Contre treſtous et point ne vous lerra
Et ſon vous fait tort grief ou malefice
Ayez recours ſeullement a iuſtice
Sans point vſer de guerre ou voye de fait
Dont tout le monde eſt perdu et deffaict
Car quant aurez villes pays et biens
Se nauez paix vous ne poſſedez riens
Laiſſez courroux rancune maluueillance
Dieu ſi voyt tout et en fait la vengence
Et quāt vengier par guerre voꝰ vouldrez
Vous ne ſcauez comme vous en ſerez
Ceſt grant choſe des effaictz de fortune
Qui tourne et mue ainſi que fait la lune
Tel cuide auoir par guerre auctorite
Qui chiet bien bas en toute aduerſite
Dieu a qui veult la victoire ſi donne
Et fault auoir touſiours quereſle bonne
En ſoy mettant premier en ſon deuoir
De faire paix et requerir lauoir
Car en cela toute la loy deppend
Qui la reffuſe au derrenier ſen repent
Mais dont vient ce q̄ princes et ſeigneurs
Se entrebatent pour les biens et honneurs
De ce monde combien quilz en aient tant
Si non a cauſe que nul ſi neſt contant
De ſon eſtat lieu et promocion
O mauldite ingrate ambicion
Qui aueugles tant de grās gēs notables
Par tes deſirs qui ſont inſaciables

Helas qui veult en soy paix recouurer
Dedens le cueur/la fault prēdre & trouuer
En reiettant hayne/discencion
Courroux/noises/rumeur/affection
De monter hault/appetit de vengance
Et apres dieu enuoye paix de conscience
Honneurs/vertus/& tous biens a plante
Paix nest iamais ou ya cruaulte
Diuision/orgueil/& difference
Car cest loyer contraire a son essence
Mais regardons de alixandre le grant
Qui fut si hault & renomme vaillant
Comment eut paix par conseil & prudence
De aristote & grans gens de science
Aussi comme tout son ost par police
Estoit mene & conduit en iustice
Dont il conquist sans grant guerre pfōde
Trestout aspre/& la pluspart du monde
Parlons aussi de iulius cesar
Non conduisant point ses faitz en hasar
Qui fut premier grant empereur de rōme
Auquel rommains obeyrent en somme
Et conquesta en son temps a merueilles
Et plus par paix que batailles cruelles
Car saige estoit prudent & gracieux
Piteux/clement/bel homme/& vertueux
Dont solinus ou liure des merueilles
Si recite quil ouuroit les oreilles
Tousiours a paix & debonnairete
Il estoit froit/saige/& arreste
Qui ne creoit pas de legier rapors
Et enduroit des iniures & tors
Sans se esmouuoir ne requerir vengence
Il estoit clerc/& aymoit fort science
Et fut cellup qui fist le kalendier
Des douze moys ou lan si est entier
Et ne disoit a ses cheualiers/vous
Allez pla/mais allons y nous tous
Cesar auguste qui fut puis empereur
Eust en son temps grāt victoire & hōneur

Car estoit doulx piteux et aggreable
Aymant la paix et a tous secourable
Cestuy gardoit amys songneusement
Et leur faisoit des biens moult largement
Disant qui a de bons et seurs amys
Il na garde de prinse de ennemis
Eureux estoit en bataille et en guerre
Desquit en paix et conquist mainte terre
Mais nesse pas grant folye et simplesse
Dauoir guerre et de viure en tristesse
Pour les honeurs estaz et biens mondains
Qui peu durent tant sont vollans soudains
Lun auiourduy si sera hault monte
Lautre demain reculle despointe
Au matin bruyt apres disner le bont
Soubz vng espoir curial vacabunt
Selon le cours volaige de fortune
Qui en guerre en baille souuent dune
Laissons cela venons a nostre paix
Helas princes renommez tant parfaitz
Pour dieu chascun de vous si preigne garde
De nourrir paix et iamaiz naurez garde
De ennuy de mal tourment ou maladie
Et qui plus est sil conuient quon le die
Dieu vous doura ioye enfans et lignee
Grace de veoir vostre progeniee
Fleurir en biens estre vostre confort
En vieillesse et puis apres la mort
Regner voz hoirs prosperans grandement
De pere en filz et viure longuement
En exaulsant vostre nom et voz erres
Mais au contraire si vous demandez guerres
En fuyant paix droit raison et iustice
Priuez serez dun si grant benefice
Et ne vserez vostre temps en bons iours
Aincoys aurez de grans maleurs tousiours
En declinant sans prosperer iamais
Et q plus est ceulx q ney pourront mais
Lacheteront et porteront les maulx
Helas pensez quelz peines et trauaulx

Uiennent de guerre & de diuison
Aux grans exces meurtres.effusion
De sang humain forces & violences
Aux oultraiges batures & greuances
Hee nesse riens que de faire mourir
Les poures gens.& veoir leurs biens perir
Prendre femmes.briser leur mariage
Violler filles.oster leur pucellaige
Faire veufues.& enfans orphelins
Assommer gens comme moutons bellins
Emporter tout.bruler maisons & granches
Il est vng dieu qui en fait les reuanches
En tẽps & lieu.les meurtriers si mourront
Encores eulx mors les gens les mauldirõt
Pour leurs pechiez & maulx qlz aurõt faitz
En ce monde nauons que les bienffaiz
Et acquerir vertu & renommee
Que vaillãs preux si ont tousiours aymee
Comme lescu principal de noblesse
De loz honneur.vaillance.& gentillesse
Et ne ẽportõs de ce monde hõme ou fẽme
Que le merite quant au regard de lame
Et pour louenge.vertu & renommee
Touchant les bons qui ont paix reclamee
Viuans soubz dieu & la loy de nature
Dont il est dit en la saincte escripture
La gloire a dieu.& aux hommes sur terre
De bõ vouloir soit dõnee paix sãs guerre
Cest adire a gens de charite
Qui ayment dieu de bonne voulente
Lesquelz en noise ou tempeste ne sont
Et le psalmiste.Rogate que ad pacem sũt
Puis ysaie si dit que les mauuaiz
Si nont iamais entre,eulx accord ou paix
Mais qͭ leurs euures ẽcores serõt bõnes
Nostre seigneur qui depart les aumosnes
De grace & paix alors conuertira
Leurs ennemys & a paix les duira
Le bon seigneur nasquit en temps de paix
Et ayme ceulx ou elle habite & est

Et son repos apres que sus cius
Eut tant souffert/en paix locus eius
Mais que fault il par tout tant estimer
Pour paix auoir/z la guerre escheuer
Veu que au royaume il y a tant de biens
Or z argent sans deffaulte de riens
Escoute homme toy qui es creature
Forme de dieu/z fait a sa figure
Ne cuides tu point vnefoiz mourir
As tu le temps pour le faire courir
A ton plaisir/z desir de vengence
Ne voyz tu pas que tel au iourduy dance
Qui au matin si sera mis en terre
Ainsi est il de ceulx qui ayment guerre
Entreprenans conquester largement
Car dieu dessus en dispose autrement
Tout au contraire souuet de ce quon pēce
Et ne exaulse iamais homme a vengance
Helas princes notez comment pour viure
Dieu vous dōne des biēs grāmēt z liure
Bledz/vis/pai/chairs/chapōs/ōtis/festis
Perdriz/lieures/cerfz/z tant de presans
Forestz/grās boys pour auoir voz chaufaiges
Fontaines eaues de sayne z de riuaige
Estangs viuiers z poissons a voz portes
De mer eaue doulce toꝰ de diuerses sortes
Fruictz odorās pōmes poires fruictaiges
Prez florissans esglantiers z herbaiges
Roses violetes rommarins et des fleurs
Rouges iaunes z de toutes couleurs
Oyseaulx priuez rossingnoulz alouetes
Cailles pleuuiers z tant de bestelletes
Pour vous seruir quant besoing en auez
Et des biens la notez z conceuez
Pour en rendre a dieu graces louenges
Et ne soiez entre vous si estranges
Que vous ne aymez lun lautre ētieremēt
En toute paix z cordialement
Car en ce la vous aurez trop de biens
Et dieu a vous ne reffusera riens

Cest assez dit retournons au feu roy
Qui par sa paix/conseil/& noble arroy
Et par son train & grant cours de iustice
Si a tenu le royaume en police
En tel party que chascun seurement
Dormoit au lict sans paour aucunement
Dauoir nul mal so neust beaucoup mesprins
Enuers iustice auant que sen leust prins
Or plaise a dieu & a la belle dame
Quil vueille auoir dont pitie de son ame
Et luy donner paix es cieulx ioye & gloire
Comme il a fait cy a son populaire
  Amen   ¶ Les respons

¶ Iesus prince de clemence
Plaise par tes dons gracieux
Tenir le royaume de france
En paix/en ioye/& abundance
De biés tousiours de mieulx è mieulx
¶ Ta foy/ta loy/& ta creance

Ton nom loue par excellence
Y sont plus que en nulz autres lieux
¶ Iesus prince de clemence
Plaise par tes dons gracieux
Tenir le royaume de france
En paix, en ioye, en abondance
De biés tousiours de mieulx è mieulx
   ¶ La neufiesme lecon chantee par leglise

p i

Moy leglise de france mili/
tante
Ou est la maison royal/
le tryumphante
Sur tous royaumes de la crestiente
Jadiz estoie en tresgrant orphante
Quant le feu roy si vint a la couronne
Et ny auoit si petite personne
Qui ne voulsist regner & gouuerner
Et benefices distribuer donner
Puis les anglops occupans le royaume
Si en faisoient comme du ieu de paulme
Et en bailloient a chascun a leurs guises
Pillans es champs les maisons & eglises
Ne ny auoit eglise cathedrale
Pour la guerre lors estant enormalle
Qui eust ose monstrer ses paremens
Joyaulx/reliques/chappes/& ornemens
Car tout estoit musse pour sauenture
Et estoit dieu tresmal seruy a leure
Auecques ce es bourgs villes champaistres
Len neust fine ne de clercs ne de prestres
Car tous les gens & les parroissiens
Estoient es boys mussez cachez lyens
Sans lueil leuer/ne oser monstrer les testes
Et viuoient sec auec les poures bestes
Helas quel temps diuers a il couru
Et comment tout si estoit descouru
Quantes villes/quantes citez/eglises
Si estoient lors abatues & bas mises
Sans y auoir refuge ne retraitte
Mais chantoit len dedens vne logette
Ou es granches tout le plus & le mieulx
Lors vng cure si seruoit en troys lieux
Et ny auoit ne lampe ne verriere
Pres de lautel croissoit la cheneuiere
Trestous les murs estoient desemparez
Aulbes/seurpliz/despessez decirez
Et venoient lors coulons iuchier repaistre

Dessus lautel ou celebroit le prestre
O quel horreur ⁊ deshonneur deglise
Mais le feu roy par sa prudence exquise
A les angloys chassez ⁊ repulsez
Et les pays tout en paix redressez
En tel facon que toutes gens deglise
Si seruent dieu en liberte franchise
Et que par tout leglise est honnoree
Seruie/crainte/aymee/⁊ reueree
Et notez bien princes regnans sur terre
Que se voulez auoir victoire en guerre
Viure long temps/⁊ beaucoup prosperer
Besoing vous est de leglise honnorer
Aymer poures/⁊ estre charitables
Et voz euures lors seront agreables
Au dieu du ciel qui depart les fortunes
Mais regardons aussi les deffortunes
Que dieu tremet a ceulx qui persecutent
Leglise ⁊ biens prennent ⁊ executent
Et en la fin comment il leur en prent
A ce propos dampen nous aprent
En lystoire qui recite ⁊ raconte
Comment iadis vng grant seigneur ⁊ cōte
Qui vescut bien selon le populaire
Et estoit doulx/gracieux/debonnaire
Mais neantmoins par ce q̃ ses ancestres
Auoient oste leritaige des prestres
Et de leglise donne a sainct estienne
Il luy print mal/⁊ en eut male estreine
Vincent recite aussi de lempereur
Maximien qui leglise en douleur
Tint longuement ⁊ en captiuite
Dequoy depuis il fut persecute
Si aspremēt quon veoit ses entrailles
⁊ les gros vers en faisdis leurs megeailles
Brief ny auoit medecin ne parent
Qui approchast tant il sentoit puant
Puis au derrenier perdit tous les deux yeulx
Et fina mal comme feront tous ceulx
Qui leglise oppriment ⁊ traueillant

p ii

Maintes exemples sur ce pas se recueillēt
De plusieurs gens q̃ sont deuenuz ladres
Tous contrefaitz, incensez, ɀ pouacres
Et bien souuent par sentence diuine
La vengance va iusque a la racine
De hoirs de ceulx qui leglise tourmentent
Qui nen peuent mais, ɀ touteffoiz se sētēt
Len list aussi du roy iehan dangleterre
Qui vint en france, puis quāt fut en sa tre
Par desplaisir quil ne se peut vengier
Ne les francoys a son gre arrengier
Si fist prendre trestout le patrimoine
Des gens deglise, ɀ oster leur demaine
Possessions, iustice, ɀ heritaiges
En leur faisãnt moult dexces ɀ dōmaiges
Ne ny auoit prestre ou religieux
Qui peust viure en leurs cloistres ɀ lieux
Et tellement que au derrenier le clergie
Si sen partit du pays dommaigie
Dout le pape quant il sceut les nouuelles
Admonnesta par censures cruelles
Ledit roy iehan de trestout reuocquer
Mais au derrenier ne sen fist que mocquer
Si en aduint que tost apres mourust
Piteusement sans quon le secourust
Ne q̃l feust plainct du peuple aucunement
Ains au contraire pour le rauissement
Quil auoit fait des biens des gēs deglise
Estoit mauldit souuent en mainte guise
Semblablement en vng cas tout ptel
Len recite du roy charles martel
Qui fist aussi oster aux gens deglise
Dismes ɀ biens pour donner à sa guise
Aux cheualiers capitaines gens darmes
Pour batailler ɀ suiure les faitz darmes
Mais au derrenier luy en prit mal en sōme
Car leuesque dorleans fort sainct homme
Si vid a leure de son trespassement
Les ennemys en lair visiblement
Qui fort crioient ɀ poursuiuoient son ame

Quil en fut fait/nescay/mais ne soit
Ose ne hardy de se prendre a leglise
Car dieu la tient en sa garde τ franchise
Et trestous ceulx qui la persecuteront
Fineront mal/τ leur temps ne viueront
Or parlons cy apres tout au contraire
Des roys princes qui ont eu en memoire
Et decoree leglise grandement
Comment ont eu de honneur largement
Prosperite/ioye/sante/τ victoire
Premierement nauons nous pas lystoire
De aradus quant il fut assailly
De alixandre le grant/τ acueilly
Par puissance deuant hierusalem
Comment alors il vint sur le berlan
Prier a dieu τ prendre gens deglise
En leur seurplis τ la baniere mise
Pour resister a lassault de alixandre
Lequel tantost commenca a descendre
De son cheual/τ faire reuerence
A leglise/τ tost y eut paix/silence
Et puis trestous sen allerent au temple
Mercier dieu de la grace τ exemple
De victoire donnee euidamment
De constantin aussi pareillement
Que len vouloit faire guerir de lepre
Du sang denfans/τ bien trops mille mettre
Trestous a mort/dont quant il vid leurs meres
Si eut pitie τ douleurs si ameres
Quil leur rendit sans les faire mourir
Et tost apres il se print a guerir
De sa lepre qui estoit incurable
Par la grace de dieu qui fit miracle
Par quoy tantost il se fist crestien
Ayma leglise/τ si trouua moyen
De edifier plusieurs temples deglise
Quil honnouroit dor τ richesse exquise
Auecques ce luy τ tous ses gens darmes
Portoient le signe de la croix en leurs armes
Et si iamais neust entre en bataille

p iii

Qui neuſt porté ung crucefix en taille
Pour ſeruir dieu & ſa protection
Auſſi auoit ſans contradiction
Proſperité/ſanté/ioye/& victoires
Contre ennemys & tous ſes aduerſaires
Theodoſius qui eut lempire a romme
Ayma leglise auſſi/& fut grant homme
Car en tous lieux ou ſon armee eſtoit
Il proſperoit & villes conqueſtoit
Sans faire meurtres ne grant occiſion
Il eſtoit doulx fuyant diuiſion
Piteux.clement.miſericordieux
Tardif a ire.debonnaire en tous lieux
Et ne vouloit iamais auoir vengence
Quelq̄ meſfait q̄on luy feiſt ou nuyſance
Et bien ſouuent quant on le reprenoit
De ce que a mort homme ne condannoit
Il reſpondoit que ceſt choſe facile
Faire mourir gens.mais trop difficile
Suſciter mors & mettre en leur eſſence
Et euſt voulu bien auoir la puiſſance
De racheter ceulx qui eſtoient treſpaſſez
Leglise aymoit.& eut des biens aſſez
Len liſt auſſi du pape honorius
Qui en leglise fut tant doulx & pius
Que en la vertu de lymaige de dieu
Et de leglise quil ſeruoit en maint lieu
Nōobſtāt guerres.puiſſance.& cōtrouerſes
Eut victoire/& deſconfit ſes peruers
Le roy pepin pour faire reuerence
Au pape eſtienne quant arriua en france
Fut audeuant de luy depuis paris
Sa femme/enfans/auecques ſes amys
Et le admena iuſques a ſon palais
Acompaignie de gens deglise & lais
En tout honneur triumphe & excellence
Puis fut malade ledit pape a oultrance
Tāt quon cuidoit q̄l deuſt biē toſt mourir
Mais lors pepin le mena pour guerir
En leglise de ſainct denis en france

Ou de son mal tantost eut alligence
Par le moyen de leglise & des sainctz
Et sen allerent luy & tous ses gens sains
Et puis apres pour muneracion
Donna au roy sa benediction
Et le benesit auec ses deux enfans
Qui apres luy furent grans terriens
De ce ne fault auoir signe ne enseigne
Car luy fut sainct/scilicet charlemaigne
Lequel ayma & honnora leglise
Et en fist faire en maintz lieux a sa guise
Cestassauoir bien vingtquatre neufues
Et aimoit poures orphelis/femes veufues
Son heritier nomma par testament
Dieu iesucrist/& poures seulement
Et ne fault point doubter q̃ ayme leglise
Il a des biens/& honneurs a deuise
Nauons nous pas aussi du roy robert
Qui es eglises chantoit tout descouuert
Cõment les prestres: & souuent a matines
Si prioit dieu par oraisons si dignes
Que tous ses gens en batailles gaignoiẽt
Mesmes les murs par miracles cheoient
Ce nest pas peu de aymer dieu & leglise
Icelluy roy si fist a sa deuise
Cõme len dit de beaulx respõs quon chãte
Es eglises/& qui est chose excellante
A la feste de toussainctz/ Concede
Et vng autre respond entrebende
Qui est moult beau/& verset denuitry
Du il y a O constancia martyrum
Helas vela choses fort singulieres
Qui vouldroit biẽ espluchier les matieres
Voyons aussi comment par gens deglise
Sainctz & deuotz les roys a leur emprise
Si sont venuz & este exaulsez
En plusieurs maulx dõt estoiẽt oppressez
Le roy loys filz du roy loys le gros
Dauoir enfans masles si estoit gros
Et si pour dons or/argent/ne auoit

Qu'il aulmosnoit/il n'en pouoit auoir
Si eut recours a dieu (t a leglise
Fut a cisteaulx/(t sa requeste emise
En chappitre/se vint agenouillier
Priãt les moynes de eulx tresto^r traueillier
A prier dieu que ce feust son plaisir
De luy donner vng filz a son desir
Sur quoy les moynes se voulurent leuer
Mais neantmoins ne se voult releuer
Et adoncques tous les religieux
Qui estoient deuotz/chastes/(t vertueux
Se misdrent tous en priere oraison
Et tellement que en icelle maison
Fut reuele que ledit roy loys
Auroit apres comme il eut vng beau filz
Ainsi vela comment dieu (t leglise
Aident aux gens qui ont leur fiance mise
Le roy philippe en gaigna la bataille
Contre ferrant/(t grant tas de pietaille
Qui leglise inuadoient ius (t sus
Dont fist chanter Benedictus deus
Cellup philippe fort leglise honnora
Aussi par tout conquesta prospera
Et ne fut veu depuis sainct charlemaigne
Roy si eureux faisant valloir lensaigne
Pape innocent le voult excommunier
Par ce que son filz loys voult manier
Lors les anglois que le pape portoit
Mais tout acoup que pas ne sen doubtoit
Une sfieure tierce si le vint prendre
Qu'il n'eut loysir dy vacquer ne entendre
Et tost apres comme dit la cronique
Il deuint sec (t tout paralitique
Nous ne parlons cy du roy sainct loys
Ne dautres roys pour abregier pays
Car q vouldroit trestout mettre en mediɾe
Len ennuyroit/(t seroit longue hystoire
Mais reuenons au roy charles septiesme
Qui tousiours a ayme damour certaine
Et exaulsee en tous endroitz leglise

Car fut celluy par qui paix y fut mise
Quant le sainct siege fut en diuision
Dont il remist trestout en vnion
Et fist la paix de quoy grant bien luy vint
Car tost apres normendie luy aduint
Et puis guyenne en petite distance
Sans grãt meurtre ne perdre gẽs de frãce
Et tout ainsi quil auoit reunye
Leglise a paix/dieu par grace infinie
Mist en sa main le royaume de france
Et luy donna paix/lyesse/& plaisance
Qui sert leglise/il en a bon guerdon
Si prions dieu quil luy face pardon
Et a tous autres roys de france iadiz
Et luy doint paix & ioye en paradis
      Amen
  Les respons de la derzeniere lecon

                          Le Libera

❡Libera le roy de morte
Dray dieu/& pena eterna
Et veu que piteux a este
Donnes luy loca superna
❡Quando celi mouẽdi sũt & terra
    Versus
❡Quãt tu vedras les roys iugier
Et que le derzain iour tendra
Vueilles le defunct soulaigier
Et sil te plaist ten souuiendra
❡Quando celi mouẽdi sũt & terra
    Versus
❡Leglise a seruie grandement
Et fait des biens comme on verra
Traictant le peuple doulcement
Dont ta grace ne lxoublira
❡Quando celi mouẽdi sũt & terra
    Versus
❡A paine & difficillement
Le iuste saulue si fera
Et ceulx qui viuent meschaniment
Je ne scay que dieu leur fera

❡Quando celi mouẽdi sũt & terra
    Versus
❡Les anges auront mouuement
Le souleil si se obscurcira
La terre fera tremblement
Chascun bien esbahy sera
❡Quando celi mouẽdi sũt & terra
    Versus
❡Mais que feront princes ireux
Quant leur tyrannie monstrera
Quilz ont este trop rigoureux
Ne qui lors les excusera
❡Quando celi mouẽdi sũt & terra
    Versus
❡O quel cry & terrible horreur
Lors que dieu au mauuaiz dira
Allez en enfer en douleur
Dont iamais len ne partira
❡Quando celi mouẽdi sũt & terra
    Versus
❡Princes qui auez gouuernemẽt
Notez bien que chascun mourra

Et quant vendra au iugement
De tout conte rendre fauldra
¶ Quando celi mouedi sūt (z terra
    Versus
¶ Se au peuple on fait souffrir
Et qui iustice ne fera   (tourmēt
Tout le regne yra meschamment
Et dieu vous en redarguera
¶ Quando celi mouedi sūt (z terra
    Versus
¶ O createur de tout le monde
Qui as du lymon de la terre
Forme par charite parfonde
Le homme pour merir (z acquerre
Du feu roy te voulons requerre
Combien quil soit en pourriture
Que vueilles lame de ceste erre
Mettre es cieulx en liesse pure
    Versus
¶ Vray dieu puissant (z glorieux
Ottroyez repos pardurable
A lame du trespiteable
Le roy charles victorieux

¶ Les laudes
    Antiphona
       Libera   ps
Louez enfans ieu-
nes (z vieulx
Le feu bon roy charles septiesme
Dit (z nomme victorieux
Pour conquester pays extresme
¶ Louez sa doulceur (z clemence
Louez sa grant benignite
Sa magnitude (z sapience
Et ses faitz plains de humilite
¶ Louez son acueil amyable
Son vouloir en bien destine
Pour estre au peuple secourable
Qui auoit le cueur addonne

¶ Louez les gens de sa iustice
De son conseil (z parlement
Qui tenoient les gens en police
Pour viure vertueusement
¶ Louez sa grant chancellerie
Conseilliers/maistres des reqstes
Et ceulx de la secretererie
Gens vertueux (z saiges testes
¶ Louez son maintieng (z maniere
Son train/sa conuersacion
Sa compaignie tant noble (z chiere
Estant sans murmuracion
¶ Louez sa paix/grace/(z concorde
Donnans a tous remission
Par pitie (z misericorde
Selon ce la compassion
¶ Louez le voꝰ nobles ducs cōtes
Les grans seigneurs (z pers de frāce
Qui soubz luy auez eu voz contes
Et regne en toute excellance
¶ Louez le barons cheualiers
Vaillans escuiers (z gens darmes
Et gentilz hommes a milliers
Car il vous a tenuz bons termes
¶ Louez sa grant cheualerie
Les gens de traict (z frācs archiers
Grosse (z menue artillerie
Qui abatoit ville (z clochiers
¶ Louez son armee (z puissance
Ses coustilliers (z guysarmiers
Son conuoy sa magnificence
Ses gens qui estoient les premiers
¶ Louez ses clarins (z trompettes
Ses cheuaucheurs (z heraulx dar̄s
Ses entreprinses (z āplectes (mes
Et ses haultz (z vaillās faiz darmes
¶ Gens estrangiers (z voꝰ āgloys
Louez le defunct hardiement
Car il vous a este courtoys
Et tousiours traictez doulcement

¶ Aussi barbares nacions
Et tous ceulx de crestiente
En ont fait exultacions
Et le ont loue pour sa bonte
¶ Et vos poures gens de villaige
Priez pour luy en vostre endroit
Car vous a gardez de dommaige
Et fait chascun charier droit
¶ Louez le aussi femmes veufues
Orphelins et enfans mineurs
Qui vous a garantiz des fleuues
De aputeurs mauuais gouuerneurs
¶ Et vous aussi bestes sauuaiges
Sangliers/cerfz/biches/et opseaulx
Qui dormiez seurs p les passaiges
Et viuiez en paix a trouppeaulx
¶ Louez le dames damoyselles
Car en tout bien et tout honneur
Il a soustenues voz querelles
Grandement en vostre faueur
¶ Et vous aussi doulces pucelles
Qui point nauez este contraínctes
Par meurdres ne par les sequeles
Vous marier en pleurs ne plaictes
¶ Louez le tous en general
Auecques ses excellens faitz
Comme protecteur special
Faisant viure son peuple en paix
¶ Louez le tous et priez dieu
En ayant de luy souuenance
Car exaulse a en maint lieu
La noble couronne de france
¶ Vray dieu puissant et glorieux
Ottroyez repos pardurable
A lame du trespiteable
Le roy charles victorieux
Antiphona
¶ Libera le roy de morte
Vray dieu et pena eterna
Et veu que piteux a este

Donnez luy loca superna
¶ Quando celi mouedi sūt et terra

Loraison

¶ O redempteur plain de bonte
Qui as tousiours par excellance
Et ta grant liberalite
Ayme le royaume de france
Plaise de ta grace et clemence
Lame du roy victorieux
Collocquer en ioye et plaisance
La sus ou trosne glorieux

Autre oraison

¶ Aussi de tous roys trespassez
Princes/ducs/contes/pers de france
Qui ont les ennemys chassez
Par armes et faitz de vaillance
En y mettant corps et cheuance
Quil te plaise en ayant memoire
De to⁹ les biens quon fait en france
Leur donner paradis et gloire
Amen

¶ O vous messeigneurs q verrez
Ces vigilles/et les lirez
Ne prenez pas garde a lacteur
Car grans faultes y trouuerez
Mais sil vous plaist le excuserez
Veu quil est vng nouuel facteur

Marcial de paris

¶ Imprime a Paris par Jehan du
pre demourant aux deux cynes en la
grant rue saint iacques le xviii. iour
de may. Mil.cccc.iiiixx.et xiii.

230

Table des Chapitres

La naissance du Roy Charles folio 2. 2
Mort du Duc d'Orleans. 5.
Le pont St Cloud pris. 7
La tuerie de Paris. 8.
Compiegne assiegé. 9
Bataille d'Azaincourt. 10.
Le regne du Roy. 12.
La tuerie d'apres l'entrée des bourguignons fol. 14.
La ville de Coussy prise. 16
Rouen pris par les Anglois. 17
Le Duc de Clorence deconfit au grand baugis. 21. 2
Le Roy d'Angleterre vient en France. 22.
Trepas de Charles six.t 24
La journée de Crevant gagnée par les Anglois. 25.
Les Anglois deconfis au maine. 26
Le Comte de Sallebry met le siege au mans fol. 28.
1.ere lecon chariée par la France. 31
2.e par la noblesse. 37.
3.e par la Bour.s 43
Montargis assiegé. 48.
Orleans assiegé. 50.

La Pucelle vient au Roy. 52.
...mencé a Rouen. 63.
Son procés. 64.
Poton pris. 65.
Le Roy Couronné. 67
Pontoise assiegé. 91
Eureux prise. 97
Dieppe assiegé. 106
Fougieres pris. 115.
Le pont de l'arche pris 117.
4.e Leçon chantée par marchandise. 122.
5. Leçon chantée par clergie. 126.
6 chantée par prise, le Chapelain des Dames
Le Duc de Bretagne vient en normandie.
   fol. 143.
La ville de Rouen rendue. 151.
Bataille de Sourmigny. 163.
Caen assiegé. 167.
Falaise assiegé. 176.
Bourdeaux rendu. 182.
Bataille de Castillon ou talbot. 190
Bourdeaux assiegé. 194.
Trepas du Roy. 201.
7.e leçon chantée par Justice. 205.
8.e Leçon chantée par Paix. 212.
9.e Leçon par l'Eglise. 219.
Le libera. 227.

www.ingramcontent.com/pod-product-compliance
Lightning Source LLC
Chambersburg PA
CBHW071948160426
43198CB00011B/1592